GUIDE D'OBSERVATION DU
RANDONNEUR

GUIDE D'OBSERVATION DU
RANDONNEUR

C O N S U L T A N T
Denis Faucher

Sélection
Reader's Digest

SÉLECTION DU READER'S DIGEST (CANADA) LTÉE   MONTRÉAL

Le *Guide d'observation du RANDONNEUR* est l'adaptation en langue française,
pour l'Amérique du Nord, de *The Walker's Companion*,
conçu par The Nature Company et Weldon Owen
et créé par Weldon Owen Pty Limited,
43 Victoria Street, McMahons Point, NSW, 2060, Sydney, Australie
Avec la collaboration de Elizabeth Ferber, Bill et Margaret Forbes,
Cathy Johnson (illustrations), Jenna Kinghorn, Mary Kuhner,
John A. Murray, David Rains Wallace, Jan Westmore

ÉDITION EN LANGUE FRANÇAISE
CONSULTATION : Denis Faucher
TRADUCTION : Marc Sylvestre (chapitres I, II, III et IV)
René Raymond (chapitre V)
LECTURE-CORRECTION : Joseph Marchetti
INDEX : France Laverdure

Sous la direction éditoriale de Sélection du Reader's Digest (Canada) Ltée
RÉDACTION : Agnès Saint-Laurent
DIRECTION ARTISTIQUE : John McGuffie
GRAPHISME : Cécile Germain
LECTURE-CORRECTION : Gilles Humbert

Éditions originales
Copyright 1995 © US Weldon Owen Reference Inc.
Copyright 1995 © Weldon Owen Pty Limited

Édition en langue française
Copyright 1998 © Sélection du Reader's Digest (Canada) Ltée
215, avenue Redfern, Montréal, Québec, H3Z 2V9

Les remerciements et les sources des pages 287 et 288 sont, par la présente,
incorporés à cette notice

Données de catalogage avant publication (Canada)
Vedette principale au titre :
Guide d'observation du randonneur
Traduction de : The walker's companion
ISBN 0-88850-577-9
1. Sciences naturelles – Amérique du Nord. 2. Nature – Étude et
enseignement – Amérique du Nord. 3. Livres de nature. 4. Marche –
Amérique du Nord. 5. Randonnée pédestre – Amérique du Nord.
I. Sélection du Reader's Digest (Canada) (Firme). II. Titre.
QH102.W3414   1998   508.7   C97-941179-3

Impression et reliure : Kyodo Printing Co. (S'pore) Pte Ltd
Imprimé à Singapour

98 99 00 01 02 / 5 4 3 2 1

Pour obtenir notre catalogue ou des renseignements sur d'autres produits de
Sélection du Reader's Digest (24 heures sur 24), composez le 1 800 465-0780

Vous pouvez aussi nous rendre visite sur notre site Internet :
www.selectionrd.ca

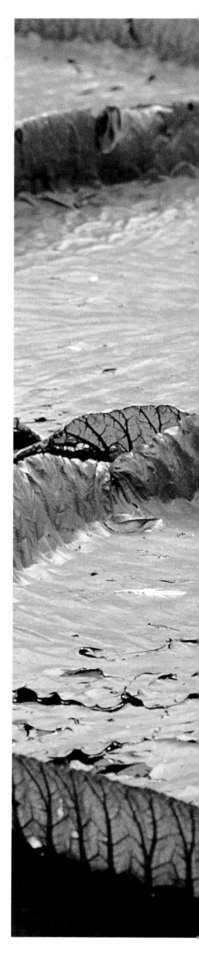

... dans le poitrail effervescent des poudreries

dans la grande artillerie de tes couleurs d'automne

dans tes hanches de montagnes...

GASTON MIRON (1928-1996)

TABLE DES MATIÈRES

AVANT-PROPOS

Parcourir la nature avec un regard neuf, voilà le projet auquel vous convie ce livre, à la suite de tous les passionnés – naturalistes, explorateurs ou écrivains – qui nous ont précédés dans cette voie, à commencer par les premiers Européens venus fouler le sol de notre continent. Rachel Carson ne disait-elle pas que la seule façon d'apprécier le monde qui nous entoure était de se dire : « Et si je voyais cela pour la première fois ? Et si je ne devais jamais plus le revoir ? »

C'est ce qu'a fait avant elle le frère Marie-Victorin, qui a sillonné en tous sens le territoire laurentien et en a recensé amoureusement, religieusement la flore. Et John Muir, cet autre pionnier, qui a parcouru à pied la route, du Wisconsin à la Floride, et pour qui la marche était un moyen privilégié d'entrer en contact avec l'univers et avec soi-même.

Point n'est besoin, pourtant, de se lancer dans de telles entreprises pour faire naître en soi le goût de l'exploration. Henry David Thoreau a meublé toute une vie avec les découvertes qu'il a faites dans les bois entourant son minuscule étang de Walden. Et Pierre Morency a accumulé des trésors de joie sans quitter la batture de son île sur le Saint-Laurent.

Ces images, ces bruits, ces parfums qui nous saisissent et nous émeuvent peuvent surgir au sommet d'une montagne ou dans un parc voisin, sur une grève déserte ou au fond de sa cour. L'important n'est-il pas de savoir s'arrêter pour sentir vibrer les choses ? Quoi de mieux que la fréquentation régulière d'un endroit pour observer le rythme des saisons ?

Quelle que soit la destination choisie, l'émerveillement est toujours au rendez-vous pour qui sait ouvrir les yeux, qu'il vienne des premiers trilles du printemps dans la forêt laurentienne, de l'envol

saisissant d'un héron dans un marais secret, de ce saule indolent aux racines noueuses nous rappelant celui où on a passé tant d'heures de son enfance, de cette leçon de vol donnée du haut de son nid par un pygargue à tête blanche à ses deux rejetons, de ce ruisselet de montagne descendant en cascade parmi les pierres tapissées de mousse que le soleil du matin a sertie de joyaux, de ce couple de huards affolés par l'écho de leurs cris que leur renvoie la nuit ou, simplement, des épanchements gracieux d'une clématite sur la clôture de son jardin.

Après une introduction à l'environnement de l'Amérique du Nord, à son écologie et à ses saisons, vous trouverez dans ce guide des conseils pratiques sur les outils et les techniques d'observation sur le terrain qui enrichiront vos expériences de naturaliste. Vous apprendrez à interpréter les signes – bruits, odeurs, pistes, texture, débris d'animaux – que nous envoie la nature, comme autant d'invitations à découvrir les fleurs sauvages et les papillons, les mammifères et les oiseaux. On vous suggère enfin des excursions dans différents types d'habitats – quasiment tous les habitats d'Amérique du Nord –, en illustrant et en décrivant les principaux représentants de la faune et de la flore que vous êtes susceptible d'y rencontrer.

À la portée de tous, la randonnée exige un minimum d'effort, de matériel et de préparation, mais peut vous ouvrir les portes du monde. Nous espérons que ce livre saura, comme le disait Marie-Victorin, vous conduire « sur le vaste théâtre de la Biosphère où, dans le décor de la plaine et de la montagne, du lac et de la forêt, naissent et meurent, vivent et luttent, s'opposent et s'allient la multitude ordonnée » des êtres vivants. Revenez-y souvent pour compléter vos observations et raviver le désir de repartir à la découverte de nouveaux territoires.

LA RÉDACTION

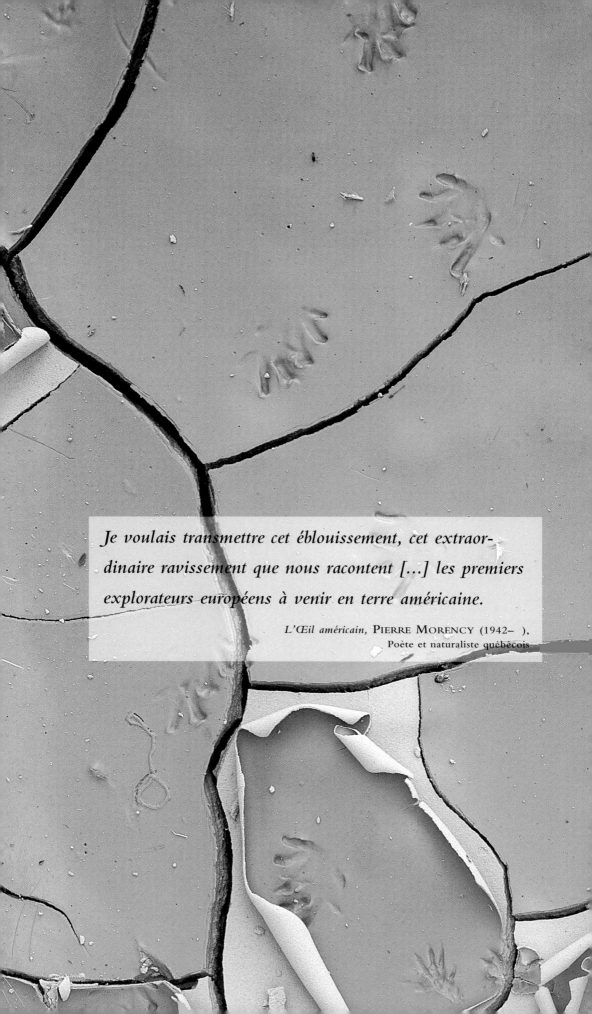

Je voulais transmettre cet éblouissement, cet extraor-
dinaire ravissement que nous racontent [...] les premiers
explorateurs européens à venir en terre américaine.

L'Œil américain, PIERRE MORENCY (1942–),
Poète et naturaliste québécois

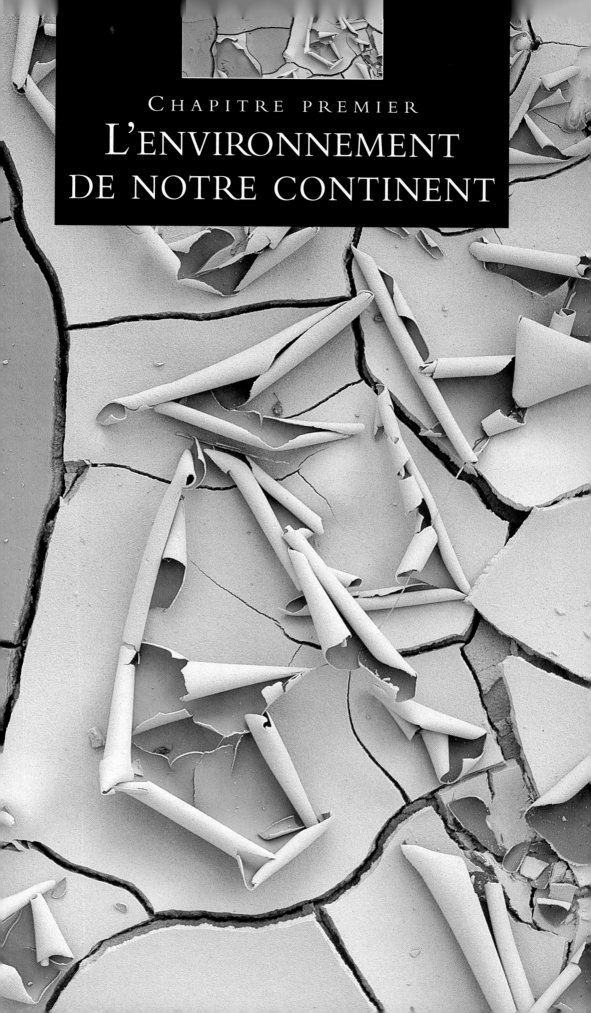

Chapitre premier
L'ENVIRONNEMENT
DE NOTRE CONTINENT

LA NATURE À PIED

*Au dehors, la nature vous invite :
répondez à l'appel, laissez-la dévoiler
pour vous ses merveilles.*

« Je crois bien que je ne saurais conserver ma santé et mon entrain si je ne passais quatre heures par jour au moins à me balader à travers bois, par monts et plaines. » Voilà ce qu'écrivait en 1862 l'un des randonneurs les plus célèbres de l'Amérique du Nord, Henry David Thoreau, dans son essai *Balades*. Bien que peu d'entre nous disposent d'une telle liberté, l'émerveillement devant les beautés de la nature qu'offre la randonnée sont à la portée de tous. Une heure dans un parc, en ville, peut être aussi ressourçante qu'une journée en forêt.

En Amérique du Nord, la randonnée est certainement la forme la plus populaire de loisir de plein air. Tous les randonneurs ne sont pas naturalistes ; pourtant, rares sont ceux qui demeurent insensi-

bles au parfum des fleurs sauvages ou au chant des grillons à la tombée du soir.

DÉCOUVRIR SON MILIEU

Au XVIIIᵉ siècle, les naturalistes se demandaient encore si les hirondelles disparaissaient l'hiver parce qu'elles migraient ou parce qu'elles hibernaient dans la vase des étangs. Nos connaissances ont depuis fait des bonds prodigieux et si on peut apprécier la nature sans être scientifique, le fait de connaître un tant soit peu son milieu peut sûrement ajouter au plaisir d'une balade. L'observation et l'identification des oiseaux, des plantes, des roches et des

phénomènes naturels gagnent chaque jour de nouveaux adeptes.

C'est au cours de ses promenades quotidiennes que Thoreau, muni d'un crayon et d'un carnet, d'une lunette d'approche, d'un microscope, d'un canif, de ficelle et d'un vieux cahier de musique pour y presser les plantes à sécher, a appris à connaître son milieu. Ces outils tout simples demeurent indispensables à l'étude de la nature – bien que l'observateur dispose aujourd'hui d'instruments plus sophistiqués.

AU BORD DE L'EAU *Escargots arboricoles dans les Everglades (en haut, à gauche). Merle-bleu azuré (en haut, à droite). L'hiver à Central Park, à New York (ci-dessus). Batteurs de grève sur une plage du Nord-Ouest (à gauche).*

Mais la marche dont
e parle n'a rien qui
'apparente avec l'exercice
u'on prend,
uivant la
ormule —
omme les
nalades
prennent leur remède à
eure fixe… elle est elle-
nême l'entreprise et
'aventure de la journée.

Balades
<small>HENRY DAVID THOREAU</small> (1817-62)
...uteur et naturaliste américain

Thoreau a témoigné de la ...aleur des étendues sauvages. « Ma subsistance, je la tire ...avantage des marais qui en...ourent ma ville natale que ...es jardins cultivés au village. ...Donnez-moi l'océan, le dé...ert, les étendues sauvages ! » Au fil des ans, de nom...reux « disciples » ont suivi ...es traces de Thoreau. La ...réquentation assidue de la ...ature a permis d'approfondir ...a compréhension des divers ...cosystèmes de l'Amérique du ...Nord, donnant ainsi une nou-

velle impulsion au mouve-ment écologique. À mesure que se développait notre con-naissance du milieu naturel, nous sommes devenus plus conscients de l'interdépen-dance de toutes les formes de vie, de la vulnérabilité des plantes et des animaux et de la perte irrémédiable que constitue la disparition d'une espèce. On trouve aujour-d'hui des sentiers de randon-

née partout en Amérique du Nord : au Canada, des tronçons du vaste réseau pan-canadien sont déjà en place. Au sommet des monts Albert et Jacques-Cartier, dans le parc de la Gaspésie, on peut parcourir la toundra alpine et côtoyer une harde de cari-bous. Plus près de nous, les espaces verts de nos villes nous permettent de contem-pler un échantillon de notre environnement chaque jour. Marcher, c'est pouvoir s'éblouir devant la féerie automnale des forêts de l'Est ou les tapis de fleurs sauvages des prairies alpines en juillet.

ATTRAITS NORDIQUES *Randonneurs dans le parc national Olympic, État de Washington (ci-dessus). Rencontre de caribous dans la toundra (à gauche).*

LES ROCHES SOUS NOS PAS

*Les montagnes ont des cycles de vie,
tout comme les organismes vivants.*

En foulant le sol de nos pas, c'est d'abord avec l'aspect géologique de l'environnement que nous sommes en contact.

On peut expliquer une grande partie du paysage nord-américain à l'aide de la théorie de la tectonique des plaques. On a cru longtemps que les océans et les continents n'avaient pas bougé depuis l'époque où l'écorce terrestre s'est refroidie. Nous savons maintenant que l'écorce terrestre est formée de plaques rocheuses rigides

UNE MYRIADE DE FORMES

Empreintes de pas dans le sable (ci-dessus) qui pourraient un jour se fossiliser. Roche volcanique (ci-dessous). Fossiles (à droite) indiquant la présence de la mer il y a des millions d'années.

qui se déplacent lentement sur le manteau de la Terre. Lorsque deux plaques s'écartent l'une de l'autre, de la roche en fusion fait éruption et se forme alors une nouvelle croûte. Lorsqu'elles sont poussées l'une contre l'autre, l'extrémité d'une des plaques s'enfonce sous l'autre dans une zone de subduction – région d'intense activité volcanique et sismique pouvant donner lieu à la formation de montagnes. Lorsqu'elles glissent l'une sous l'autre, les strates rocheuses se disloquent et forment d'immenses cassures appelées failles.

L'Amérique du Nord repose sur la plaque nord-américaine, qui s'étend du

milieu de l'Atlantique à la côte ouest où elle presse contre la plaque du Pacifique. Cette dernière, plus dense, se trouve ainsi entraînée dessous depuis 100 millions d'années.

Sous l'énorme pression exercée par cette collision permanente, les roches de l'ouest se sont plissées, soulevées et ont fait éruption, formant montagnes et volcans. Les séismes témoignent de ce processus. Les forces tectoniques se sont exercées de façon moins marquée sur le reste du continent, laissant le terrain plat ou vallonné, à l'exception des Appalaches, restes de montagnes plus importantes formées alors que l'Amérique du Nord était encore rattachée à l'Europe.

ÉROSION

Les montagnes sont des phénomènes de courte durée à l'échelle géologique : sitôt formées, déjà elles commen-

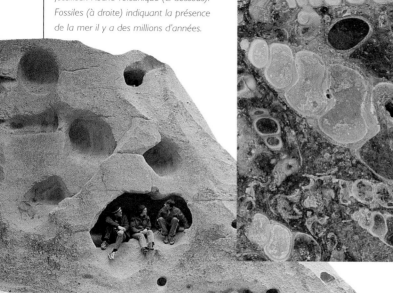

ÉROSION ET TECTONIQUE

Grès sculpté par le temps en Utah (à gauche). Dans l'Est, les montagnes anciennes sont arrondies (ci-dessus, à gauche, et ci-dessous). Les sommets de l'Ouest, soulevés par les forces tectoniques, sont modelés par l'érosion glaciaire (ci-dessous). La faille de San Andreas (ci-dessus, à droite).

cent à s'éroder sous l'effet du vent et de la pluie. Le sable érodé et le limon s'accumu-lent en couches épaisses au creux des vallées. Sous l'effet des pressions tectoniques, cette roche sédimentaire peut se soulever pour former de nouvelles montagnes. Les paysages se complexifient sans cesse avec la répétition de ces processus géologiques sur des millions d'années.

Les glaciers ont joué un rôle capital dans l'érosion du paysage nord-américain. Une

… chaque grain de sable recèle une parcelle d'histoire de la terre.

RACHEL CARSON (1907–64)

grande partie du Nord-Ouest et du Midwest est recouverte de roche et de sol apportés du nord du Canada par un gla-cier disparu il y a 10 000 ans. Ce glacier a créé les Grands Lacs, la baie d'Hudson et d'innombrables lacs et étangs.

Dans tout l'ouest du conti-nent, des glaciers plus petits ont recouvert les zones de haute montagne (et s'y trou-vent toujours à certains en-droits), creusant les vallées, les gorges et les lacs caractéris-tiques de ces paysages.

INTERPRÉTATION

La randonnée se prête bien à l'interprétation géologique des paysages. Monter une colline peut nous mener de roches sédimentaires vieilles de plusieurs millions d'années jusqu'à des roches et du sable déposés par un glacier il y tout juste 20 000 ans. Ces roches pourraient abriter un fossile et ce sable, recouvrir une pierre taillée.

Les fossiles permettent de dater l'âge d'une roche. Rien ne distingue du grès d'un million d'années d'un autre grès cent fois plus ancien, et une roche ancienne ne sera pas nécessairement enfouie plus profondément dans le sol. Mais on ne trouvera pas de fossiles de dinosaure dans du grès récent puisque les dinosaures ont disparu il y a 65 millions d'années !

CLIMAT ET MÉTÉO

C'est en forêt et dans les grands espaces qu'on peut

réellement apprécier les effets du climat et du temps.

Tout autant que les roches et les sols, le climat contribue à la configuration du paysage. Ce sont les précipitations et les températures annuelles qui déterminent une forêt, une prairie ou un désert. Et il n'y a pas de climat idéal pour la randonnée : l'expérience peut être aussi gratifiante dans la forêt tropicale humide, le désert ou la toundra arctique que sous un climat tempéré. Mais comprendre le climat peut rendre la randonnée plus intéressante et plus sûre.

L'atmosphère terrestre, les formes du relief, les océans, la

chaleur du Soleil : tous ces éléments interagissent dans la création du climat. L'atmosphère, mince enveloppe gazeuse d'à peine quelques kilomètres d'épaisseur, est essentielle à la vie. Mus par l'énergie solaire et la rotation de la Terre, ses gaz suivent des parcours déterminés par la configuration du terrain.

Les écarts climatiques sont plus marqués à l'intérieur du continent que sur les côtes,

DES GLACES AUX DÉSERTS *Rose aciculaire, ou rose sauvage (en haut, à gauche). Phoque commun dans les eaux arctiques de l'Alaska (ci-dessus). Forêt ombrophile tempérée dans le parc national Olympic (à gauche). Approche d'une tempête en Arizona (ci-dessous).*

où les océans viennent modérer les températures. L'altitude influe également sur le climat. Plus un terrain est élevé, plus les températures moyennes y sont basses, puisque en se raréfiant l'atmosphère retient moins de chaleur.

CHANGEMENTS DE SAISONS

Les variations saisonnières, caractéristiques des climats tempérés, sont très marquées en Amérique du Nord.

Dans la moitié est du continent, les précipitations sont fréquentes toute l'année en raison des vents de l'Atlantique qui poussent l'air humide vers l'intérieur. Ces vents ont toutefois perdu leur

humidité lorsqu'ils atteignent les prairies, de sorte que les précipitations y sont trop rares pour qu'une forêt puisse y pousser. Sur la côte du Pacifique, les étés sont plutôt secs, mais les tempêtes d'hiver soufflent sur les côtes une grande quantité d'humidité, créant dans certaines parties du Nord-Ouest des conditions propices au développement de la forêt ombrophile.

C'est dans le Sud-Ouest que le climat est le plus sec, puisque cette région, coupée de l'air maritime, se situe de plus à l'intérieur d'une zone aride qui ceinture le globe au nord du tropique du Cancer.

ARCTIQUE ET TROPIQUES
Le nord du Canada et l'Alaska sont caractérisés par un climat

VARIÉTÉ DU CLIMAT *Forêt tempérée l'automne (ci-dessus). Aigrette dans les marécages subtropicaux des Everglades (à droite). Chèvre de montagne des régions alpines (en bas, à droite).*

arctique et semi-aride car les mers polaires dégagent peu d'humidité. Les étés sont courts, mais la longueur des jours favorise alors une croissance végétale et une activité animale intenses.

Seules quelques régions comme Hawaï et le sud de la Floride jouissent d'un climat tropical ou subtropical. La longueur des jours et les températures y varient peu, les principaux écarts saisonniers étant liés aux précipitations.

Le climat de l'Amérique du Nord était plus frais il y a 10 000 ans, alors que les glaciers s'étendaient loin au sud.

Aujourd'hui, une augmentation des émissions de dioxyde de carbone dans l'atmosphère pourrait faire grimper les températures, fondre les calottes polaires et inonder les régions côtières.

MÉTÉOROLOGIE
Le caractère imprévisible du temps est à la fois une calamité et un bonheur pour le randonneur. Si un orage soudain peut le forcer à battre en retraite, transi et trempé jusqu'aux os, l'avance d'une tempête dans un ciel violacé demeure un spectacle saisissant.

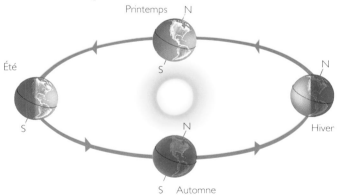

LA LONGUEUR DES JOURS *varie selon l'inclinaison de la Terre par rapport au Soleil. Les jours sont plus longs lorsque l'hémisphère Nord est incliné vers le Soleil, soit durant une moitié de l'orbite annuelle de la Terre. Quand l'hémisphère Nord s'éloigne du Soleil, les jours raccourcissent et l'air froid de l'Arctique se met à souffler.*

LA FLORE

Des mousses de la toundra aux arbres géants des forêts humides de l'Ouest, les plantes savent tirer le meilleur parti du milieu ambiant.

Il y a quelque 300 millions d'années, les plantes, jusque-là confinées aux océans, ont commencé à coloniser la terre. Par la photosynthèse, elles ont contribué à former l'atmosphère, et par leur interaction biotique avec les roches et les sédiments, elles ont aidé à constituer le sol. Sans les plantes, l'atmosphère serait irrespirable, les pluies éroderaient le sol et les animaux mourraient de faim.

Source intarissable d'intérêt, partout présentes, elles sont un perpétuel renouvellement, de la floraison à la fructification, de l'éclosion des bourgeons à la chute des feuilles. Si comme individus elles sont stationnaires, comme espèces elles ne cessent de se répandre, disséminant leurs graines par millions avec la complicité du vent, de l'eau, d'animaux de passage.

FORÊTS

Les forêts recouvrent encore aujourd'hui une grande partie de l'Amérique du Nord. Avec

MARAIS À QUENOUILLES, *Dakota du Nord (ci-dessus). Potentille (ci-dessus, à gauche), Caroline du Nord.*

ses hivers froids et ses étés pluvieux, l'Est est un milieu de prédilection pour la forêt tempérée à feuillage caduc, dont les arbres perdent leurs feuilles l'hiver avec la diminution de la luminosité diurne et des températures. Dans l'Ouest, les pluies estivales sont rares : la forêt à feuillage persistant (ou sempervirent) prédomine. Les pins et les sapins peuvent réaliser la photosynthèse dans leurs petites aiguilles cireuses même par temps froid. Sur la côte Ouest, de nombreux feuillus, tels les chênes, conservent

leur feuillage toute l'année. Les feuillus sempervirents sont abondants dans le Sud-Est où les hivers sont doux. Dans le Grand Nord, où les hivers sont glacials et les étés brefs, les conifères à feuilles persistantes dominent les bouleaux et les peupliers rabougris.

En montagne, les forêts forment des strates de végétation selon l'altitude : les essences « boréales » – sapin et peuplier faux-tremble – peuplent les versants supérieurs, tandis que les essences « méridionales » – thuya et chêne – occupent le bas des pentes. En haute montagne et dans l'Arctique, trop froids pour les arbres, les mousses et les lichens partagent le

SUR LE TAPIS FORESTIER *Feuilles d'automne au parc national Yosemite (à gauche). Cypripèdes royaux dans les monts Adirondacks (à droite).*

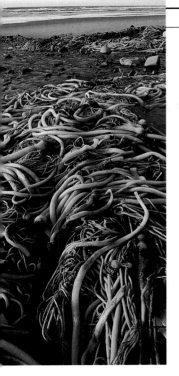

RIVAGES, DÉSERTS ET MILIEUX HUMIDES

Macrocystides sur la côte de l'Orégon (à gauche). Opuntia (ci-dessus) et lis d'eau blanc (à droite) en fleur.

terrain avec les fleurs sauvages, les graminées et les saules arbustifs.

ZONES ARIDES

Pratiquement dépourvues d'arbres, les zones arides abondent en graminées, notamment dans les plaines de l'Ouest et du Centre. Germination et maturation rapides, ainsi que production abondante de graines, permettent à de nombreuses espèces de s'épanouir en terrain aride.

Une variété de plantes herbacées ou ligneuses (cactus, armoises) se sont adaptées à la chaleur et à la sécheresse de l'intérieur, particulièrement dans le Sud-Ouest et le Grand Basin. La côte ouest est occupée par le chaparral – formations arbustives denses.

MILIEUX HUMIDES ET RIVAGES

Dans les milieux humides, où les précipitations et un mauvais drainage contribuent à inonder le sol, des conifères, comme le cyprès chauve, et des feuillus, comme le tupélo, se sont bien adaptés avec des plantes herbacées comme les quenouilles, le carex et les roseaux.

Les régions côtières se distinguent par les algues géantes ou macrocystides qui prospèrent dans les eaux peu profondes au bord des rivages rocheux, tandis que les graminées marines préfèrent les fonds sablonneux ou vaseux. Les plages et les dunes conviennent aux plantes capables de s'enraciner dans le sable et de supporter l'air salin et les effets desséchants du soleil et du vent.

PLANTES ANCIENNES

Il y a plus de 65 millions d'années, des arbres semblables aux magnolias et aux chênes poussaient jusqu'en Alaska. Au cours des 30 derniers millions d'années, le climat plus frais et plus sec a modifié la végétation. Des essences telles que le séquoia, autrefois très répandues, sont maintenant confinées à des zones restreintes, et des espèces plus récentes, comme les graminées et les fleurs sauvages, se sont étendues à tout le continent.

Séquoias de Californie.

Les périodes glaciaires des deux derniers millions d'années ont profondément marqué la flore de l'Amérique du Nord. Suivant les refroidissements et les réchauffements, des essences boréales comme l'épinette se sont déployées vers le sud puis ont retraité vers le nord. À la faveur du réchauffement qui a marqué les 20 000 dernières années, des plantes associées au climat tempéré se sont étendues à la majeure partie du continent.

LA RUDBECKIE POURPRE,

symbole de la prairie haute, fleurit au milieu de l'été.

LA FAUNE

Le terme « animal » vient d'un mot latin qui veut dire « âme » ; les animaux font partie de l'âme d'un paysage.

Observer les animaux n'est pas toujours chose facile. Bon nombre d'entre eux passent la majeure partie de leur vie sous terre, dans l'eau ou dans les arbres, et même les plus visibles peuvent paraître insaisissables. Les oiseaux semblent s'envoler dès que des jumelles sont braquées sur eux. Et certains des animaux les plus intéressants sont nocturnes, encore qu'une ballade en forêt au clair de lune ait quelque chose de magique. Si un renard ou un hibou entrevus peuvent être le clou d'une randonnée, il ne faudrait pas oublier les tout petits : invertébrés, insectes et rongeurs sont plus faciles à trouver, et les observer est fascinant.

TROUVER LES ANIMAUX
Les forêts de l'Est abritent quelques grands mammifères (cerf de Virginie, orignal, ours noir) et une grande diversité d'oiseaux chanteurs, de rongeurs, de reptiles, d'am-

FOURRURE, PLUMES ET CARAPACE *Les loutres de rivière (ci-dessus, à gauche) s'observent le long des cours d'eau. Les effraies des clochers (ci-dessus) nichent parfois dans les bâtiments abandonnés. Le crabe corail (à droite) a adopté les récifs de Floride.*

phibiens et d'invertébrés. Les petits mammifères – raton laveur, lièvre, porc-épic et écureuil – y abondent. Beaucoup d'animaux résidents sont inactifs l'hiver, alors que la nourriture se fait rare. La forêt renaît au printemps et à l'été, et on peut de nouveau entendre le chant des grenouilles, des oiseaux, des cigales et des sauterelles.

De nombreuses espèces forestières vivent aussi dans les régions plus sèches et plus froides de l'Ouest et du

Nord. C'est le cas du lynx ou encore de l'ours noir qui se retrouve sur l'ensemble du continent. Le grizzli hante les Rocheuses jusqu'à l'Arctique. L'antilope d'Amérique, le cerf à queue noire, le mouflon d'Amérique, le bison, le wapiti et la chèvre de montagne se rencontrent dans les montagnes et les prairies de l'Ouest.

Dans les prairies, une intense vie animale se déroule sous terre où les fouisseurs comme les spermophiles et les chiens de prairie élisent domicile. Le climat rigoureux de la forêt boréale et de la toundra limite la diversité des espèces, notamment des

LE PETIT MONDE *Fourmis moissonneuses sur un opuntia (à l'extrême gauche) dans le désert de Sonora. Rainettes (à gauche) à l'affût d'insectes sur la lèvre d'une sarracénie, plante carnivore des tourbières.*

vertébrés à sang froid comme les serpents et les grenouilles.

Dans les déserts du Sud-Ouest, serpents et lézards se sont adaptés d'étrange façon à la chaleur et à l'humidité. Plusieurs espèces de grenouilles et de crapauds réussissent à s'y reproduire, souvent dans des mares ou des ruisseaux intermittents. On y trouve en outre de nombreux invertébrés, y compris les scorpions et les tarentules. Même de grands mammifères comme le cerf, le mouflon, l'antilope d'Amérique et le pécari arri-

La nature ne se montre nulle part si entière que dans ses créatures les plus petites.

PLINE L'ANCIEN (23-79 APR. J.-C.), Naturaliste et auteur romain

À L'ÉTAT SAUVAGE *Cerf à queue noire dans le parc national Olympic (ci-dessus). Hérons garde-bœufs dans un marais de Californie (à droite).*

vent à survivre dans les zones désertiques. Inversant la période de repos par rapport aux climats plus tempérés, certains animaux du désert sont moins actifs pendant la saison chaude.

Les oiseaux et les insectes des milieux humides, qui se déplacent facilement, sont distribués partout sur le continent ; on peut donc voir les mêmes grands hérons, libellules et patineurs dans les marais de l'Arizona que dans ceux du Québec. Largement répandu, le castor joue un rôle écologique de premier plan en créant des milieux humides avec ses digues. L'alligator américain n'est pas en reste, lui qui offre un habitat

aux poissons et aux oiseaux en creusant des bassins d'eau en période de sécheresse.

Les mammifères marins abondent sur la côte ouest, et il n'est pas rare d'apercevoir des phoques, des otaries et des baleines en migration. Les invertébrés et les petits poissons des estrans salés sont une fascination constante.

Nombreux sont les animaux qui migrent. Les oiseaux, les chauves-souris et les insectes qui s'envolent vers le sud chaque automne en sont les exemples les plus connus. Les bisons et les caribous traversent le pays chaque année à la recherche de nourriture. D'autres espèces se déplacent vers les hauteurs l'été pour revenir l'hiver dans les vallées.

LES CHIENS DE PRAIRIE *vivent en colonies très denses dans de vastes réseaux de galeries qui rappellent nos villes.*

Sève qui monte et fleur qui pousse,
Ton enfance est une charmille :
Laisse errer mes doigts dans la mousse
Où le bouton de rose brille.

Printemps, PAUL VERLAINE (1844–1896)
Poète français

CHAPITRE DEUX

COMPRENDRE
LA NATURE

ÉTUDE DE LA NATURE À TRAVERS LES ÂGES

La curiosité et l'instinct de conservation ont toujours poussé l'homme à explorer le monde.

L'un des premiers ouvrages sur la nature est l'*Histoire des animaux* d'Aristote, vers 335 av. J.-C. Quatre siècles plus tard, un autre Grec, Dioscoride, publiait son traité *Sur la matière médicale* dans lequel il décrivait plus de 600 plantes de son pays. Au Moyen Âge, de nombreuses copies illustrées ont été faites de ces œuvres, et divers herbiers, bestiaires et récits de voyage en ont donné des versions enjolivées. À compter du XVᵉ siècle, cependant, les voyages de découverte ont permis de rapporter de différentes régions du globe un large éventail de spécimens qui ont donné une nouvelle impulsion à l'étude de la faune et de la flore.

Apparaît alors le besoin de se doter d'un système de classification afin de mettre un peu d'ordre. C'est ainsi qu'au XVIIIᵉ siècle, le grand botaniste suédois Carl von Linné (1707-1778) a élaboré un système (voir page ci-contre) qui forme la base de celui que nous utilisons, encore aujourd'hui, pour classifier les organismes qui peuplent le monde.

Parallèlement, en France, Buffon (1707-1788) travaillait à la composition de son *Histoire naturelle*, œuvre monumentale de 36 volumes dans laquelle il eut notamment l'intuition du transformisme, idée qui allait être reprise par Darwin.

DARWIN ET L'ÉVOLUTION

Charles Darwin (1809-1882) a eu une importance capitale dans l'histoire de l'écologie. À bord du *Beagle* en qualité de naturaliste, il a pu observer le long des côtes de l'Amérique du Sud quantité de plantes et d'animaux qu'il n'avait jamais

TAMIA RAYÉ *dans une vigne (ci-dessus) – planche tirée de* The Illustrated System of Natural History, *publié au XIXᵉ siècle, elle-même reproduite à partir d'un ouvrage du XIXᵉ siècle. Charles Darwin en promeneur (en bas, à gauche).*

rencontrés auparavant. C'est à partir de ses observations et de l'étude des travaux d'autres scientifiques qu'il a élaboré sa théorie de l'évolution des espèces, exposée dans son ouvrage *De l'origine des espèces par voie de sélection naturelle*, publié en 1859 – seules les espèces les mieux adaptées à leur environnement survivent, transmettant aux générations suivantes les caractéristiques qui leur permettent de le faire. Darwin a plus tard publié, en 1871, *De la descendance de l'homme*, ouvrage dans lequel il traitait de l'évolution humaine, postulant que l'homme descend du singe.

Les travaux de Darwin ont permis d'expliquer comment naissaient les espèces (réfutant par là la vieille croyance selon laquelle tout être vivant est une création de Dieu) et d'abolir la distinction entre les êtres humains et la nature sur laquelle avait jusque-là reposé a pensée occidentale. Fasciné par les relations complexes qui unissent les plantes et les animaux en apparence les plus divers, il a ouvert la voie à une vision globale du monde.

SUR LE TERRAIN

Tandis que les savants comme Linné procédaient à un examen systématique des plantes et des animaux à l'aide du microscope récemment inventé, l'Anglais Gilbert White (1720-1793) étudiait la nature d'un tout autre angle, en observant la campagne voisine de son village, et décrivait la façon dont les êtres vivants cohabitent, devenant ainsi l'un des pionniers de l'écologie de terrain.

Dès les débuts de la colonisation de l'Amérique, les naturalistes ont recueilli des spécimens des plantes et des animaux qu'ils rencontraient. Leur approche consistait à cataloguer les ressources du Nouveau Monde. À cet égard, la contribution de peintres aviaires tels que Jean-

Jacques Audubon (voir p. 95) fut exceptionnelle. Les auteurs naturalistes les plus connus du continent au XIXe siècle sont Henry David Thoreau et John Muir (voir pp. 14-15 et 49). Passionnés de la nature et observateurs attentifs des plantes et des animaux sur le terrain, ils ont inspiré ceux qui les ont suivis à travailler à la conservation plutôt qu'à l'exploitation des ressources naturelles. Plus près de nous, des auteurs comme Rachel Carson (voir p. 47), aux États-Unis, et, au Québec, le frère Marie-Victorin (voir p. 53) ou encore René Pomerleau (voir p. 56) ont mis leurs connaissances scientifiques à profit pour mieux nous faire connaître la nature.

Vous pouvez faire profiter de vos observations les groupes écologiques de votre région – en surveillant les migrations, la croissance de certains champignons ou la distribution d'un habitat en danger. C'est un passe-temps passionnant et enrichissant.

Carl von Linné habillé en lapon.

LE SYSTÈME LINNÉEN

Jusqu'à la publication de *Systema Naturae* de Carl von Linné, en 1735, les scientifiques ne disposaient pas de système de classification satisfaisant des êtres vivants. La hiérarchie établie par Linné est toujours en vigueur aujourd'hui.

Chaque plante et chaque animal portent une dénomination binominale. Le premier mot, qui en définit le genre, l'associe à un groupe de plantes ou d'animaux similaires ; le second, qui en définit l'espèce, l'identifie plus précisément. En outre, les plantes et les animaux sont tous classés selon leur règne, leur phylum, leur classe, leur ordre et leur famille.

Porte-queue géant (*Papilio cresphontes*), par exemple :

règne : Animalia
phylum : Arthropoda
classe : Insecta
ordre : Lepidoptera (papillons et hétérocères)
famille : Papilionidae (porte-queue et parnassiens)
gène : *Papilio*
espèce : *cresphontes*

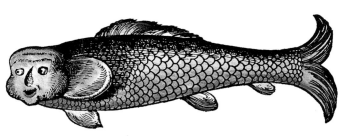

ICONOGRAPHIE ANCIENNE

Illustration fantaisiste du lamantin, tirée de Historiae Animalium (Zurich, 1551) de Konrad Gesner, et gravure représentant un bison, tirée de Les Singularitez de la France antarctique de Thevet (Anvers, 1558).

ÉCOLOGIE

Les relations entre les plantes, les animaux et leur milieu

sont pour le naturaliste une source inépuisable d'intérêt.

Le terme écologie, c'est-à-dire l'étude des rapports entre les organismes vivants, vient du mot grec *oikos*, qui signifie habitat. Dans un habitat, on trouve divers milieux composés d'éléments non vivants – air, eau, lumière, sol. On peut imaginer un milieu comme une scène où des facteurs tels les températures, l'ensoleillement et l'humidité composent le décor.

Dans chacun de ces milieux, un groupe d'espèces végétales et animales (les acteurs) vivent en interaction. On appelle ce groupe communauté. Un écosystème désigne un milieu et la communauté qui y habite.

HABITATS ET NICHES

La région où vit une plante ou un animal est son habitat. Ainsi, les terres arides et rocheuses du Grand Nord sont l'habitat du lagopède des rochers (une gélinotte). L'habitat du spermophile rayé, à l'origine la prairie basse, s'est étendu à des régions du centre du continent où l'on trouve des étendues gazonnées (des terrains de golf, par exemple). Les marécages de la péninsule floridienne constituent l'habitat du palétuvier.

Les écosystèmes les plus complexes se trouvent sous les climats chauds et humides, notamment dans les régions équatoriennes. Les forêts ombrophiles y prospèrent et la

grande variété de la végétation offre, de la cime des arbres aux débris en décomposition de la couverture végétale, une diversité d'habitats où quantité d'animaux peuvent trouver nourriture et abri. En outre, l'invariabilité des jours et des nuits et des températures tout au long de l'année leur permet de consacrer le maximum de temps à l'alimentation et à la reproduction.

Le rôle spécifique joué par une espèce à l'intérieur de son écosystème est appelé niche, et il est associé à la façon dont cette espèce se nourrit. Par exemple, chez les échassiers qui se nourrissent dans un estuaire, les aires de nutrition sont réparties entre diverses espèces – chacune occupant une niche différente – selon la façon dont elles se sont adaptées à leur milieu. Les barges hudsonniennes, dotées d'un long bec et de longues pattes, cherchent leur nourriture dans des eaux plus profondes que les bécasseaux semipalmés qui, avec leurs courtes pattes, se nourrissent en surface.

HABITATS *Le canard branchu est adapté aux boisés riverains (en haut, à gauche) ; le wapiti, à la forêt de pins (ci-dessus) ; la tortue peinte, au désert (ci-dessous, à gauche) ; le spermophile rayé, à la prairie (à gauche).*

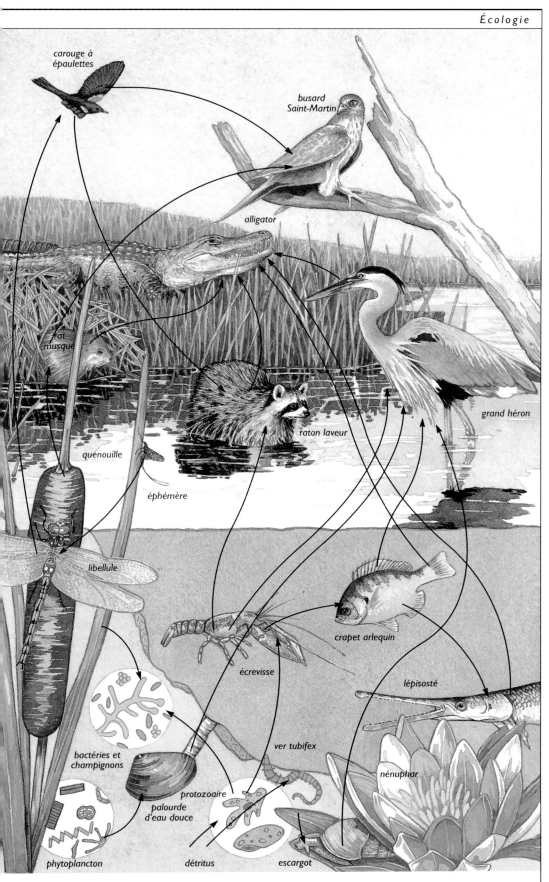

carouge à
épaulettes

busard
Saint-Martin

alligator

grand héron

raton laveur

rat
musqué

quenouille

éphémère

libellule

crapet arlequin

écrevisse

lépisosté

ver tubifex

nénuphar

bactéries et
champignons

protozoaire

palourde
d'eau douce

phytoplancton

détritus

escargot

UNE VISITE à un étang vous familiarise avec la communauté qui y habite et les niches occupées par ses membres. Un étang, même modeste, entretient un réseau alimentaire complexe, allant des micro-organismes (bactéries) aux poissons et aux crustacés, sans oublier oiseaux et mammifères. Dans un tel écosystème, les animaux ont des sources variées d'aliments.

CHAÎNES ALIMENTAIRES ET CONCURRENCE

La vie animale est marquée par l'interdépendance et la concurrence pour les ressources et les partenaires.

À l'intérieur de chaque communauté, il se produit un transfert d'énergie entre les plantes et les animaux selon une séquence appelée chaîne alimentaire.

Une chaîne alimentaire simple peut avoir pour point de départ une feuille mangée par une chenille, dévorée à son tour par un oiseau qui devient la proie d'un couguar. Il s'agit là d'une chaîne de prédateurs. Une chaîne de détritivores peut commencer par la consommation de végétation en décomposition par des larves d'insectes, dévorées à leur tour par un canard qui finit dans l'estomac d'un oiseau de proie.

Les mammifères et les oiseaux prédateurs se situent habituellement au sommet de la chaîne alimentaire. Une chaîne alimentaire est toutefois un cycle. Les prédateurs

EN QUÊTE D'ÉNERGIE *Araignée dévorant un papillon gavé de nectar (en haut, à gauche). Herbivores : souris sylvestre (ci-dessus) et cerf à queue noire (à droite). Omnivore : grizzli (ci-dessous).*

ne consomment pas toutes leurs proies, laissant les restes aux charognards et aux micro-organismes ; ceux-ci décomposent les restes en matière organique (à laquelle s'ajoutent les excréments des animaux consommateurs et les carcasses) qui vient enrichir le sol et nourrir les plantes, perpétuant ainsi le cycle.

Les chaînes alimentaires sont interreliées. Le menu des hiboux, par exemple, se compose de rats, d'écureuils, de souris, de campagnols et de petits oiseaux ; les coyotes consomment aussi ces animaux. Le fait que ni les hiboux ni les coyotes ne se nourrissent d'une seule espèce assure qu'il y ait suffisamment de nourriture pour tous.

CONCURRENCE

La concurrence pour la nourriture, un territoire, un abri et les partenaires est essentielle à l'équilibre d'une communauté naturelle. Entre les membres d'une même espèce, cette concurrence peut être féroce puisqu'ils se disputent les mêmes ressources. Elle permet d'assurer un contrôle des populations et de la quantité de nourriture consommée par rapport aux ressources disponibles. Le cannibalisme, soit la

Chaîne alimentaire des prédateurs

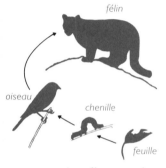

félin

oiseau

chenille

feuille

consommation d'un membre de sa propre espèce, est souvent dû à la surpopulation.

Il existe une concurrence entre espèces, quoique les adaptations évolutives tendent à la limiter. Buses et hiboux chassent les mêmes proies, mais à des moments différents ; grenouilles et crapauds se reproduisent dans le même étang, mais leurs œufs éclosent à différentes saisons. Si les ressources d'un habitat se trouvent très réduites, certaines espèces tendront à dominer et à chasser les autres.

Il y a prédation lorsqu'une espèce en chasse une autre pour se nourrir, l'une des fonctions de ce mécanisme étant d'assurer un équilibre des populations. Une pénurie dans une chaîne alimentaire – par exemple, un déclin rapide des coyotes attribuable à la sécheresse – peut entraîner l'élimination de la chaîne.

UTILISATION EFFICACE DES RES-SOURCES *Colverts (ci-dessus) se nourrissant en surface, contrairement aux plongeurs. Une chaîne alimentaire peut commencer par des plantes vertes (à gauche) ou des détritus (à droite). Nyctale boréale avec proie (ci-dessous).*

Dans le cas de coyotes, le nombre de souris pourrait monter en flèche, ce qui se traduirait par le rasage des herbes et des cultures et, pour les insectes, par la perte de leur habitat. Mais les facteurs météorologiques et les maladies ont peut-être plus d'influence sur les populations-proies que la prédation.

La lutte pour les ressources encourage les espèces à se diversifier et à s'adapter. Individus ou espèces qui peuvent tirer parti d'une niche inoccupée s'en tirent mieux.

La terre… est une fontaine d'énergie qui circule à travers un réseau de sols, de plantes et d'animaux.

Aldo Leopold (1888–1948)
Conservationniste et auteur américain

Chaîne alimentaire des détritivores

oiseau de proie

canard

larve d'insecte

végétation en décomposition

Si une essence est exterminée par la maladie, d'autres arbres prendront sa place. En revanche, si un groupe de loups est empoisonné, une bonne partie de la niche se trouvera inoccupée.

De tout temps, il s'est produit des extinctions naturelles, les espèces les mieux adaptées remplaçant celles qui disparaissaient. La destruction d'habitats naturels par l'homme entraîne toutefois aujourd'hui des extinctions à un rythme qui dépasse celui de l'évolution des nouvelles espèces. On estime actuellement qu'au moins une espèce animale ou végétale disparaît chaque jour.

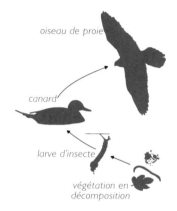

PLANTES ET POLLINISATION

Les plantes sont les producteurs primaires de la chaîne alimentaire,

le premier maillon sur lequel reposent tous les consommateurs de la chaîne.

Grâce à la photosynthèse, les plantes consomment le dioxyde de carbone produit par la respiration animale et fournissent aux animaux l'oxygène qu'ils respirent. Elles convertissent l'énergie solaire en tiges, feuilles et fleurs, permettant ainsi son transfert aux organismes qui les consomment. Au surplus, leurs racines contribuent à stabiliser le sol et à prévenir l'érosion.

On connaît plus de 288 800 espèces de plantes, que l'on divise en plantes vasculaires et non vasculaires. Plus évoluées, les plantes vasculaires sont dotées de tissus qui assurent la circulation des éléments nutritifs et des liquides, ce qui leur donne un éventail de formes et de dimensions plus large que celui des plantes non vasculaires – algues, mousses, hépatiques.

DISSÉMINATION DES GRAINES *Les mûres font les délices de la tortue-boîte (ci-dessus), qui dissémine les graines en les excrétant. Les graines de la clématite (à droite) sont portées par le vent.*

PLANTES VASCULAIRES

Les fougères sont les plantes vasculaires les plus simples. Elles se reproduisent à l'aide des spores microscopiques que l'on retrouve dans des capsules disposées en rangées sur le dessous de leurs frondes. Comme la germination des spores exige de l'humidité, les fougères sont confinées aux zones humides. Leurs spores peuvent toutefois être transportées sur de grandes distances par le vent.

Les plantes à graines sont plus évoluées et plus spécia-

lisées que les fougères. Les plus anciennes sont les gymnospermes – pin, sapin, épinette. Les gymnospermes forment généralement leurs graines à l'intérieur de leurs cônes et comptent sur le vent pour transporter le pollen fertilisateur des cônes mâles vers les cônes femelles.

Les plantes les plus évoluées sont les angiospermes, ou plantes à fleurs, qui constituent le groupe végétal le plus nombreux et le plus diversifié. On en a recensé plus de 250 000 espèces, des graminées aux arbres, des plantes insectivores aux cactus. Les graines de ces plantes sont contenues dans leurs fruits.

cônes femelles

graines de pollen

cônes mâles

MODES DE POLLINISATION *Le colibri (en haut, à gauche) transporte le pollen d'une fleur à l'autre sur les plumes qui entourent son bec. Chez les conifères (à gauche), le pollen est soufflé des cônes mâles vers les ovules des cônes femelles.*

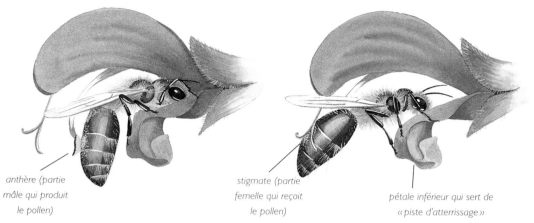

anthère (partie
mâle qui produit
le pollen)

stigmate (partie
femelle qui reçoit
le pollen)

pétale inférieur qui sert de
« piste d'atterrissage »

POLLINISATION ANIMALE *En butinant une fleur pour son nectar, l'abeille reçoit le pollen de l'anthère. Lorsqu'elle butine une autre fleur de la même espèce, le pollen est transféré au stigmate, assurant la fécondation.*

DE FLEUR À FLEUR

Comme chez les animaux, la reproduction des plantes repose sur l'union du mâle et de la femelle. En raison de leur immobilité, les plantes ont dû déployer de l'ingéniosité pour assurer la pollinisation nécessaire à leur fertilisation.

Ce sont les fleurs qui contiennent les organes reproducteurs des plantes : l'étamine (organe mâle) et le pistil (organe femelle). L'étamine produit à son extrémité (anthère) de minuscules grains de pollen jaunes qui doivent être déposés sur l'extrémité du pistil (stigmate). Le pollen est ensuite acheminé à l'un des ovules à la base du pistil, ren-

dant ainsi possible la fertilisation. Les plantes qui produisent du pollen en quantité s'en remettent au vent pour assurer leur fécondation. Les autres comptent sur les animaux — insectes, oiseaux, chauves-souris — pour transporter le pollen d'une fleur à l'autre. Plus le parfum, les couleurs et les formes d'une fleur sont attrayants, plus elle attire les pollinisateurs.

NOUVEAU TERRAIN

Les graines permettent aux plantes de se reproduire. C'est pourquoi les plantes ont mis au point différentes méthodes de dissémination des graines.

Certaines graines se forment dans des fruits savoureux qui, mangés par les animaux, sont ensuite rejetés ou excrétés loin de la plante-mère. D'autres, légères et plumeuses, sont emportées par le vent. D'autres, enfin, sont enfermées dans des gousses qui, en éclatant, répandent leurs graines, ou sont dotées d'épines ou de crochets qui s'accrochent aux animaux de passage. Les noix sont enfouies par les animaux qui, comme les écureuils et les geais, font des provisions pour l'hiver. Oubliées là, certaines finiront par germer.

LES FOUGÈRES *ne produisent pas de pollen, mais se reproduisent au moyen de spores dispersées par le vent.*

SUCCESSION ÉCOLOGIQUE

En croissant, les plantes modifient leur milieu et ouvrent la

voie à une nouvelle succession de plantes et d'animaux.

Les plantes modifient l'habitat où elles vivent en enrichissant le sol, par exemple, ou en augmentant l'ombrage. Chaque génération prépare le terrain pour de nouvelles espèces, selon un processus appelé succession écologique. La succession primaire s'établit là où la roche est exposée parce que la couche arable a été retirée ou ne s'était pas encore formée. La succession secondaire, processus plus courant, s'installe là où la végétation a été enlevée mais où le sol est demeuré intact.

Le passage de la roche à la forêt prend de nombreuses années. Les premiers organismes à s'implanter dans une succession primaire sont les lichens et les mousses. Ces espèces pionnières s'incrustent dans les fragments de roche et les débris végétaux pour former un sol rudimentaire.

Les plantes pionnières peuvent pousser en sol pauvre, supporter l'exposition aux éléments et se reproduire. La succession secondaire voit d'abord apparaître les graminées et les annuelles, suivies des arbustes et, enfin, des arbres. Suivant l'évolution de la végétation, la population animale augmente et se modifie, reflétant les variations dans les types de nourriture disponibles.

Si une forêt de sapins de Douglas est détruite par un incendie, les aulnes et d'autres essences pionnières qui tolèrent le soleil prendront la relève durant 20 à 30 ans. À l'ombre de ces arbres, les sapins de Douglas reviendront alors s'établir et remplacer les essences pionnières.

Lorsqu'une formation végétale s'est stabilisée, on dit qu'elle a atteint son climax. Les récifs de corail, la prairie et la forêt ombrophile tropi-

LES LICHENS *comptent parmi les premières plantes à s'établir là où il n'y a pas de sol (ci-dessus). Les prairies (ci-dessous) sont des formations climaciques. Les jeunes pousses croissent à l'ombre des arbres matures (à droite).*

EN CONSTANTE ÉVOLUTION *Ce marais (à gauche) pourrait devenir une tourbière. Épilobe (ci-dessus), espèce pionnière commune après un incendie.*

...cale sont des exemples de formations végétales climaciques. Évidemment, les espèces pionnières et, en bout de ligne, la formation climacique sont déterminées par le type de graines ou de spores qui atteignent la région, ainsi que par le climat et l'état du sol.

L'évolution du stade pionnier au climax est difficilement prévisible puisque plusieurs variables peuvent intervenir dans le processus : un hiver rigoureux peut tuer certaines espèces et interrompre la succession ; un incendie, une inondation, une éruption volcanique ou une intervention humaine peuvent même anéantir une communauté. Presque toujours, cependant, la vie végétale reprend son cours sous une forme ou sous une autre.

TERRES MARÉCAGEUSES

La formation et la disparition des terres marécageuses est un bon exemple de succession. Les marécages se forment dans les dépressions où l'eau reste assez longtemps pour permettre aux plantes aquaphiles – quenouilles, nénuphars – de s'établir. Les grenouilles et les crapauds pondent leurs œufs dans les bouquets de roseaux, tout comme les insectes – moustiques, libellules, patineurs, punaises d'eau – dont ils se nourrissent ; les grenouilles servent à leur tour de pâture aux couleuvres et aux poissons – achigan, brochet. Les rats musqués se nourrissent de quenouilles, dégageant des zones d'eau qui pourront accueillir la sauvagine. Aigrettes et hérons traquent le poisson dans les hauts-fonds, tandis que les tiges séchées offrent des sites de nidification à la sauvagine.

À long terme, cette communauté sera remplacée par d'autres. En se décomposant, quenouilles, roseaux et autres constitueront lentement le sol et réduiront la surface d'eau. La région pourra devenir tourbière, puis prairie et enfin forêt, chaque stade supportant une communauté différente.

Les signes d'une succession écologique ne sont jamais bien loin. Examinez un terrain vague en ville : vous en verrez les premiers stades. Ou prenez une forêt où les arbres ont été déracinés par une tempête : vous constaterez les différences.

EXEMPLE DE SUCCESSION *L'eau s'accumule dans une dépression où des plantes aquatiques prennent racine. En se décomposant, elles contribuent à constituer le sol et à assécher l'étang. Graminées et annuelles viennent alors, suivies d'arbustes qui procureront l'ombre nécessaire aux jeunes arbres.*

CYCLES ANNUELS

*Au rythme des saisons, plantes et animaux
s'adaptent aux conditions changeantes.*

Pour la plupart, les phénomènes naturels sont cycliques ; les autres, saisonniers. Les cycles naturels les plus vitaux sont ceux qui assurent la reproduction des espèces. À cet égard, la période la plus fébrile est le printemps, ce qui laisse à la nouvelle génération tout le temps de bénéficier de la chaleur et d'une nourriture abondante. Les plantes profitent aussi de la hausse des températures et du dégel du sol pour déployer leurs racines et leurs stolons. Avec l'augmentation de l'ensoleillement,

les feuilles se mettent à pousser, les fleurs à éclore et les insectes à voyager de fleur en fleur, assurant ainsi leur fécondation. À l'automne, les graines seront disséminées par le vent ou par les animaux.

MIGRATIONS

Les nombreux insectes, oiseaux, mammifères et poissons qui migrent vers le sud à l'arrivée du temps froid reviennent à leur aire de reproduction nordique une fois l'hiver terminé. Le cycle des départs et des arrivées des espèces migratrices est plus accentué dans les régions où les saisons sont marquées.

Les troupeaux de caribous descendent en file de la toundra vers les vallées protégées. Des nuées de monarques s'envolent en tourbillonnant vers le sud. Au printemps ou à l'automne, vous apercevrez le vol en V d'un groupe de bernaches. Quant aux canards, ils font halte dans les marais avant de reprendre leur route.

ACTIVITÉS PRINTANIÈRES *Œufs de merle d'Amérique dans un pommier (à gauche). Harde de bisons en route vers les pâturages printaniers (ci-dessous).*

MUE

Les oiseaux sont soumis à des cycles de plumage. Tous les oiseaux adultes muent au moins une fois par an, processus qui s'étend sur plusieurs semaines. La mue exige une grande quantité d'énergie ; elle se déroule habituellement à la fin de l'été, alors que la nidification est terminée, que le temps est encore chaud et que la nourriture est abondante. Certains oiseaux muent aussi au printemps, se départissant de leurs plumes sans éclat pour adopter un plumage nuptial flamboyant. Enfin, les oisillons renouvellent plusieurs fois leur

D'UNE FORME À L'AUTRE *Une an-*
née dans la vie d'un étang (ci-dessus).
Juste sorti de sa chrysalide, un amiral
à points-rouges sèche ses ailes (à gauche).

livrée dans leur première
année, remplaçant graduellement leur duvet.

D'autres animaux muent.
Le lièvre d'Amérique et le
renard arctique remplacent
leur blanche livrée hivernale
par un pelage brun. Les serpents adultes muent trois à
quatre fois par an, se défaisant
souvent de leur vieille peau
toute d'une pièce. Les crustacés, comme les crabes, et des
insectes abandonnent une fois
par an leur vieille carapace sur
les rivages ou en forêt.

MÉTAMORPHOSE

La métamorphose, de l'œuf au
stade adulte, chez les insectes
et les amphibiens est liée aux
saisons. La grenouille pond
lorsque les températures commencent à se réchauffer : ses
œufs deviendront bientôt des
têtards, puis des adultes au
milieu de l'été.

Bon nombre d'insectes
adultes ne survivent pas à
l'arrivée des temps froids.

C'est pourquoi ils pondent
leurs œufs tard l'été ; les larves
éclosent au printemps. À l'été,
elles seront devenues adultes.
Chez d'autres insectes, les
œufs éclosent à l'automne :
l'insecte passe l'hiver sous
forme de larve ou de chrysalide. Quelques espèces passent
l'hiver au stade adulte dor-
mant : ce sont les premières à
se réveiller au printemps.

Il y a un moment pour

tout et un temps pour toute

chose sous le ciel.

L'Ecclésiaste, 3 : 1

DORMANCE
ET HIBERNATION

Aux premiers signes annon-
ciateurs de l'hiver, les vivaces
cessent de fleurir et commencent à emmagasiner de l'énergie dans leurs bulbes et leurs
racines en prévision de la
période de dormance. Les
annuelles sont tuées au premier gel ; la génération suivante germera à partir des
graines au printemps.

Beaucoup d'animaux se
réfugient sous terre. Pour
réduire leurs besoins énergéti-
ques, les ours dorment tout
l'hiver, vivant des réserves
qu'ils ont accumulées sous
forme de graisse (les ours
n'hibernent pas véritablement,
puisque la température de leur
corps demeure près de la nor-
male). Les vrais hibernants –
tamias, chauves-souris insectivores – réduisent leur méta-
bolisme de sorte que leur
température descend jusqu'à
environ 4 °C. Les serpents
hibernent également, certains
dans un terrier commun.

VIE NOUVELLE *Faon du cerf de*
Virginie parmi les rudbeckies, l'été, dans
la prairie haute.

PRINTEMPS : LE RÉVEIL

*Le printemps est un temps de renaissance, où la nature
renouvelle sous nos yeux le cycle de la vie.*

On a dit que l'hiver avait été inventé pour que l'on puisse apprécier le printemps. Sur notre continent cette saison s'annonce par le réchauffement des températures, les averses, les vents frais et le chant des oiseaux.

À la ville, des pousses de luzerne et d'onagre surgissent du sol des terrains vacants. Dans les jardins, bégonias, chèvrefeuille et autres plantes à floraison hâtive accueillent les premiers colibris de retour d'Amérique centrale.

PARMI LES ARBRES

Dans les forêts de feuillus du Nord-Est, le printemps ramène les tortues et envoie les pics à la recherche d'une compagne. Les érables, les chênes, les bouleaux et les saules se parent de bourgeons verdoyants. Le long des cours d'eau, les fougères déroulent leurs frondes. Dissimulées dans les feuilles, les parulines à croupion jaune ou à joues grises font entendre leur doux chant, tandis que la gélinotte huppée se pavane en tambourinant, déployant la queue pour séduire une femelle.

Au sud-est, les magnolias de Virginie, les magnolias parasol et les magnolias à grandes feuilles commencent à fleurir, embaumant l'air.

Dans les forêts du Nord-Ouest, le bruant fauve revient

de Californie tandis que, au sol, le troglodyte des forêts construit son nid. D'heureux randonneurs seront peut-être éblouis par les sarcodes sanguines perçant la dernière neige. Les nuits douces, ils entendront les rainettes du Pacifique chanter inlassablement dans l'espoir d'attirer une partenaire.

EN PAYS MONTAGNEUX

Dans les montagnes, les oursons quittent l'abri où ils sont nés durant l'hiver et les petits mouflons sont une proie facile pour le coyote, le lynx roux et le couguar affamés. Ancholies bleues et chrysanthèmes tapissent les prés alpins. Les troglodytes familiers et les cardinaux à tête noire font leur nid dans les bosquets de peu-

pliers faux-trembles, dont l'écorce est un régal pour les castors et les porcs-épics. Les écureuils roux bondissent d'arbre en arbre, à la recherche d'œufs fraîchement pondus. Plus au nord, les belettes à longue queue troquent leur blanc manteau d'hiver contre une livrée brune.

DANS LA PRAIRIE

Sortant de leur terrier après des mois d'hibernation, chiens de prairie, marmottes et autres rongeurs retrouvent un paysage dominé par les herbes printanières. Verront-ils s'abattre sur eux le faucon ou la chouette des terriers, sous l'œil distrait de bisons broutant l'herbe fraîche déjà parsemée de vergerettes blanches et jaunes et d'anémones bleu lavande ? Pendant ce temps, les sauterelles et les coléoptères font les délices des oiseaux et des rongeurs affamés après une longue période de privation.

NOUVELLES POUSSES

*Les jeunes pousses d'herbe
permettront au chien de
prairie de reprendre du poids
après les jours maigres de
l'hiver (ci-dessus). Une fois le
magnolia de Virginie en fleur
(à droite), l'été n'est vraiment
plus très loin.*

SCÈNES DE PRINTEMPS

Fleurs sauvages en Californie (à gauche). Pic à ventre roux (à droite). Loutre de mer et son petit (ci-dessous).

DÉSERTS ET MILIEUX HUMIDES

Les pluies printanières ramènent le désert à la vie. Abeilles, papillons, hétérocères, chauves-souris et oiseaux vont polliniser les bouquets de fleurs qui tapissent le sol.

RÔLES PARENTAUX *Chez la bernache du Canada, c'est habituellement le mâle qui mène les oisons sur l'eau.*

Pendant que les tortues du désert pondent leurs œufs au creux des galeries, les buses décrivent de grands cercles dans le ciel, à la recherche de lièvres de Californie, et le cerf mulet allaite son petit. Les fortes pluies du Sud-Ouest gonflent un moment le lit des cours d'eau autrement à sec. Les acacias et les prosopis refleurissent, formant des taillis serrés où viendront nicher les phénopèples, les moqueurs et les gobemoucherons.

Dans les marais libérés des glaces, grenouilles, crapauds, salamandres et oiseaux répondent à l'appel de l'amour. Des oisons duveteux s'ébattent dans l'eau sous l'œil attentif d'un parent et des foulques d'Amérique vont et viennent parmi les quenouilles, plongeant çà et là pour se nourrir. Sur les rives, lapins des marais, souris des moissons et campagnols des champs profitent également de l'abondance nouvelle de nourriture.

Sur la côte nord-est, les pruniers fleurissent entre les dunes et l'huîtrier d'Amérique revient de ses quartiers d'hiver. Les limules pondent leurs œufs dans le sable des hauts-fonds et les épinoches à trois épines tentent d'y attirer une partenaire. Dans les eaux du Pacifique, les loutres de mer apprennent à leurs petits à chasser le poisson et l'ormeau.

ÉTÉ : L'EXUBÉRANCE

*Longueur des jours, abondance, vie débordante : c'est l'été
que la nature se manifeste dans toute son exubérance.*

Voici venue la saison du
colobri, et des jardins
où fleurissent l'ancolie,
la sauge, le fuchsia, le bégonia
et d'autres plantes riches en
nectar pour recevoir de nombreux visiteurs. Les papillons
de jour tourbillonnent autour
des asclépiades tandis que les
papillons de nuit (hétérocères)
sont attirés par le doux parfum
des nicotianas. Dans les
champs, les abeilles butinent
les rudbeckies hérissées et les
lis tigrés, tandis que les juncos
picorent les baies. Les couleuvres font le plein de soleil,
laissant les guêpes poursuivre
sauterelles et grillons.

À L'OMBRE DES FEUILLES

Dans les forêts du Nord-Est,
les oisillons sont bien à l'abri
dans leur nid, sous le feuillage
des arbres. Les petits cerfs de
Virginie broutent timidement,
pendant que les adultes se gavent en prévision de la saison

des amours, à l'automne. Les
salamandres et les crapauds
explorent les tapis de mousse
et les moqueurs chats poussent
leurs cris stridents. La nuit venue, les porcs-épics partent en
quête de nourriture.

Dans les forêts coniférien-
nes du Québec à la Caroline
du Nord, les quelques feuillus
se parent de feuilles luisantes
et les buissons se chargent de
baies. Si lapins, campagnols et
cerfs se délectent d'herbacées
vivaces à tige tendre, les écureuils préfèrent les champignons qui poussent dans les
coins sombres et humides.

Dans les forêts d'épinettes
et de sapins des Rocheuses, la
petite nyctale et l'épervier
brun s'ébattent dans l'air frais
et humide. Sur les crêtes, le
mouflon broute les herbes

PAR TEMPS CHAUD *le mouflon
(ci-dessous) quitte les vallées pour les
versants de haute montagne. On peut
voir fleurir les tournesols (ci-dessous, à
droite) et la libellule gracieuse se poser
sur les plantes
riveraines.*

courtes d'été et la marmotte à
ventre jaune sort furtivement
de son terrier, soucieuse
d'échapper à l'aigle royal.

TERRES DE FEU

Le faux-sorgho et le barbon
de Gérard qui fleurissent l'été
offrent une nourriture de
choix à la souris et au campagnol des champs, qui figurent
quant à eux au menu de la
buse et de la chouette. Dans
les prairies basses de plusieurs
États de l'Ouest, antilopes et
couleuvres trouvent leur subsistance parmi les stipes et les
herbes porc-épic. Les orages
d'été peuvent à tout moment
provoquer un incendie dans la
prairie brûlée par le soleil, faisant fuir les petits animaux.
Les éléments nutritifs et les
minéraux provenant de la

végétation carbonisée seront alors retournés à la terre. Les déserts sont torrides l'été. Si les lézards continuent de parcourir les dunes, rats kangourous et crotales passent dans leur terrier les heures les plus chaudes. La nuit, la chevêchette des saguaros scrute le sol à la recherche de scorpions, d'araignées et de petits mammifères, eux-mêmes en quête d'une proie. Dans le désert de Sonora, des pluies soudaines peuvent remplir le lit des cours d'eau ; les arbres à fleurs et les fleurs sauvages se pareront alors de couleurs jusqu'à ce que l'eau s'évapore.

VIE AQUATIQUE

Riches en nourriture, les milieux humides attirent de nombreuses espèces d'oiseaux – grues, aigrettes, hérons, pluviers et bécasseaux. Dans les eaux chaudes des marécages du Sud-Est, le mocassin d'eau traque le poisson après s'être prélassé dans les quenouilles.

AU SOLEIL *Les ficoïdes, importés d'Afrique du Sud pour stabiliser les dunes, tapissent les falaises de Big Sur, en Californie (ci-dessus). Le tapaya du Texas (à droite) ne sort que par temps chaud. Le colibri circé (ci-dessous) a élu domicile dans les canyons des déserts du Sud-Ouest.*

Au nord, les plongeons (huarts) remplissent le crépuscule de leur cri et les chauves-souris survolent les marais.

Dans le Nord-Est, les bécasseaux sanderling courent les plages à la recherche de vers et de petits mollusques. Les bouquets de pavots, d'hémérocalles et d'asclépiades sont autant d'invitations aux papillons et aux abeilles.

Du côté du Pacifique, les rorquals à bosse passent l'été le long des côtes. Sur les grèves, des troupeaux d'otaries se font dorer au soleil.

…dehors, une exubérance à chaque seconde se renouvelle, les racines travaillent, les sources montent, […] tout cherche à naître encore et toujours.

L'Œil américain
PIERRE MORENCY (1942–)
Poète et naturaliste québécois

41

AUTOMNE : LA RÉCOLTE

Pendant que la nature dissémine ses fruits et ses graines, les animaux font leurs réserves pour l'hiver.

L'automne est la saison où les plantes produisent en grand nombre leurs fruits dans une enveloppe qui protégera les graines du froid hivernal, pour qu'elles soient prêtes à germer une fois le printemps revenu. C'est aussi le moment où de nombreux animaux s'accouplent, plantant la semence qui assurera la continuité de la vie.

FLORAISON FINALE

Dans les jardins et les vergers, citrouilles et courges, pommes et poires abondent ; les annuelles – pétunias, géraniums, mufliers, pensées – fleuriront jusqu'au premier gel. Sous les feuilles, les vers de terre décomposent la matière organique, attirant les geais bleus et des oiseaux chanteurs – bruants, cardinaux. Les souris enfouissent noix et graines en

COMBATS DE MÂLES *Antilopes s'affrontant pour la possession des femelles.*

prévision des mois d'hiver et les hirondelles des granges entreprennent leur long voyage vers le sud. Les chauves-souris migratrices quittent leurs perchoirs estivaux pour reprendre le chemin de leurs grottes.

FÉÉRIE DE COULEURS

Une promenade dans une forêt de feuillus à l'automne est une véritable fête pour l'œil, les jaunes et les écarlates rivalisant d'éclat avec les orangés et les violets. Sous les tas de feuilles et sur les troncs pourris surgissent les chanterelles et les polypores, tandis que les ours noirs se gavent de baies et de plantes en prévision de leur long repos hivernal. Les écureuils, les tamias et les castors font eux aussi amples provisions ; les geais bleus et les gélinottes se délectent de glands et de graines dans les bouleaux, les hêtres et les caryers.

Dans les forêts de conifères du Nord-Ouest, le feuillage jaune vif des peupliers faux-

trembles se découpe sur les sapins de Douglas. Les spermophiles et les marmottes continuent de manger avidement avant d'hiberner et les picas font sécher des herbes sur les roches avant de les entreposer.

Les wapitis et les mouflons entreprennent leur descente vers leurs pâturages hivernaux, pendant qu'à l'inverse, le tétras sombre prend la route des montagnes où il se nourrira d'aiguilles de pin. Les parulines de Grace quittent leurs forêts de pins ponderosa pour le Mexique et les porcs-épics commencent à s'accoupler.

BRANCHES D'AUTOMNE *Castor traversant un lac avec une branche (ci-dessus) : il en mangera l'écorce ou s'en servira pour solidifier son barrage. Pygargues à tête blanche (à droite) perchés dans un peuplier deltoïde.*

COLORIS D'AUTOMNE *au Michigan
(ci-dessus, à gauche) et souris sylvestre
amassant des glands (à gauche). Autre
signe de l'automne : ces saumons
sockeye (ci-dessus) dans leur spectaculaire robe de frai rouge et verte.*

DU VERT AU BRUN

Dans les prairies, les fleurs
sauvages fleurissent une dernière fois et le paysage se couvre de taches brunes. Grillons,
sauterelles et coléoptères cal-
ment leurs ardeurs pendant
que les sturnelles s'envolent
vers le sud. Les chiens de
prairie garnissent les greniers
de leurs cités souterraines.
Dans les pâturages, bisons et
antilopes font leurs réserves de
graisse pour l'hiver.

La fin de l'été, dans le
désert de Sonora, marque le
retour de la sécheresse et les
plantes perdent bientôt leur
éclat estival. Dans tous les
déserts, ratons-laveurs, souris
sylvestres et renards font leurs
provisions pour l'hiver, tandis
que le crotale cherche une fis-

UN ENDROIT OÙ DORMIR

*À l'approche de l'hiver, le crotale des
bois (à droite) cherche dans les roches
une fissure où il pourra dormir.*

sure où il pourra hiverner. La
paruline de Lucy s'envole vers
le Mexique ; le gobemou-
cheron à queue noire, vers
les Bahamas.

SOUS TERRE
ET DANS LES AIRS

Dans les marais et les étangs,
les salamandres et les grenouilles s'enfouissent sous les roches et les racines des plantes,
et les tortues, dans la vase. Les
quenouilles et les potamots
emmagasinent de l'amidon
dans leurs tubercules et leurs
racines, tandis que les rats
musqués et les castors finissent
d'isoler leur hutte. Après la
mue, les carouges à épaulettes

mettent, comme bien d'autres
espèces, le cap sur le sud et les
sarcelles à ailes vertes font une
halte sur un lac avant de poursuivre leur périple.

Sur la côte nord-est, les
verges d'or toujours-vertes
donnent un dernier spectacle
et les prunes finissent de
mûrir. Les oiseaux de rivages,
en route vers le sud, viennent
se ravitailler sur les grèves. Les
tourne-pierre picorent de leur
bec en forme de coin les
algues et les débris. Les pygargues à tête blanche sont attirés
par les saumons en frai.

HIVER : LE REPOS

Les moyens qu'ont trouvés plantes et animaux pour

s'adapter au froid et aux privations forcent l'admiration.

Nombreux sont les animaux qui migrent ou hibernent l'hiver. S'il s'agit pour la nature d'un temps de repos, certaines espèces ne se manifestent pas moins tout au long de l'hiver.

VIE URBAINE
Si vous êtes attentif lors de vos randonnées, vous observerez des signes de vie près des clôtures et dans les jardins. Peut-être s'agira-t-il de cardinaux dévorant les graines dans une mangeoire ou d'écureuils sortant de leur retraite à la recherche de noix enfouies ou d'une autre pitance. Une chute de neige abondante concentre les oiseaux aux postes d'alimentation. Des graines tombées au sol pourraient aussi vous permettre de voir une souris sortir en trottinant de son tunnel sous la neige.

Quelques canards s'attardent toujours dans les plans d'eau libres de glace.

FORÊTS
Dans le Nord-Est, le dense feuillage des sapins, des épinettes et des pruches domine les feuillus dénudés. C'est alors que le marcheur pourrait observer un grand duc perché dans un grand conifère, à l'affût d'une souris dans la neige.

Les corneilles et les buses préfèrent l'ombre des hautes branches. Pendant que les insectes dorment sous la terre ou sous l'écorce des arbres, les cerfs parcourent la forêt, dévorant les thuyas. Toujours affairées dans leurs ruches, les abeilles puisent dans leurs réserves de miel de l'été. À la tombée de la nuit dans le Nord, les loups errent dans les bois en quête de nourriture.

MONTAGNES ENNEIGÉES
Dans les montagnes inhospitalières, les animaux se manifestent plus rarement, sauf peut-être le roitelet à couronne dorée, rompu à la chasse aux œufs d'insectes, de cocons et d'araignées par temps froid. Dans un champ de neige des Rocheuses, seuls les sabots, les cornes, les lèvres et les yeux foncés de la chèvre de montagnes peuvent trahir sa présence, et le lièvre demeure impossible à repérer à moins qu'il ne bouge.

TERRAINS EXPOSÉS
L'hiver, les prairies sont de vastes étendues froides, venteuses et désolées. Pendant que les chiens de prairie dor-

ADAPTATION AU FROID *Cardinaux mâles dans un bouleau à papier (ci-dessus, à droite). L'hiver, les wapitis (ci-dessous) se rassemblent dans une réserve naturelle du Wyoming.*

Ah ! comme la

neige a neigé !

Ma vitre est un

jardin de givre.

Soir d'hiver
ÉMILE NELLIGAN
(1879–1941), poète québécois

ment dans leurs terriers, des hardes d'antilopes et de bisons broutent les herbes mortes qui émergent encore de la neige. Parfois, des coyotes autrement solitaires se regroupent pour traquer une antilope, poursuivant leur proie à tour de rôle. Les troupeaux de wapitis, qui fréquentent la haute montagne durant la belle saison, reviennent maintenant dans les prairies et les vallées où ils trouveront à manger.

DÉSERTS FROIDS
L'hiver, le froid peut être pénétrant dans les déserts. Les armoises et les chrysothamnes cessent de fleurir et la plupart des oiseaux migrent vers des cieux plus cléments. Il arrive que des volées de bruants périssent dans une tempête. Quant aux lézards, aux serpents et aux blaireaux, ils demeurent sous terre.

EAUX GLACÉES
Si les lacs et les étangs gèlent l'hiver, les bouquets de quenouilles séchées n'en continuent pas moins d'offrir un abri aux lapins à queue blan-

SOUS LA NEIGE *Saules arbustifs sur la crête Molas, au Colorado (ci-dessus, à gauche). Renard roux dans la neige (ci-dessus). Souris à pattes blanches (ci-dessous) croquant du pembina.*

che, lièvres, faisans à collier et autres animaux. Les poissons nagent sous la glace, indifférents aux tortues qui dorment sous la vase. Défiant la buse pattue, campagnols, souris et lapins se risquent parfois à quitter leur abri pour manger.

Sur les rivages gelés des océans, les moules bleues font les délices des goélands et de la sauvagine, notamment des macreuses. Les harfangs des neiges survolent les dunes à la recherche de campagnols et de souris. Après une période de reproduction active dans l'Arctique, les bécasseaux viennent hiverner sur la côte sud-est, fouillant le sable pour y trouver vers et crustacés.

Les hivers sont durs et orageux dans les mers du Nord-Est. Si le crabe royal demeure dans les eaux glacées des baies de l'Alaska, le rorqual à bosse met le cap sur le sud, allant parfois jusqu'aux îles Hawaï.

L'IMPACT HUMAIN

De façon parfois subtile, souvent spectaculaire, il est peu d'endroits où l'homme n'ait laissé sa marque sur la nature.

L'abondance de ressources naturelles de l'Amérique du Nord a constitué à la fois son plus grand attrait et son plus grand malheur. Une faune et une flore exceptionnelles, des réserves apparamment inépuisables de matières premières et un sol fertile ont attiré les colons en nombre. Ce faisant, un écosystème qui avait pris des milliards d'années à se constituer a été radicalement transformé, et continue de l'être.

L'impact humain sur le continent a commencé de se faire sentir il y a 40 000 ans, avec l'arrivée des premiers nomades par l'isthme de Béring, qui reliait la Sibérie à l'Alaska. Bien qu'ils aient hypothéqué le paysage moins lourdement qu'allait le faire l'homme moderne, l'entrée en scène des grands prédateurs du règne animal a eu sur la nature l'effet d'une onde de choc. Les peuples cueilleurs ont modifié la composition de la végétation en transportant les graines

d'un endroit à l'autre. Mais surtout, les peuples chasseurs de l'âge de pierre ont contribué à l'élimination d'espèces comme le mammouth et le paresseux marcheur. La constitution d'agglomérations préhistoriques, notamment celles des constructeurs de tumulus dans le Midwest et des rupestres de l'Anasazi dans le Sud-Ouest, ont aussi joué un rôle.

L'ARRIVÉE DES EUROPÉENS

Bien sûr, ces changements sont négligeables par rapport aux bouleversements qui allaient suivre la découverte du Nouveau Monde par les Européens. Ce qui avait débuté au début du XIᵉ siècle avec la visite des Vikings s'est étendu à l'ensemble du continent durant le millénaire qui a suivi, culminant avec la construction de cités tentaculaires

telle Los Angeles, étouffée par le smog et les embouteillages.

Pendant ce temps, plus de la moitié des milieux humides des États-Unis ont été endigués, dragués, drainés ou autrement spoliés. L'immense Prairie a été labourée en tous sens et transformée en terres à maïs, à blé et à soya. Et des forêts matures entières – dont les racines génétiques remontaient à l'époque des dinosaures – ont été abattues ; il ne reste pas 10 p. 100 des forêts originelles. On a ainsi provoqué la disparition de nombreuses espèces dont la tourte.

LA TOURTE *(ci-dessus), peinte ici par Jean-Jacques Audubon, est aujourd'hui disparue. Arbres ravagés par les pluies acides en Caroline du Nord (à gauche), conséquence de l'activité humaine.*

'HABITAT *du bison (à gauche) a été emplacé par des terres agricoles (ci-essous). Le canyon Glen (ci-dessus), un cosystème perturbé par l'intervention umaine. Certaines espèces s'adaptent, omme ce balbuzard (à droite).*

ÉQUILIBRE BOULEVERSÉ

L'impact humain sur l'environnement est parfois subtil, souvent flagrant, comme dans le cas de la destruction massive d'habitats. Ainsi, quand on a érigé un barrage sur le fleuve Colorado, inondant le canyon Glen, ce ne sont pas que du sable et des roches qui ont été touchés. Le système entier a été perturbé, des insectes qui pollinisaient les plantes aux coyotes, prédateurs des lapins qui se nourrissaient de plantes, etc.

D'autres facteurs plus « accidentels » exercent une influence moins spectaculaire mais non moins profonde sur la nature. Certains problèmes se voulaient au départ des solutions. En Floride, par exemple, on a planté des cajeputs d'Australie pour assécher les marécages et réduire le nombre de moustiques. Ces arbres ont si bien fait qu'ils ont évincé des essences indigènes et fait disparaître des habitats fauniques entiers.

L'introduction d'animaux dans un milieu peut aussi avoir des effets désastreux. Dans le cadre d'un programme de dératisation, on a importé des mangoustes à Hawaï sans penser que les rats sont nocturnes et les mangoustes, diurnes. Pour se nourrir, les mangoustes ont commencé à manger les œufs d'oiseaux endémiques, menant au bord de l'extinction plusieurs espèces menacées.

Si les humains altèrent inévitablement les habitats avec lesquels ils entrent en contact, certaines espèces n'en réussissent pas moins à s'adapter. Des animaux acclimatés au milieu urbain comme l'opossum, le raton laveur et la mouffette, visiteurs assidus de nos poubelles, tirent parti de leur cohabitation avec les humains. Dans les banlieues, les cerfs viennent brouter les pelouses et les arbustes. Les bernaches et les canards font halte maintenant dans les golfs et les fossés d'eau. Et les rapaces comme le balbuzard pêcheur nichent sur les poteaux de téléphone.

RACHEL CARSON

Biologiste, Rachel Carson (1907-1964) a aussi été une auteure prolifique. Dans un ouvrage influent, *Printemps silencieux*, publié en 1962, elle a mis le public en garde contre l'usage inconsidéré des pesticides. Insistant sur l'interdépendance des espèces, elle a fait valoir qu'en tuant les insectes à l'aide de DDT, nous empoisonnerions aussi les oiseaux, les poissons et tous les autres organismes en amont de la chaîne alimentaire, y compris nous-mêmes. En évoquant la perspective d'un printemps sans chants d'oiseaux, elle a su capter l'attention et est devenue une figure de proue de l'écologie moderne.

LA CONSERVATION

Depuis sa naissance au tournant du siècle, le mouvement conservationniste n'a cessé de croître.

Au début du XIXe siècle, un groupe de peintres, de photographes, d'écrivains et de naturalistes qui avaient en commun un amour de la nature et un goût pour l'exploration ont pris conscience de la nécessité de préserver le patrimoine naturel de l'Amérique du Nord. Leurs voyages leur avaient permis de constater les effets de l'agriculture et de l'industrialisation et la vulnérabilité de la nature. La conservation est devenue le centre de leurs préoccupations. Le peintre George Carlin rêvait de préserver les grandes plaines.

En 1832, un groupe de citoyens intervenait pour préserver les sources thermales naturelles de Hot Springs, en Arkansas. Ce fut le premier site naturel des États-Unis à faire l'objet d'une protection.

TERRES PUBLIQUES

Quarante ans plus tard, le gouvernement des États-Unis créait le parc national Yellowstone, faisant de la conservation sa mission officielle. En 1916, naissait le National Park Service, aujourd'hui responsable de plus de 28 millions d'hectares de terres, y compris 53 parcs nationaux, 77 monuments nationaux et une multitude de réserves, de bords de mers et de lacs et d'aires de récréation.

Au Canada, c'est en 1887 qu'était créé le premier parc national – celui de Banff. Environnement Canada administre aujourd'hui un réseau de 34 parcs nationaux et les provinces gèrent de multiples réserves et refuges fauniques.

De nouveaux organismes gouvernementaux voués à la gestion des parcs, des forêts, des sols, des eaux et de la faune ont été mis sur pied durant la première moitié du

PROTECTION DE LA VIE SAUVAGE

Tantale d'Amérique (ci-dessus), une espèce nord-américaine menacée. Merle-bleu de l'Est (à gauche) : on travaille à la restauration de son habitat. Bénévoles à l'œuvre sur le Ice Age Trail, au Wisconsin (ci-dessous).

XXe siècle. Gifford Pinchot a créé les services forestiers américains, qui assurent aujourd'hui la gestion de plus de 76 millions d'hectares de forêts et de prairies. De son côté, Forêts Canada est responsable de l'ensemble des forêts canadiennes, qui recouvrent pas moins de 390 millions d'hectares.

Le United States Fish and Wildlife Service assure la protection de plus de 36 millions d'hectares de terres dans le cadre du système national de réserves fauniques, tandis que le Bureau of Land Management administre plus de 108 millions d'hectares, ce qui représente environ 40 p. 100 de toutes les terres fédérales américaines.

JOHN MUIR

Souvent considéré comme le père du mouvement conservationniste en Amérique du Nord, John Muir (1849-1914) était un marcheur invétéré et un amant passionné de la nature. Originaire du Wisconsin, il entreprit, à l'âge de 29 ans, de marcher de l'Indiana jusqu'à la Floride à travers les forêts appalachiennes. Il se rendit ensuite en Californie où il passa six ans dans la vallée de Yosemite. En 1879, il partit pour l'Alaska ; il devait refaire quatre fois le voyage par la suite. Son premier amour demeure toutefois la Sierra Nevada, et c'est à sa conservation qu'il a consacré sa vie.

Auteur prolifique, Muir a exprimé avec bonheur les liens qui unissent toutes les formes de vie : « Essayez seulement de saisir un élément isolé, vous verrez que tout se tient dans l'univers. »

John Muir consignant ses observations.

ARC NATIONAUX *Rivière Merced, Yosemite (ci-dessus, à gauche) ; Morning Glory Pool, Yellowstone (ci-dessus).*

INITIATIVES PRIVÉES

Des groupes de citoyens ont également embrassé la cause de la conservation à la fin du XIXe siècle et au début du XXe. C'est ainsi que, en 1892, John Muir (voir ci-dessus) fonda le Sierra Club, voué à la protection de la vallée Yosemite, en Californie. Aujourd'hui, ce groupe, qui s'occupe d'un large éventail de questions liées à la conservation, compte 57 sections et 500 000 membres environ.

D'autres groupes ont bientôt suivi. La National Audubon Society (qui œuvre au Canada sous le nom de la Fédération canadienne de la nature) a été fondée en 1905 aux États-Unis par des ornithologues amateurs indignés du sort fait aux aigrettes et aux hérons. On tuait alors ces oiseaux pour leurs plumes, qui servaient à la confection de chapeaux.

L'Ecological Society of America a commencé à protéger les terrains en friche en 1917. Devenue plus tard The Nature Conservancy aux États-Unis (chez nous, la Société canadienne pour la conservation de la faune), elle possède et exploite aujourd'hui le plus vaste réseau de réserves privées au monde. Elle a jusqu'ici contribué à sauvegarder plus de 3,2 millions d'hectares de terres.

Deux événements ont joué un rôle de catalyseurs du mouvement pour la conservation au début des années 70 : le déversement de pétrole de Santa Barbara, en Californie, et la tenue du premier Jour de la terre annuel. C'est alors que des groupes tels que Greenpeace ont été propulsés à l'avant-scène.

Tant les organismes gouvernementaux que les groupes écologiques offrent au public des occasions de contribuer à la protection et à la restauration de l'environnement, comme employés ou bénévoles.

La chance de trouver une anémone est un droit aussi inaliénable que la liberté d'expression.

Almanach d'un comté de sables
ALDO LEOPOLD (1886–1948)
Conservationniste et auteur américain

Une façon d'apprendre à regarder est de se dire :

« Et si je voyais cela pour la première fois ?

Et si je ne devais jamais plus le revoir ? »

RACHEL CARSON (1907–1964)
Biologiste et auteure américaine

CHAPITRE TROIS

LE RANDONNEUR NATURALISTE

DEVENIR NATURALISTE

Lorsque, en regardant le monde autour de soi, on se demande comment cette roche s'est formée ou que fait cet oiseau, on devient naturaliste sans s'en rendre compte.

Point n'est besoin d'être biologiste pour commencer à explorer la nature. Il faut toutefois avoir l'esprit vif, être curieux et mettre tous ses sens à profit.

Apprenez à regarder et à écouter : les plus petits détails sont souvent les plus fascinants. Voyez quelles plantes sont en fleurs, quels insectes elles attirent. Écoutez le bruissement des feuilles et le chant des oiseaux. On peut identifier quantité d'oiseaux par leur chant et certains, comme les bécasses, les tourterelles et les engoulevents, par le sifflement du vent dans leurs ailes. On peut aussi distinguer les insectes à l'aide des sons qu'ils produisent ; la stridulation syncopée du grillon des champs est très différente de la note soutenue qui caractérise le grillon de Fulton. Inspirez profondément et

humez les parfums. L'odeur du foin fraîchement coupé ne ressemble en rien aux effluves qui se dégagent d'algues marines. Les fleurs sauvages charment à tout coup et on peut même les reconnaître à leur parfum. Comparez la rose sauvage au tournesol en fin d'été. Caressez de vos doigts les feuilles veloutées d'une molène ou la surface rugueuse

L'OBSERVATION ATTENTIVE *de la nature vous amènera à faire vos propres découvertes : sauterelle camouflée sur une feuille (en haut), touffe de pézizes écarlates (à gauche). Un guide (ci-dessus) aide à identifier les espèces.*

d'un caryer ovale ; éprouvez la solidité du tronc d'un chêne. Découvrez même en goûtant, mais prenez garde aux plantes vénéneuses – munissez-vous d'un guide pour déterminer les végétaux comestibles. Les jeunes feuilles de pissenlit valent bien les épinards du potager et les fraises sauvages l'emportent haut la main sur les variétés cultivées.

RESSOURCES

Un des grands plaisirs de la randonnée est de pouvoir identifier les plantes et les animaux que l'on rencontre. Or

J'ai fait mon plus

long voyage

Sur une herbe

d'un ruisseau

GILLES VIGNEAULT
(1928–)
Poète et chansonnier québécois

RANDONNÉE EN GROUPE *organisée par un club ou un centre d'initiation à la nature, sous la conduite d'un naturaliste qui peut répondre à vos questions.*

Gilbert White et Henry David Thoreau communiquent non seulement leurs observations, mais aussi un amour profond de la nature. Vous découvrirez peut-être que des animaux ou des plantes autrefois abondants sont maintenant en danger ou disparus. Des noms latins ont aussi été modifiés et nous avons approfondi notre connaissance de certaines espèces.

On trouve pour nous aider toutes sortes de guides sur des sujets aussi divers que les oiseaux, les fleurs sauvages ou les coquillages, et aussi pointus que les nids d'oiseaux de l'Amérique du Nord. Certains portent sur des régions ou des écosystèmes particuliers. Choisissez-les en fonction de la qualité des illustrations et de la quantité de renseignements concrets qu'ils contiennent. Consultez plusieurs sources pour obtenir un portrait complet ; la bibliothèque publique pourra suppléer aux lacunes de votre collection personnelle.

Ne sous-estimez pas les ouvrages anciens. Les victoriens se sont passionnés pour l'étude de la nature et leurs comptes rendus sont souvent émaillés de descriptions précises. À travers leurs écrits, les premiers naturalistes comme

Allez feuilleter les revues sur la nature dans les librairies ou les bibliothèques. L'adhésion à des groupes naturalistes comme la Fédération canadienne de la nature et l'Association québécoise des groupes d'ornithologues (AQGO) est souvent assortie d'un abonnement à un périodique. Les sections régionales de ces organisations publient parfois des bulletins sur la faune ou les randonnées à venir. Peut-être voudrez-vous joindre les rangs d'un groupe local ; vous trouverez dans les collèges, les universités ou les boutiques de plein air des renseignements à ce sujet. (Voir la liste des publications et des organisations dans le répertoire des ressources, p. 272.)

Sortez dans la nature et explorez les sentiers des centres d'interprétation de la nature ; vous y ferez peut-être des découvertes et des rencontres qui vous accompagneront votre vie durant.

FRÈRE MARIE-VICTORIN

Mieux connu sous le nom de frère Marie-Victorin (1885-1944), Conrad Kirouac fut, en 1922, le titulaire du premier doctorat ès sciences décerné au Canada français.

C'est en raison d'une santé chancelante que, dès l'âge de 20 ans, le jeune frère Marie-Victorin est dispensé temporairement de son travail d'enseignant. Il part alors explorer la flore des campagnes et des forêts, donnant ainsi naissance à sa passion pour la botanique. Ce pionnier des sciences allait devenir un des plus grands scientifiques du Québec.

Il est l'auteur d'une œuvre capitale en botanique, *la Flore laurentienne*, ouvrage le plus complet écrit sur la flore du Québec qui, encore aujourd'hui, demeure une référence en ce domaine. On lui doit également la création du Jardin botanique de Montréal et de l'Institut botanique de l'Université de Montréal.

OÙ MARCHER

L'Amérique du Nord offre au randonneur toute la gamme possible des expériences.

Les excursions d'un jour comme de plusieurs jours vous permettront d'expérimenter la diversité des milieux naturels. On trouve des sentiers de randonnée, des sites d'observation d'oiseaux et des réserves naturelles partout en Amérique du Nord. En campant en chemin, vous pourrez observer les changements qui surviennent autour de vous en une journée, ou couvrir un territoire plus vaste.

Choisissez des sentiers peu empruntés, suivez les pistes d'animaux ou le cours d'un ruisseau. Quel que soit l'écosystème, il vous apprendra quelque chose sur des écosystèmes semblables, ailleurs.

Où que vous marchiez, recherchez les écotones, ces zones de transition entre deux habitats. La variété de la végétation y attire des animaux des deux milieux naturels limitrophes. Les sentiers de randon-

ENDROITS PROPICES *à la randonnée : des forêts denses de l'Alaska (en haut) aux abords de San Francisco (ci-dessous). Cartes et brochures offertes dans les parcs (à droite) sont une bonne source de renseignements.*

née créent d'ailleurs leurs propres écosystèmes ; ne vous étonnez pas d'y voir des cerfs, des renards ou des lapins à queue blanche.

Profitez de randonnées plus longues pour observer comment la forêt cède la place à la prairie. En haute montagne, vous verrez changer la dimension des arbres et, passé la limite des arbres, vous rencontrerez des plantes basses caractéristiques de la toundra.

RENSEIGNEMENTS

Les centres d'interprétation de la nature sont des mines de renseignements sur les habitats locaux, leur faune et leur flore indigène, et sur les animaux qui les traversent en période de migration. Ces centres offrent souvent

Les arrière-cours et les parcs du voisinage peuvent être fascinants à explorer, sans compter qu'on peut y accéder en tout temps. On ne peut vraiment bien connaître un endroit que si on le fréquente à différents moments du jour et de l'année. Les courtes promenades sont également, pour le randonneur novice, une bonne façon de développer son endurance.

Tâchez de trouver autant d'habitats différents que possible autour de chez vous, des cours d'eau aux sommets rocheux. Remarquez ce qui fait de chacun un milieu unique. Un guide vous aidera à identifier plantes et animaux. (Voir aussi le chapitre 5, p. 100.)

RANDONNÉE CÔTIÈRE

Rialto Beach, État de Washington (à gauche), offre une vue majestueuse de l'océan et permet d'explorer le rivage. Les sentiers de cette réserve botanique, en Orégon (ci-dessous), sont émaillés de panneaux d'information.

les expositions thématiques et les cartes de leurs sentiers.

Les organismes gouvernementaux, comme la SEPAQ au Québec, peuvent vous renseigner sur les zones naturelles qu'ils administrent. Si vous prévoyez vous rendre dans une région que vous ne connaissez pas, communiquez avec l'administration ou la chambre de commerce locale.

SENTIERS DE RANDONNÉE

Les grands parcs nationaux et provinciaux, avec leurs réseaux de sentiers, leurs centres d'accueil et leurs gardes forestiers, sont populaires à juste titre. Les sentiers situés dans les forêts domaniales et autres terres publiques, qui n'offrent que des installations rudimentaires, sont moins fréquentés.

On trouve dans plusieurs régions des sentiers longeant des voies ferrées désaffectées – merveilleux endroits où marcher – qui offrent souvent des vues spectaculaires.

Les ceintures de verdure qui bordent les villes, les réseaux d'autoroutes et les plaines inondables renferment aussi des habitats intéressants. Les parcs citadins ne sont pas à ignorer.

Au nombre des endroits les plus sauvages, mentionnons les réserves fauniques nationales et provinciales qui abritent de nombreuses espèces menacées et les réserves privées exploitées par des organismes voués à la conservation.

Au Canada, le Sentier transcanadien – dont 20 p. 100 est déjà aménagé – offrira au randonneur quelque 15 000 km de parcours, des côtes de Terre-Neuve à celles de la Colombie-Britannique, des prairies à la toundra arctique, en passant par les Appalaches et les Rocheuses. Il accueillera notamment les adeptes de la marche, du cyclisme, de l'équitation et du ski de fond.

ALDO LEOPOLD

À la question de savoir où commencer votre randonnée, Aldo Leopold (1887-1948) aurait pu répondre: « Ici même. » Dans son travail pour les services forestiers américains, il s'est attaché sans relâche à la conservation de la nature et il a contribué à la protection de grandes étendues de terres.

Il a élaboré, dans *Almanach d'un comté des sables*, une éthique de la terre. « Il est pour moi inconcevable, a-t-il écrit, qu'une relation éthique à la terre puisse exister sans amour, sans respect et sans admiration pour cette terre, et sans une conscience élevée de sa valeur. » Leopold a voulu amener ses semblables à se voir non plus comme des conquérants, mais comme une partie intégrante de la communauté terrestre, au même titre que les sols, les cours d'eau, les plantes et les animaux.

QUAND MARCHER

On découvrira mieux la diversité de la nature en la parcourant en toutes saisons, à divers moments du jour.

C'est le printemps ; la vie bourgeonnante nous appelle au dehors. Dans l'Est, la forêt dévoile ses beautés nouvelles : dicentres à capuchon et autres plantes à floraison hâtive. Surveillez le premier papillon, probablement un morio ou un polygone.

L'été, marchez en début ou en fin de journée pour éviter la chaleur. Autour des étangs, attendez-vous à trouver des nids de carouges à épaulette parmi les quenouil-

TÔT AU PRINTEMPS *Le morio (ci-dessus) est un des premiers papillons à paraître parce qu'il passe l'hiver sous forme adulte et non pas larvaire.*

les et des grenouilles dans les hauts-fonds. Écoutez chanter les cigales et cherchez, sur les arbres et les poteaux de clôture, les carapaces ambrées que les nymphes abandonnent lorsqu'elles arrivent à maturité. Sur une plage, peut-être croiserez-vous un bernard-l'ermite revêtu de la coquille d'un autre animal. C'est aussi la saison des champignons ; joignez-vous à un cercle de mycologues pour apprendre à les identifier.

L'automne vous apprendra à distinguer les animaux qui passent l'hiver dans votre région de ceux qui migrent vers des cieux plus cléments. Vous verrez passer les oiseaux chanteurs et les oies, en route vers le sud, et vous entendrez retentir leurs chants.

L'hiver, vous serez ébloui par les sculptures de glace

qu'aura érigées la nature en bordure d'une chute ou d'un lac balayé par les vents. Ouvrez l'œil et tendez bien l'oreille : vous pourriez apercevoir le cerf de Virginie dans sa grise livrée hivernale et entendre craquer la sève dans les troncs gelés.

RENÉ POMERLEAU

Premier pathologiste forestier québécois, René Pomerleau (1904-1993) fut un chercheur prolifique qui contribua par son enseignement et ses nombreuses publications au progrès scientifique du Québec.

Soucieux de partager ses connaissances, cet excellent communicateur créa au début des années 50 les premiers cercles de mycologues de Montréal et de Québec. Il publia par la suite plusieurs guides d'identification des principaux champignons du Québec à l'intention des mycologues amateurs.

Cofondateur de l'actuel Centre de foresterie des Laurentides, il fut le récipiendaire de nombreuses récompenses, dont le prix Marie-Victorin pour souligner le caractère exceptionnel de son œuvre. Cette reconnaissance est la plus haute distinction scientifique décernée par le gouvernement du Québec.

À sa retraite, en 1966, il entreprit la rédaction de son œuvre maîtresse, *la Flore des champignons au Québec*, ouvrage colossal qui lui valut d'être reconnu comme le père de la mycologie québécoise.

DÉBUT ET FIN *du jour sont les meilleurs moments pour une ballade dans le désert (ci-dessus). La nuit, vous pourriez voir des chauves-souris (à gauche).*

HEURES DU JOUR

Les heures entourant le lever du soleil sont un véritable enchantement où que l'on soit. Les oiseaux et les mammifères se réveillent et vous serez vous-même frais et dispos. C'est un moment privilégié pour jouir de la solitude d'un parc. Au point du jour, le désert peut être un endroit agréable même en plein été.

À mesure que le jour avance et que le soleil se dirige vers son zénith, remarquez quels oiseaux cessent de chanter ; la grive des bois si joyeuse à 9 heures se tait à midi. Si les bêtes fuient presque toutes le soleil de midi, vous pourriez apercevoir des animaux à sang froid comme des lézards ou des tortues, qu'attire la chaleur.

LE SOLEIL DE MIDI *attire les reptiles comme ce lézard à collier (à droite). L'automne, admirez l'or des mélèzes (à l'extrême droite).*

Au coucher du soleil, les animaux sortent de leur torpeur et l'activité reprend. C'est alors que vous pourriez voir des mouffettes ou des opossums s'abreuver à un cours d'eau, des cerfs ou des lapins se sustenter à l'orée d'un bois, pendant qu'oiseaux

La nuit est l'hiver, le matin et le soir sont le printemps et l'automne, le midi est l'été.

Walden ou la Vie dans les bois
HENRY DAVID
THOREAU
(1817–1862)
Auteur et naturaliste américain

et insectes s'accordent pour leur sérénade nocturne.

La nuit venue, sentez l'air frais descendre des collines. Découvrez les papillons lunes, gracieux fantômes dans la nuit, ou la silhouette d'oiseaux migrateurs. Écoutez les renards et les coyotes lancer leurs appels, ou l'engoulevent bois-pourri répéter son doux chant. Mais attention : le cerf pourrait donner l'alarme en soufflant et en frappant le sol.

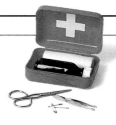

PRÉPARATIFS

Même pour une randonnée improvisée,

assurez-vous d'être adéquatement vêtu

et de savoir quoi faire en cas d'urgence.

En plein air, le confort compte. Si vous n'avez pas à vous procurer toute la panoplie d'articles suggérés par les fabricants, le fait d'être adéquatement vêtu vous aidera à savourer pleinement vos randonnées.

Il est essentiel d'être bien chaussé. Même sur un sentier facile on risque de se fouler une cheville ; la première chose à faire est donc de se procurer une bonne paire de chaussures de marche. Pour l'hiver, le meilleur choix demeure des bottes bien isolées, que vous imperméabiliserez au besoin. Prenez-les assez grandes pour pouvoir porter

deux paires de chaussettes, ce qui accroîtra l'isolation. Les bas de coton légers aideront à prévenir les ampoules l'été, tandis que ceux en laine conviennent mieux par temps froid et humide. Les sandales classiques peuvent glisser et causer des ampoules ; prenez plutôt des sandales spécialement conçues pour la marche. Les cuissardes vous permettront d'explorer les milieux humides en tout confort.

L'été, un chapeau à large bord ou une casquette vous protégeront les yeux et le visage du soleil. Par temps froid, portez un couvre-chef pour éviter la déperdition de chaleur par la tête.

PRÊT À PARTIR *De bonnes bottes, un habillement par couches et une casquette (à gauche) assureront votre confort. Une gourde d'eau (ci-dessous) est essentielle car, même en montagne, les cours d'eau sont parfois pollués.*

Habillez-vous par couches que vous pourrez enlever selon la température. Une chemise, un chandail et une veste imperméable emprisonneront l'air isolant entre les couches et vous garderont au chaud. Emportez des gants ou des mitaines.

Les fibres synthétiques – Gore-Tex, Thinsulate – « respirent » et résistent à l'eau, mais les tissus naturels sont plus discrets et donc moins susceptibles d'alerter la faune. La laine, même mouillée, vous gardera au chaud. Le duvet humide devient lourd et perd ses propriétés isolantes, mais il n'a pas son pareil par temps froid et sec.

L'été, le T-shirt est de mise. Portez des pantalons longs même par temps chaud ; ils vous protégeront des ronces et, bien rentrés dans les bas, barreront la voie aux moustiques.

IDENTIFIER LA FLORE *(ci-dessus) est une activité passionnante – bonne raison pour se munir d'un guide. Apprenez aussi à reconnaître les plantes vénéneuses comme le sumac vénéneux (ci-dessus, à droite) et l'herbe à puce (à l'extrême droite).*

GRANDES RANDONNÉES

Articles essentiels
- gourde d'eau
- vivres (repas et collations)
- carte et boussole
- trousse de premiers soins
- écran solaire
- insectifuge
- couteau de poche
- sifflet et miroir de signalisation
- allumettes imperméables
- lampe de poche et piles

Également utiles
- guides d'identification
- carnet de croquis et crayons
- jumelles, loupe
- appareil photo et film
- filtre rouge à lampe de poche (pour observer la faune)
- imperméable
- papier hygiénique
- filtre à eau et comprimés pour purifier l'eau

Ce que vous apporterez avec vous dépendra de la longueur de votre randonnée et de votre destination. Pour les excursions en nature, consultez la liste ci-contre.

MARCHER EN SÉCURITÉ

Il faut préparer ses excursions. Les montées en haute altitude exigent une meilleure forme physique, un habillement plus complet et une planification plus soignée qu'une simple balade en prairie.

Des endroits comme la haute montagne ou les zones arctiques ne sont accessibles qu'à certains moments de l'année, alors qu'ils sont libres de neige. Lorsque le temps est mauvais ou variable, ne vous éloignez pas trop de votre base et ne vous fiez pas aux prévisions favorables.

Évitez de trop vous refroidir quand vous vous faites prendre par la pluie ; trouvez un endroit où vous sécher – mais n'allez pas vous réfugier sous un arbre pendant un orage ! L'été, portez toujours des lunettes de soleil et protégez votre peau d'un écran solaire. Si vous avez trop chaud, faites une halte dans un endroit ombragé et mouillez-vous, si possible, la tête et les pieds.

Informez-vous des dates des saisons de chasse. Durant ces périodes, portez des vêtements voyants. Si vous entendez des chasseurs, signalez-leur votre présence et ne tentez pas de vous cacher.

En pays d'ours, soyez sur vos gardes. Faites du bruit et, si vous en voyez un, évitez de le fixer du regard et retraitez lentement. Dans les habitats de serpents, gare où vous mettez les pieds et les mains.

Marcher seul ou en groupe est matière de goût. On est plus en sûreté à plusieurs et deux paires d'yeux valent mieux qu'une. En revanche, si vous êtes seul, vous pourrez porter toute votre attention sur les animaux et serez moins susceptible de les faire fuir. Enfin, dites où vous allez.

POUR Y VOIR DE PRÈS

Curiosité et sensibilité : voilà tout ce dont le naturaliste a besoin ;
pourtant, quelques outils ne peuvent pas nuire.

En l'espace d'une fraction de seconde, nos yeux et notre cerveau traitent d'innombrables informations nous disant où nous sommes. Pourtant, au-delà de ce que l'on peut voir à l'œil nu se cachent les écailles sur les ailes chatoyantes d'un papillon, les spores minuscules d'un champignon ou un oiseau coloré au loin.

Pour étendre notre champ de vision, il faut des instruments adéquats : jumelles, téléscope, loupe et microscope portatif. Bien sûr, vous ne les utiliserez pas tous à la fois. Pour observer les oiseaux ou les migrations de caribous, vous aurez besoin d'une bonne paire de jumelles ou d'un téléscope. Si c'est le monde à vos pieds qui vous intéresse, apportez plutôt une loupe ou un microscope.

JUMELLES

Les jumelles constituent le meilleur investissement que puisse faire le naturaliste amateur. Contrairement aux fleurs sauvages et aux arbres que l'on peut étudier à loisir, les animaux ne se laissent pas approcher facilement.

Sur toutes les jumelles, on trouvera indiqué deux nombres, par exemple 7 x 40. Le premier indique leur pouvoir grossissant ; un modèle 7x rapprochera les objets sept fois. Le second indique le diamètre de l'objectif ; plus ce nombre est élevé, plus l'image sera claire mais plus les jumelles seront lourdes. Le poids est un facteur important à considérer en randonnée.

Les jumelles compactes sont légères, et assez puissantes pour un usage général. Les plus utiles se situent entre 7 x 21 et 10 x 25. Les jumelles régulières, qui ont un champ de vision plus large, peuvent aller de 7 x 35 à 8 x 42 et à 12 x 50. Elles donnent une image plus claire lorsque l'éclairage est faible et constituent un meilleur choix pour l'observation des oiseaux dans l'ombre des arbres.

Un mécanisme d'ajustement et de mise au point entre les barillets permet d'adapter les jumelles à sa vue. Choisissez un modèle qui vous permettra de régler la mise au point avec précision. Si

INSTRUMENTS DE TERRAIN *Le téléscope (ci-dessous, à gauche) sert à l'observation des oiseaux difficiles d'approche, comme ce macareux cornu (ci-dessus). Darwin s'est servi de ce microscope (en haut) ; les microscopes portatifs sont faciles à transporter.*

vous portez des lunettes, il existe des jumelles qui compensent la distance entre la rétine et la lentille. Il y a aussi des jumelles pour la nuit.

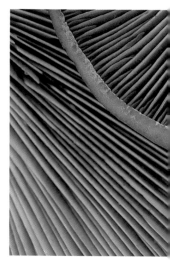

AU LOIN *Les jumelles sont un outil polyvalent – on peut même les retourner et s'en servir comme microscope. Pour un usage normal, repérez d'abord un objet à l'œil nu, puis continuez à le fixer en approchant les jumelles de vos yeux.*

TÉLESCOPES

Légers et portatifs, les téléscopes utilisés pour l'observation de la faune permettent de voir plus en détail que les jumelles ; leur champ de vision est cependant plus étroit. Les télescopes sont particulièrement utiles pour l'observation de sujets isolés et lointains et les ornithologues chevronnés en font grand usage.

Le pouvoir grossissant des téléscopes peut varier considérablement. Une puissance de 25x à 30x conviendra à la plupart des situations. Il existe de petits téléscopes à main assez compacts pour les transporter dans son sac d'un jour ou dans sa poche. S'il est de bonne taille, vous pourriez avoir besoin d'un trépied. Pour prendre des photos à travers l'objectif du téléscope, il vous faudra et un trépied et un adaptateur.

LOUPES

Les loupes se glissent facilement dans la poche et sont de merveilleux outils pour observer le détail d'une fleur, les tours d'une coquille d'escargot ou la texture d'une pierre. De taille, de format et de puissance variables, certaines d'entre elles peuvent être dotées d'une deuxième lentille qui permet de doubler le grossissement.

MICROSCOPES PORTATIFS

Les microscopes portatifs vous ouvriront les portes d'un monde invisible en vous révélant la fine dentelle d'un lichen, par exemple, qui serait autrement passée inaperçue.

Habituellement peu coûteux, ils sont munis d'une petite ampoule qui illumine le sujet observé. La plupart des microscopes portatifs offrent une puissance de 30x, mais on peut trouver des modèles de 40x ou de 50x.

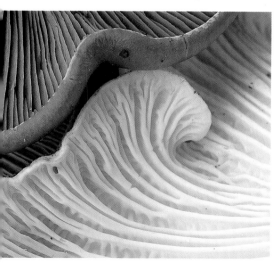

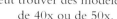

VOIR LES DÉTAILS *Une loupe vous révélera le détail des sporanges sous la fronde d'une fougère (ci-dessus) et les plis ou les fines lamelles d'un champignon (à gauche).*

PHOTOGRAPHIER LA NATURE

Fascinante et inoffensive, la photographie est une façon de ramener chez soi une part de la nature.

La réalisation de photographies de nature de qualité exige des années de pratique et une patience infinie. L'amateur peut toutefois réussir, à l'aide d'un appareil relativement simple, des photos qui constitueront un précieux registre de ses découvertes et lui procureront du plaisir des années durant. Si vous en êtes à vos premiers pas, un livre sur la photographie de nature pour débutants vous sera utile (voir p. 277).

APPAREILS PHOTO

Les modèles bon marché conviennent pour les instantanés ; ils ne vous permettront toutefois pas de réaliser des photos de qualité. Leurs objectifs offrent des possibilités limitées et vous ne pourrez les utiliser pour capter de près une fleur ou un papillon.

Un appareil 35 mm reflex mono-objectif (SLR), avec son viseur qui laisse voir la composition exacte de l'image, est un bon choix. Vous pourriez d'abord acheter le boîtier, puis choisir les objectifs qui conviennent le mieux à vos besoins. L'objectif standard d'un appareil 35 mm a une longueur focale de 50 mm ; un éventail d'objectifs de focales différentes (voir page ci-contre) vous offrira plus de souplesse. Si vous préférez n'avoir à transporter qu'un seul objectif, optez pour un zoom macro : vous réaliserez des plans tant rapprochés qu'éloignés.

Certains appareils règlent automatiquement la mise au point, la vitesse d'obturation et l'ouverture du diaphragme (qui contrôle le degré de lumière entrant dans l'appareil). Les appareils entièrement automatiques s'avèrent frustrants si l'on ne peut modifier le réglage. Il vaut mieux opter pour un appareil qui offre à la fois le réglage automatique et le réglage manuel.

PELLICULE

Les rouleaux de pellicule 35 mm sont offerts en noir et blanc et en couleur, pour photos ou pour diapositives. Sur certains appareils, l'indice de sensibilité du film (ISO) se règle automatiquement ; sur

LE MATÉRIEL *est aujourd'hui plus facile à transporter qu'aux premiers jours de la photographie (en haut). Un objectif zoom macro (ci-dessous) a permis de prendre un gros plan de ces castilléjies et un plan panoramique du désert.*

autres, il doit être réglé ma-
nuellement. L'indice ISO indique le degré de sensibilité
à la rapidité du film, et donc
la quantité de lumière dont
vous aurez besoin. Plus cet
indice est élevé, moins il vous
faudra de lumière et plus vous
pourrez augmenter la vitesse
d'obturation ; toutefois, vos
clichés auront alors plus de
grain. Avec des pellicules
moins rapides, il vous faudra
plus de lumière et une vitesse
d'obturation moins élevée. Il
est important de maintenir la
stabilité de l'appareil à des vi-
tesses moins élevées, d'où le
besoin d'un trépied.

TRÉPIEDS

On se sert du trépied, par
exemple lorsqu'on utilise un

Ne prenez rien que des

images, ne laissez rien

que des empreintes.

AUTEUR INCONNU

téléobjectif ou qu'on photographie à faible vitesse avec
un éclairage insuffisant. Les
pattes sont ajustables, comme
la plate-forme centrale. Pour
les plans rapprochés, vous
pourriez même vous procurer
un trépied de table ou encore
un support unipodal qui se
fixe à l'appareil.

PRISE DES CLICHÉS

La réalisation du cliché de vos
rêves demande préparatifs et
patience. Une cache facilitera
les gros plans d'animaux.
Pour photographier une fleur
ou un lichen, vous devrez
attendre une luminosité opti-
male. Si un insecte aux couleurs éclatantes apparaît alors,
ne ratez pas votre chance !

GRAND-ANGULAIRE *Le grand-angulaire (20 à 35 mm) est essentiel pour les plans panoramiques comme celui de cette chaîne de montagnes. Cette photo des Elk Mountains, au Colorado, a été prise tout juste après le lever du soleil.*

TÉLÉOBJECTIF *Le téléobjectif (180 à 600 mm) rapproche le sujet ; il est idéal pour photographier les oiseaux, ici un petit duc maculé. Plus l'objectif est puissant, plus il est gros et lourd ; vous pourriez avoir besoin d'un trépied pour éviter les photos floues.*

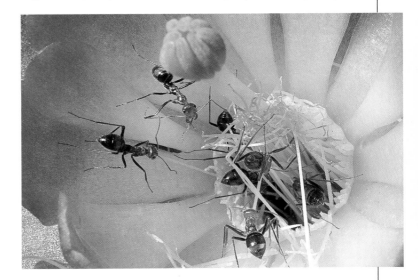

MACRO *Fixés à votre appareil, l'objectif macro ou la bonnette d'approche agissent comme une loupe qui vous permet de saisir des détails aussi fins que ces fourmis retirant les étamines de cette fleur d'échinocéréus pour pouvoir s'abreuver de nectar*

63

NOTES ET REGISTRES

Depuis des siècles, les naturalistes consignent leurs observations ; ce sont les sources les plus directes dont nous disposons.

À la portée de tous, les comptes rendus écrits permettent de tenir un registre de ses excursions.

Si l'idée de tenir un journal de vos observations vous rebute, peut-être préférerez-vous utiliser les listes toutes faites que vous pouvez vous procurer à la Fédération canadienne de la nature ou dans les centres d'interprétation de la nature, les parcs nationaux ou provinciaux, les clubs spécialisés et des boutiques naturalistes. Ces listes comportent un espace pour y inscrire les dates de vos observations et vos commentaires.

Déterminez si vous tiendrez une liste de pointage ou une liste permanente. Une liste de pointage énumère toutes les espèces que l'on peut observer dans une aire spécifique au cours d'une année. Certaines réserves naturelles tiennent ce genre de listes, auxquelles contribuent un grand nombre de personnes. On peut participer d'ailleurs à des activités de pointage. Une liste permanente présente votre compte personnel des espèces que vous avez vues ; vous la conserverez de nombreuses années.

NOTES D'EXCURSION

Que vos notes soient concises ou détaillées, il ne s'agit pas d'un exercice de style – quelques mots suffiront à vous rafraîchir la mémoire.

Inscrivez la date de vos observations et une brève description du temps et des lieux. Écrivez les noms de tous les oiseaux, animaux ou plantes vus. Si vous n'arrivez pas à les identifier, décrivez-les du mieux que vous le pouvez. Demandez-vous si l'oiseau porte une raie superciliaire ou une autre marque distinctive ; s'il est plus gros ou plus petit

PRISE DE NOTES *L'utilisation d'une liste toute faite est moins exigeante que la tenue d'un journal – qui permet d'ajouter croquis et notes sur des détails comme les marques du tarin des pins (ci-dessus). Consigner leurs observations (à droite) peut susciter chez les enfants un intérêt durable pour la nature.*

PIERRE MORENCY

Considéré comme un des poètes importants de sa génération, Pierre Morency (1942–) s'est surtout fait connaître du grand public par les émissions radiophoniques qu'il a animées à Radio-Canada et par ses livres décrivant ses expériences de naturaliste dont *l'Œil américain*, *Lumière des oiseaux* et *la Vie entière*.

Son œuvre abondante lui a valu, tant en France qu'au Québec, de nombreux prix soulignant sa contribution à la connaissance de la faune et de la nature et ses qualités de vulgarisateur émérite. Dans une langue précise, ciselée, imagée, mise au service du regard poétique qu'il porte sur la nature, Pierre Morency nous invite à puiser à l'« extraordinaire jubilation » que porte en lui tout être vivant et à découvrir notre « propre piste vers l'enchantement ».

Combien de cœurs

irrigués de sang chaud

battent à l'abri de

es bois, combien

y brillent d'yeux

et de dents !

The Yosemite
JOHN MUIR
(1838–1914)
Auteur et naturaliste américain

qu'un merle ; ce qu'il mange ; l'heure du jour à laquelle il est actif. Les réponses à ces questions sont très utiles : elles eront vos notes de terrain.

Si votre sujet est une plante, notez l'endroit où elle pousse (forêt, prairie, bord de l'eau), sa couleur, le nombre de pétales, l'aspect du bord des feuilles (lisse, denté ou lobé), la forme des feuilles et leur disposition sur la tige (en opposition, en alternance, en spirale). Ces détails vous aideront à identifier votre sujet et confirmeront que, oui, vous avez bien vu des spiranthes ou des trilles.

Il arrivera que vos observations ne fassent que soulever de nouvelles questions. Seules des observations répétées permettront d'y trouver réponse, mais la résolution de ces énigmes vous apportera de grandes joies. Les rayons des bibliothèques publiques sont garnis d'ouvrages de référence sur la biologie et l'écologie. Vous pouvez aussi consulter les spécialistes du Service canadien de la faune ou du ministère de l'Environnement.

TYPES DE JOURNAL

Sur le terrain, notez vos observations dans un carnet cartonné de format 10 x 15 cm, par exemple. Utilisez un crayon de plomb, type HB.

Pour vos dossiers permanents, à défaut d'ordinateur, choisissez un cahier à feuilles mobiles. Vous y transcrirez vos notes d'excursion et les enrichirez de renseignements tirés de guides ou pris auprès d'experts. Le cahier à feuilles mobiles facilite l'ajout de pages et de nouveaux articles, ainsi que la mise à jour.

UNE LONGUE TRADITION *L'explorateur William Clark a tenu fidèlement son journal (ci-dessous) durant l'expédition de trois ans qu'il a menée avec Lewis au début du XIXe siècle. John Muir consignait des notes détaillées de ses observations, parfois accompagnées de croquis (au centre, à gauche).*

DESSINER LA NATURE

Les croquis constituent une façon privilégiée d'appréhender la nature ; ils vous laisseront en prime des images permanentes de vos excursions.

Explorer la nature avec son carnet de croquis est une merveilleuse façon d'enrichir son expérience. Une série de croquis réalisés dans un milieu donné à différentes époques de l'année témoigneront de façon durable des cycles qui s'y déroulent.

Nombreux sont les naturalistes, tant amateurs que professionnels, qui ont découvert que la réalisation de croquis sur le vif ajoutait une dimension importante à leur appréciation de la nature. John White, gouverneur de la colonie de Roanoke en 1587, a laissé des peintures annotées des plantes et animaux du Nouveau Monde. Au XVIIIe siècle, William Bartram, Mark Catesby et Jane Colden ont illustré leurs découvertes dans

l'Amérique coloniale d'alors. Les notes d'excursion de John Muir sont parsemées d'esquisses de son environnement californien (voir p. 65). Plus récemment, les dessins d'Ann Zwinger nous ont fait découvrir les déserts du Sud-Ouest et les peintures de Jean-Luc Grondin, la faune avienne du Québec.

Ne vous laissez pas décourager par votre inexpérience. Le croquis le plus simple peut faire revivre un pan de la nature, et rien ne vous oblige à montrer à quiconque le fruit de vos efforts. S'arrêter pour dessiner ce qu'on a sous les yeux suscite le même genre de questions que la prise de notes : comment les feuilles sont-

elles disposées sur la tige ? La queue de cet oiseau est-elle pâle ou foncée ? Dessinez ce que vous voyez. Tout approximatifs que soient vos dessins, vous en comblerez mentalement les lacunes. Le gribouillage le plus rapide peut suffire à vous rafraîchir la mémoire.

CROQUIS SUR LE TERRAIN *(à droite). William Bartram a illustré ses récits de voyage de dessins – tortue à carapace molle (ci-dessus, à droite). Paruline à gorge orangée (ci-dessus, à gauche), dans l'œuvre maîtresse d'Audubon,* Oiseaux d'Amérique *(voir p. 95).*

Caracol.

INTERPRÉTATIONS *Bernard-l'ermite (à gauche), peint au XVIᵉ siècle par John White, l'un des premiers Européens à représenter les plantes et les animaux du Nouveau Monde. En 1927, un pavot rouge a inspiré cette peinture (ci-dessous) à l'Américaine Georgia O'Keefe.*

MATÉRIEL

Votre trousse à dessin peut être simple. Un cahier cartonné reste le meilleur choix ; pour l'aquarelle, les feuilles devront être épaisses pour éviter qu'elles n'ondulent.

Les crayons-feutres à pointe fine sont tout indiqués pour les croquis. Certains sont hydrosolubles, ce qui vous permettra d'obtenir des demi-teintes en mouillant les traits avec de l'eau. D'autres sont indélébiles – vous pourrez les recouvrir de couleur sans altérer les traits. Essayez les deux types. Vous pourrez les compléter avec un crayon nº 2 ou un portemine muni d'une mine HB pour les dessins auxquels vous ajouterez de l'encre ou de la couleur.

Les gommes à effacer ne vous seront pas d'un grand secours. Si vous n'aimez pas un trait, faites-en simplement un autre plus accentué ou plus précis. Si vous aimez la couleur mais ne voulez pas vous embarrasser de matériel de peinture, essayez les crayons

de couleur à mine tendre que vous pourrez appliquer par couche pour augmenter votre palette ; n'oubliez pas un petit aiguisoir.

Si vous préférez la rapidité du dessin mais avez un faible pour l'aquarelle, essayez les

crayons de couleur hydrosolubles. Pour obtenir un effet d'aquarelle, mouillez le dessin avec de l'eau et un pinceau. Un jeu de crayons-feutres vous permettra aussi de colorer vos croquis.

Vous pouvez acheter les couleurs pour aquarelle dans un magasin à grande surface et le matériel de dessin chez un fournisseur de matériel d'artiste. Quelques pinceaux – un nº 3, un nº 5 et un nº 8 – feront l'affaire.

Le moment précieux n'est pas celui où apparaît l'objet digne d'intérêt, mais celui où nous sommes aptes à le voir.

The Desert Year
OSEPH WOOD KRUTCH
1893–1970), naturaliste américain

ANN H. ZWINGER

Ann Zwinger (1925–) a mis au service de la nature l'élégance de sa plume et la finesse de son coup de crayon. Abordant les paysages dans une optique contemplative, elle devient nos yeux et nos oreilles explorant des lieux familiers et exotiques. Elle a commencé à se faire connaître comme auteure-artiste-naturaliste en 1970 avec la publication de *Beyond the Aspen Grove*, chronique de ses relations avec son environnement dans les hautes montagnes du Colorado. Dans *A Conscious Stillness*, elle relate ses descentes de rivières que Thoreau avait explorées avant elle. Avec *Run, River, Run*, elle traverse le bassin-versant d'une rivière du désert en compagnie des fantômes des premiers naturalistes. Dans toute son œuvre, ses dessins occupent une place aussi importante que sa prose.

DU CRAYON AU PAPIER

Une fois le matériel rassemblé, le plus excitant reste à venir :

coucher vos croquis sur papier.

Comme dans toute nouvelle entreprise, si vous en êtes à vos premières armes en dessin, quelques exercices vous aideront à vous faire la main et à surmonter l'« angoisse de la page blanche ».

Sur du papier brouillon, tracez des arcs, des rectangles, des triangles… Tâchez de bien sentir le contact du crayon sur le papier en décrivant vos mouvements à l'aide du bras tout entier, pas seulement de la main.

Essayez vos crayons et vos couleurs. Ne vous inquiétez pas encore de la vraisemblance de vos dessins. Familiarisez-vous plutôt avec la manipulation de vos crayons de couleur et avec les quantités d'eau et de couleur à mélanger pour l'aquarelle.

1ER EXERCICE

Les croquis libres sont un bon point de départ. Donnez-vous cinq secondes pour dessiner un sujet simple, par exemple une mauvaise herbe ou un oiseau immobile. Concentrez-vous sur la forme générale, le rythme ou le geste.

Maintenant, prenez 20 secondes pour dessiner votre sujet, le même ou un autre. Là encore, attachez-vous à saisir l'allure générale. Cet exercice vous aidera à esquisser rapidement les grandes lignes d'un sujet, habileté qui vous sera très utile sur le ter-

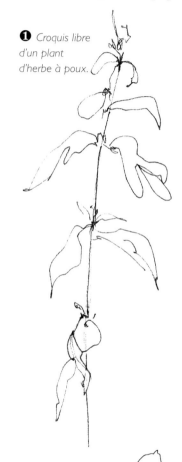

❶ *Croquis libre d'un plant d'herbe à poux.*

rain où les choses sont constamment en mouvement.

2E EXERCICE

Exécutez maintenant un dessin linéaire reproduisant uniquement les contours du sujet. Choisissez un sujet immobile : roche, feuille, fleur. Orientez votre feuille de façon que votre sujet demeure dans votre champ de vision, mais que vous ne puissiez voir et le papier et le sujet à la fois. Puis, sans quitter des yeux votre sujet, dessinez-le soigneusement comme si la pointe de votre crayon glissait lentement contre ses bords. Vous pouvez essayer de saisir des détails à l'intérieur des contours, sans toutefois lever votre crayon ; il est trop facile de perdre le fil.

Prenez tout votre temps, mais ne regardez pas votre

❷ *Dessin linéaire d'une feuille de chêne jaune.*

❸ *Croquis précis d'une feuille de chêne jaune.*

euille. Ne vous en faites pas si otre trait ne rejoint pas son oint de départ.

Cette technique vous aprendra à ralentir et à bien aisir votre sujet, et vous aiera à être plus indulgent envers vous-même. Après tout, ous ne regardiez même pas otre feuille !

ᴱ EXERCICE

Cette fois, essayez un croquis récis en jetant à l'occasion un bref coup d'œil à votre feuille pour vérifier la concordance des formes ou des traits. Vous pouvez soulever votre crayon et le reposer si vous le désirez ; assurez-vous

simplement de ne pas accorder plus d'attention à votre feuille qu'à votre sujet.

4ᴱ EXERCICE

Vous êtes maintenant prêt à réaliser un dessin de mémoire. Reprenez le même sujet ou choisissez-en un nouveau. Prenez quelques minutes pour bien l'observer. Remarquez-en tous les détails et prenez-en note mentalement.

Détournez-vous ensuite de votre sujet et essayez de reproduire ce que vous avez vu en y mettant le plus de détails possible. Cet exercice aiguisera votre sens de l'observation et vous aidera plus tard à

❹ *Dessin de mémoire d'une cigale (ci-dessus) ; dessin de mémoire avec couleurs à aquarelle (en haut).*

esquisser l'oiseau ou le cerf que vous avez vu, une fois celui-ci envolé ou disparu.

MISE EN PRATIQUE

Rendez-vous dans un endroit familier. Ralentissez et regardez autour de vous. Faites un croquis sommaire d'un habitat dans un coin, puis dessinez tous les détails qui attireront votre attention à l'aide des techniques du croquis précis et du dessin de mémoire. Remplissez la page en y ajoutant vos observations. Reliez vos notes aux parties pertinentes des croquis à l'aide de flèches. Des années plus tard, ces notes vous ramèneront tout droit dans cette prairie ou au bord de ce lac.

UN MOMENT À RETENIR *Le lac voisin est un endroit idéal pour apporter son carnet de croquis (à gauche). On pourra ajouter les couleurs sur place ou une fois de retour à la maison.*

30 sept. 1997

Temps serein, pas de vent

bord du lac

Escargot cornes-de-bélier

intérieur nacré

forme asymétrique

charnière

Grand héron en train de pêcher

Les champs ont des yeux, les bois des oreilles ;
Je regarderai, silencieux, et je serai tout ouïe.

HIERONYMUS BOSCH (1450–1516)
Peintre et dessinateur flamand

CHAPITRE QUATRE

SUR LE TERRAIN

LE CODE DU NATURALISTE

En adoptant une attitude respectueuse à l'égard de la nature, vous contribuerez à sa conservation pour les générations à venir.

Quand, par amour de la nature, nous déracinons une plante ou ramassons un mollusque, nous lui rendons un bien mauvais service. Si nous voulons que les générations qui nous suivent puissent profiter du monde tel que nous le connaissons, il faut nous limiter à la photo.

Dans les parcs et les réserves naturelles, on demande aux visiteurs de ne perturber d'aucune façon la végétation (y compris les graines et les fruits), les roches, les animaux, les nids, les œufs ou les objets façonnés par l'homme. Ne laissez aucune trace de votre passage ; replacez comme ils l'étaient les troncs d'arbres retournés et remettez les spécimens d'animaux là où vous les avez trouvés.

APPROCHE ÉCOLOGIQUE

Dans vos contacts avec la nature, la règle d'or devrait être de laisser aussi peu de traces que possible, si ce n'est pour améliorer l'état des lieux, par exemple en ramassant les détritus que vous trouvez, en plus, bien sûr, de rapporter les vôtres. Gardez-vous de secourir des oisillons ou de jeunes animaux qui sembleraient avoir perdu leurs parents. Chez les mammifères, les femelles ne nourrissent habituellement leurs petits qu'à l'aube et au crépuscule. Comme les bébés ne dégagent aucune odeur et sont bien camouflés, ils sont souvent plus en sûreté en l'absence de leurs parents.

Shell Gallery, au musée d'histoire naturelle de Londres en 1923.

LES COLLECTIONNEURS VICTORIENS

L'époque victorienne a été marquée par une passion pour la collection d'objets. Les naturalistes ont recueilli quantité de spécimens qu'ils ont comptés, nommés, triés et classifiés selon le système élaboré par le botaniste et taxonomiste suédois Carl von Linné (voir p. 27). Ce genre d'excès est aujourd'hui inacceptable et souvent illégal sans autorisation officielle.

Rivalisant pour le nombre de prises et de découvertes, les collectionneurs ont recueilli d'innombrables quantités d'œufs, de coquillages, de papillons et d'autres insectes. Le naturaliste anglais Walter Rothschild, roi des chasseurs de papillons et d'hétérocères, se targuait d'en avoir amassé plus de 15 000 sur une période de six mois en 1908. En une seule nuit de juillet, il a capturé 1 167 hétérocères (papillons de nuit). Rothschild a employé jusqu'à 250 collectionneurs pour l'aider à constituer son immense collection : plus de 2 millions de lépidoptères, et un grand nombre de coléoptères, de mammifères, d'oiseaux et de poissons. Ces spécimens, légués à la collection d'histoire naturelle du British Museum en 1936, constituent encore aujourd'hui une précieuse source de données.

L'introduction de nouveaux éléments dans un écosystème peut être très dommageable, particulièrement la mise en liberté d'un animal domestique. Même si cet animal est indigène, il est peu probable qu'il survive et il risquerait de transmettre des maladies à la faune sauvage.

Si l'Amérique du Nord est bien pourvue en terres publiques, il faut demander l'autorisation avant de pénétrer sur un terrain privé. Restez sur les sentiers ou empruntez les voies qui causeront le moins de dommages : par exemple, marchez en bordure des terres cultivées. Lorsque vous cherchez des animaux, dérangez le moins possible l'environnement. Si vous trouvez un nid ou un terrier, évitez de laisser des signes susceptibles d'attirer d'autres randonneurs ou des prédateurs. Si vous découvrez un spécimen rare, informez-en les autorités.

RESTEZ SUR LES SENTIERS *pour ne pas abîmer la flore (ci-dessus) ; ne vous approchez pas des jeunes (à gauche).*

CAPTER LA NATURE

Inoffensive, la photographie est un moyen privilégié d'appréhender la nature. Dans votre quête de sujets, évitez de marcher sur les plantes moins photogéniques. Respectez les animaux. Leur bien-être devrait passer avant votre désir de les coucher sur pellicule. Les téléphotos et les caches (voir p. 80) vous permettront d'approcher les animaux sans les harceler. Dans les parcs et réserves fauniques, il est interdit de nourrir les animaux sauvages pour ne pas créer de dépendance et réduire les risques d'attaques par les animaux.

Le dessin aiguisera vos habiletés d'observation car il vous forcera à prêter attention aux détails de votre sujet (voir *Du crayon au papier*, p. 68).

Outre les lois sur la protection de l'environnement, consultez des ouvrages spécialisés ou approchez des organismes naturalistes (voir *Répertoire des ressources*, p. 272).

RESPECTER LES ANIMAUX *Évitez de ramasser des coquillages (en haut, à gauche) et d'attraper des papillons (à gauche). Assurez-vous de ne pas déranger les animaux que vous photographiez (en haut). Bien qu'ils s'habituent parfois à la présence des humains, ne les nourrissez pas (à droite).*

SAVOIR LIRE LES SIGNES

Partout la nature nous lance des signes, tantôt évidents,

tantôt subtils, qui trahissent la présence d'êtres vivants.

À en croire ce qu'on voit à la télévision, il suffirait d'aller en forêt pour qu'apparaisse un groupe de chevreuils broutant ou une portée de ratons laveurs blottis au creux d'un arbre. En fait, nous nous trouverons entourés d'animaux, mais nous en rencontrerons très peu, à moins de scruter les indices subtils qu'ils ont laissés sur leur passage.

REPÉRAGE DES PISTES

Apprendre à interpréter les pistes et les signes est un peu comme apprendre à lire. Plus on pratique, plus l'exercice devient facile et plus on élargit ses découvertes.

Variant selon les conditions climatiques, la surface du sol modifiera l'aspect que prendront les pistes. Dans la neige, les pistes s'imprimeront claire-ment et on pourra les suivre sur de longues distances. Par temps chaud, inspectez les endroits où le sol est mou le long des haies et des boisés. Cherchez les pistes fraîches autour des flaques d'eau, une fois que la pluie a effacé les vieilles empreintes. Vous pourriez y trouver les traces non seulement de mammi-fères comme le rat musqué, mais aussi d'amphibiens, de reptiles et d'oiseaux.

CHERCHEZ LES SIGNES de la pré-sence de ratons laveurs (ci-dessus) dans un arbre creux. Signe « négatif » d'une toile d'araignée à hauteur de jambes (à droite) : aucun animal n'est passé là.

En terrain sec, la boue séchée peut receler des em-preintes très nettes ; la pous-sière en bordure des routes ou des sentiers peut également conserver des détails aussi fins que des traces d'insectes. Le sable humide révélera le détail des pattes palmées d'oiseaux aquatiques. Même un tapis de feuilles laissera deviner les tra-ces d'animaux : portez atten-tion aux feuilles déchirées ou aux couches (endroits où un cerf s'est reposé). Les em-preintes sont toujours plus

faciles à voir en début et en fin de journée, alors que le soleil y projette une ombre.

IDENTIFICATION DES PISTES

Les pistes de mammifères asse nettes pour être identifiées hors de tout doute sont rares (voir p. 96). Les pistes d'oi-seaux sont plus difficiles à identifier par espèces, mais leur forme, leur dimension et l'habitat où vous les trouvere vous donneront une idée des groupes d'oiseaux qui fré-

INDICES DE LA NATURE *Pistes de wapiti et de renard roux (à gauche), dans la neige.; coquillages sur une plage (ci-dessus) ; arbre entaillé par les castors (à droite) ; trilles du carouge à tête jaune (ci-dessous).*

nes marques distinctives. On peut identifier les pistes de lézards et de salamandres par les petites empreintes de pattes de chaque côté de la trace laissée par leur queue.

EXPÉRIENCE SENSORIELLE
Même s'il n'y a pas de piste, d'autres signes peuvent indiquer le passage d'animaux. Mettez tous vos sens à profit. Cherchez les ramilles recourbées ou les branches mordillées dans les arbres et les arbustes : des cerfs pourraient être venus y brouter ; remarquez les touffes de poils accrochées aux buissons épineux ou aux barbelés. Ouvrez grandes les narines : un parfum de fleurs sauvages pourrait venir d'un pré voisin où vous trouverez abeilles et autres insectes. Examinez les pistes : vous découvrirez non seulement à quelle espèce elles appartiennent mais comment l'animal se déplaçait. Y a-t-il des pelotes de régurgitation ou des excréments près du sentier ou au pied des arbres ? L'écorce porte-t-elle des marques de griffes d'ours ou a-t-elle été rongée par un porc-épic ?

uentent la région. Les oiseaux arboricoles sautillent sur e sol, laissant deux empreintes arallèles, tandis que les iseaux terrestres ont un pas lternatif qui laisse les empreintes l'une devant l'autre.

Si les pistes de serpents ne 'observent bien que dans le able, les serpents et les couleuvres laissent d'autres signes. s muent trois ou quatre fois ar an en utilisant des roches u des branches pour se débarrasser de leur vieille peau. oujours retournées, les eaux de serpent abandonnées ont habituellement translu- ides mais conservent certai-

Avez-vous remarqué des passages à travers la végétation, comme en font les rongeurs et les cerfs ? Des pierres ont-elles été retournées ? Quels bruits entendez-vous ? Les stridulations des grillons, les trilles des oiseaux chanteurs, les coassements des grenouilles, les jappements des coyotes ?

Devant un terrier, assurez-vous de ne rien déplacer à proximité si vous croyez qu'il est encore habité. Pour le vérifier, placez des brindilles en travers de l'entrée et retournez voir plus tard si elles ont été déplacées. Si oui, vous avez sans doute trouvé un site d'observation intéressant.

À demi-mot, la nature nous parle, sans jamais s'interrompre. Et soudain, nous saisissons son message.

ROBERT FROST
(1874–1963), poète américain

SAVOIR LIRE LES SIGNES DANS LA NUIT

Au crépuscule, de nombreux animaux quittent leur retraite à la faveur de l'obscurité : un monde tout différent grouille la nuit.

C'est du crépuscule aux environs de minuit, et juste avant l'aube, où les déplacements sont nombreux, qu'on observera le mieux la faune nocturne. Cherchez autour de vous les signes de la nuit : crabes et anoles changent de couleur ; les moustiques recommencent à piquer ; les araignées tissent de nouvelles toiles ; les lucioles se mettent à briller ; et certaines fleurs s'ouvrent pour attirer les papillons de nuit pollinisateurs – chèvrefeuille, daturas (qui se parent de blancs reflets).

Les oiseaux et les mammifères nocturnes comme les hiboux, les chauves-souris et les armadillos (ou dasypus) ont de grands yeux ou de grandes oreilles qui leur permettent de détecter une lumière même très faible et les sons les plus subtils. Les animaux à sang froid forment un autre groupe nocturne : l'air étant plus frais

LA NUIT : *Papillon lune (ci-dessous), cerf à queue noire (à gauche), écureuil volant ou polatouche (ci-dessus), et petit duc maculé guettant un saturnie cécropia (en haut).*

et plus humide la nuit, les mollusques, les vers de terre et des amphibiens en profitent pour effectuer leurs déplacements, évitant ainsi de se déshydrater. Lors des migrations, vous pourriez observer des volées d'oiseaux chanteurs voyageant la nuit pour échapper aux prédateurs comme les buses, qui chassent le jour.

VISION NOCTURNE

Pour observer la faune la nuit, vous devrez exploiter au maximum la lumière disponible. Faites vos explorations les soirs de pleine lune ; les lunes d'équinoxe au début de l'automne, plus lentes à se lever, vous donneront plus de temps sur le terrain. Dans les espaces ouverts, vous pourrez profiter de la réflexion de la lumière sur la neige ou sur l'eau, et des dernières lueurs s'attardant à l'horizon.

Au bout de 15 à 30 minutes, vos yeux se seront assez bien adaptés pour vous permettre de vous déplacer

même les nuits sans lune. Rien ne vous empêche toutefois d'utiliser une lampe de poche. En recouvrant la lentille d'un filtre ou d'une cellophane rouge, vous vous ferez moins remarquer (la majorité des animaux ne perçoit pas la lumière rouge).

Peut-être verrez-vous frémir la queue blanche d'un cerf, ou, avec de la chance, celle d'un lynx roux à l'affût d'une proie. Scrutez le ciel près des plans d'eau et observez le vol erratique des chauves-souris en quête de nourriture et les manœuvres des papillons de nuit tentant de les esquiver. Sur les plages, vous verrez des puces de mer sautiller sur le sable et des crabes courir dans les algues.

LES VOIX DU PAYSAGE
Les créatures nocturnes interprètent les sons pour trouver de la nourriture, se protéger et dénicher un partenaire. Or on entend mieux que l'on ne voit dans l'obscurité ; vous pourriez vous aussi vous mettre à l'écoute des bruits et des voix de la nuit : concerts de grenouilles et de grillons, cris caverneux des butors ou perçants des lapins.

Des appels d'écureuils, des claquements de queues de castor, les plongeons de rats musqués – ou l'absence de tout bruit – pourraient indiquer qu'un prédateur chasse dans le secteur. En mangeant, les animaux produisent aussi des sons révélateurs. Tendez l'oreille : vous entendrez peut-être les grognements sonores d'un porc-épic ou les raclements d'une mouffette ou d'un ours creusant le sol à la recherche d'insectes. C'est toutefois durant la saison des amours que l'intensité des sons atteint son paroxysme. Les bois et les champs retentissent, en février, des glapissements des renards en rut ; en mars et en avril, des hululements des hiboux.

RETOUR AU PERCHOIR *Carouges retournant à leur arbre au coucher du soleil (ci-dessus). Petits lynx roux attendant leur mère (ci-dessus, à gauche).*

LES YEUX QUI BRILLENT

En pénétrant dans les yeux des animaux nocturnes, la lumière stimule leurs cellules visuelles et est réfléchie par le tapétum, une membrane située derrière la rétine. Cette lumière vient stimuler les cellules visuelles une seconde fois. Ce processus de recyclage lumineux envoie au cerveau des animaux nocturnes deux fois plus d'informations, et donc une image plus claire que ce que nous recevons. Le tapétum est aussi responsable du reflet que l'on voit dans les yeux des animaux aveuglés par les phares d'une voiture ou une lampe de poche. Sa couleur peut vous aider à l'identifier.

Couleurs du reflet des yeux

Blanc	cerf
vif	canidés (coyote, renard)
jaunâtre	félins (lynx roux, lynx du Canada)
Jaune	raton laveur
Orangé *terne*	opossum
vif	ours
rouge orangé	bihoreau violacé
Ambré	mouffette
Rouge	bihoreau gris
brillant	bécasse
Rose	écureuil volant

DÉPLACEMENTS SUR LE TERRAIN

Lorsque vous aurez repéré un animal,
les techniques d'affût vous permettront de
l'observer de près sans être vu.

Pour observer, photographier ou dessiner les animaux sauvages, vous devrez pouvoir les approcher sans vous faire voir, sentir, ni entendre. C'est là un art qui exige patience et habileté.

Rares sont les animaux qui signalent leur présence en se tenant à découvert ; vous devrez donc scruter autour de vous pour les découvrir. Utilisez votre vision périphérique – votre œil américain, dirait Pierre Morency – pour détecter les mouvements et diriger votre regard. Du coin de l'œil, vous pourriez voir l'herbe remuer : une couleuvre ou une souris vient de passer. Remarquez les éléments qui se détachent du paysage : une tache rouge sur le sol pourrait trahir un lagopède dissimulé sous les feuilles ; des formes horizontales dans l'ombre des branches pourraient signaler un cerf en train de brouter. Cherchez les formes et les textures qui ressortent, peut-être une oreille ou une queue.

PASSER INAPERÇU

Une fois que vous avez repéré un animal, vous avez plus de chances de demeurer inaperçu si vous pouvez déterminer son champ de vision. Les prédateurs – hiboux, ratons laveurs – ayant un champ de vision limité, ils sont plus faciles à

VISION DE PRÉDATEUR ET DE PROIE *Les prédateurs – chouette tachetée (à gauche) – ont les yeux à l'avant, de sorte qu'ils doivent se retourner pour voir derrière. Les espèces proies – souris à abajoues (ci-dessous), cerf de Virginie (ci-dessus) – les ont sur le côté, ce qui élargit leur champ de vision.*

approcher que les espèces proies. Leurs yeux sont situés sur le devant de leur tête et, bien qu'ils aient une vue perçante, ils doivent tourner la tête pour voir sur les côtés ou derrière eux. En revanche, les yeux des espèces proies – cerfs, oiseaux chanteurs – se trouvent sur les côtés de leur tête : leur grand angle leur permet de repérer les prédateurs et la nourriture sans avoir à tourner la tête.

Déterminez si l'animal est aux aguets ou s'il est occupé à se nourrir ou à faire son nid. Si vous bougez alors qu'il est absorbé, vous êtes moins susceptible d'être vu.

TECHNIQUES D'AFFÛT

Pour réussir à approcher des animaux sur leurs gardes, vous devrez également atténuer tout ce qui – apparence extérieure, odeur, comportements – pourrait vous apparenter à un prédateur. Pour un animal, la position debout est un signe de domination ; vos yeux fixés sur lui le distinguent comme proie ; et avec vos mains à la hauteur de la poitrine, vous

lui semblez prêt à bondir.

Les soupçons des animaux pourront se dissiper si vous les observez bras ballants et utilisez votre vision périphérique, en ne leur jetant que des regards furtifs.

Pour réduire les risques d'être vu, fondez-vous dans le paysage. Portez des vêtements quadrillés ou de camouflage. Demeurez dans l'ombre et cachez-vous derrière les arbres ou les rochers.

Marchez contre le vent pour éviter que votre odeur ne trahisse votre présence. Si vous avez le vent dans le dos lorsque vous apercevez un animal, décrivez un cercle autour de lui sans le perdre de vue, jusqu'à ce que vous sen-

tiez le vent de face. Masquez votre odeur en frottant vos vêtements à l'aide d'une plante odorante comme la sauge ou la menthe, ou d'un produit commercial simulant l'odeur de l'animal que vous désirez observer.

Évitez les mouvements brusques de la tête, des mains ou du corps, et déplacez-vous lentement, avec précaution, à l'aide de la technique de la marche à l'affût (illustrée et expliquée ci-dessous). Cette technique vous permettra de vous immobiliser et de garder l'équilibre si l'animal se tourne vers vous et vous fait sursauter. Après une pluie, c'est plus facile.

Pour réduire encore davantage les risques d'être entendu,

CAMOUFLAGE *Soyez attentif à chaque détail, car les animaux se manifestent rarement; ici, un engoulevent de Nuttall contre une roche couverte de lichens.*

restez sur les sentiers plutôt que de couper à travers bois. Ne vous déplacez que lorsque vos pas peuvent être étouffés par un bruissement de feuilles, un craquement de branches ou d'autres bruits. Si l'animal s'aperçoit de votre présence, éloignez-vous pour lui donner l'espace et le temps voulus pour terminer ses activités.

EN MILIEU URBAIN

Il est plus facile de pratiquer l'affût dans un environnement urbain que dans des milieux naturels : les animaux sont habitués à la présence des humains et les bruits que vous ferez se mêleront aux bruits de fond. Vous pourriez toutefois éveiller les soupçons en vous cachant dans l'ombre et en vous glissant le long des immeubles, surtout la nuit. Choisissez bien vos endroits et assurez-vous de vous identifier comme naturaliste en portant bien en vue des jumelles, un appareil photo ou un guide d'observation.

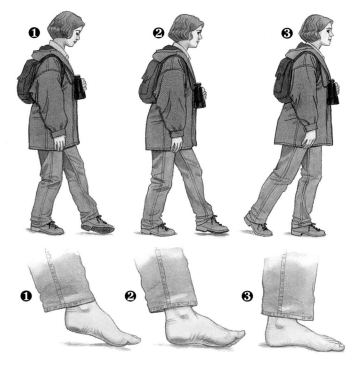

LA MARCHE À L'AFFÛT. *1. En mettant votre poids sur la jambe arrière, déplacez le pied de l'autre jambe vers l'avant. 2. Posez d'abord le côté extérieur des orteils puis la plante du pied; déposez le reste du pied en roulant de l'extérieur vers le cou-de-pied. 3. Une fois le pied bien planté dans le sol, déplacez-y votre poids.*

CACHES ET ATTENTE

*La façon la plus sûre d'observer les animaux est
de se fondre dans le paysage et de les laisser approcher.*

Très sensibles à leur
environnement, les
animaux peuvent
vous voir ou vous entendre de
loin, déceler votre odeur et
même sentir votre nervosité.
Pour éviter d'alerter les animaux aux aguets, vous devrez
travestir les signes qui vous
distinguent comme humain,
leur plus dangereux prédateur.
Comme pour l'affût, vous
avez avantage à masquer votre
apparence et votre odeur.

AVANTAGES DE L'IMMOBILITÉ

Pour camoufler vos mouve-
ments, vous pourriez essayer
la technique de la « chasse à
l'affût » que pratiquaient les
Amérindiens, passés maîtres
dans l'art de se cacher en terrain découvert. Choisissez un
endroit confortable (de préférence où vous pourrez vous
adosser et demeurez calme).
Si vous restez assez longtemps
immobile, certains animaux
cesseront de vous considérer
comme une menace et pour-
raient même s'approcher.

L'ART DE LA DISSIMULATION

Durant les observations pro-
longées, vous devrez pouvoir
bouger à votre aise. Faites
preuve d'ingéniosité et
fondez-vous dans le décor.
Cachez-vous dans un tas de
broussailles, parmi les rochers,
derrière une chute d'eau ou
un banc de neige. Pour observer la vie d'un marais, vous
pourriez fabriquer un enclos
en nouant de grandes herbes
ou de grands roseaux à leur
extrémité. Un poste surélevé
vous soustraira également aux
regards, puisqu'en général les
animaux ne surveillent pas les
hauteurs : essayez de grimper à
un arbre ou sur une roche.

FABRIQUER UNE CACHE

Les meilleurs endroits pour
observer la faune sont parfois
à découvert ; dans ce cas, fa-
briquez une cache. Le plus
simple est de prendre une
boîte de carton et d'y pratiquer des fentes. Ou alors utilisez des perches et du tissu de
camouflage – que vous achè-
terez tout fait ou que vous
créerez en appliquant sur du
tissu uni des taches vertes ou
brunes. Assemblez un tipi
rudimentaire en enroulant
une bâche autour de perches

STRATÉGIES D'OBSERVATION *Les
écotones comme la lisière d'un bois (ci-
dessus) sont à privilégier. Les animaux
regardent rarement au-dessus d'eux ;
postez-vous en hauteur (à gauche). La
végétation des marais (à droite) dissimule bien animaux et humains.*

xées à leur sommet avec de
 corde. Une autre solution
t de construire un cadre rec-
ngulaire – d'environ 2,4 m
e longueur sur 1,8 m de lar-
eur et 1,5 m de hauteur – en
tachant solidement ensemble
es perches avec de la corde
u du fil métallique. Ce cadre
ourra ensuite être monté sur
es poteaux plantés verticale-
ent dans le sol, drapé de
oile (dans laquelle on prati-
uera des ouvertures pour la
orte et les fenêtres) et recou-
ert de feuilles et de brous-
ailles. Prévoyez suffisamment
'espace pour y installer un
ège confortable. Des pierres
mpêcheront la toile de battre
u vent.

   Installez votre cache plu-
eurs jours à l'avance pour
ue les animaux s'habituent à
 présence. La porte doit être
lacée de façon à dissimuler
os allées et venues, par
xemple à l'aide du feuillage.

COTONES

es écotones, ces zones de
ansition au confluent de
eux milieux différents, sont
es endroits privilégiés pour
bserver la faune. On y trou-
e des animaux des deux mieux, en plus de ceux qui ont
it de l'écotone lui-même
ur habitat. Là où un boisé
encontre un pré, montez
otre cache dans la première

rangée d'arbres. Là où la terre
rejoint un étang ou une rivière, installez votre cache dans
la végétation, un peu en
retrait de l'eau.

   Si vous trouvez dans un
sentier des pistes et des excréments d'animal, placez votre
cache à proximité. Vérifiez le
degré d'humidité des excréments (voir l'encadré, p. 96)
ou tentez de déterminer à

CACHE *Un cadre drapé de tissu et
recouvert de feuilles et de broussailles
fera une cache appropriée et vous
pourrez vous asseoir confortablement.*

quand remontent les pistes. Si
vous pouvez établir à quel
moment passent les animaux,
vous pourrez y retourner au
moment propice. Pour ac-
croître vos chances de réus-
site, installez plusieurs caches.

SALLY CARRIGHAR

À une époque où le comportement animal était interprété de façon
automatiste, la naturaliste Sally Carrighar (c. 1905-1986) a pu déceler
l'adhésion des animaux à un code naturel. Grâce à ses observations minu-
tieuses, elle a découvert que les animaux ont des « attentes » les uns à
l'égard des autres, notamment en ce qui concerne le respect des habitats,
des unions monogames et de la propriété « marquée » ; la participation
aux escarmouches frontalières, mais sans aller jusqu'aux combats mortels ;
et le partage des points d'eau – autant de signes de l'« intégrité morale de
la nature ». S. Carrighar a rendu compte de ses observations dans plusieurs
ouvrages, dont son autobiographie, *Home to the Wilderness.*

FLEURS SAUVAGES

Au printemps, les fleurs sauvages éclaboussent la toundra et les déserts et émaillent de couleurs les forêts décidues.

Vous trouverez beaucoup de fleurs sauvages dans les milieux humides, bien éclairés, où les températures ne descendent pas sous le point de congélation, par exemple les clairières ou les bords de route. Avant même que la neige ne soit disparue, vous pourriez découvrir les premiers choux puants. Cherchez les colonies de fleurs blanches à floraison hâtive : trilles, anémones à cinq folioles, claytonies.

DES FLEURS POUR TOUTES LES RÉGIONS

Les fleurs sauvages sont plutôt rares dans les forêts à feuillage persistant, bien qu'elles croissent parfois en nombre au pied des arbres géants des vieux peuplements. En géné-

ÉVENTAIL DE FLEURS SAUVAGES
De haut en bas (dans l'ordre des aiguilles d'une montre) : délicates claytonies, choux puants, fleurs de cactus, sarcodes sanguines, rudbeckies pourpres.

ral, les forêts de conifères reçoivent moins de lumière et ont un sol plus acide que les forêts décidues. Leurs fleurs se distinguent tant par leur aspect que par leur façon inhabituelle de se nourrir. Cherchez dans les pinèdes les cypripèdes acaules (sabots de la Vierge).

Des espèces ombrophiles comme le monotrope des pins et la sarcode sanguine sont complètement dépourvues de chlorophylle et n'ont aucune

feuille verte. Elles tirent de la couverture végétale plutôt que de la photosynthèse la plus grande partie des éléments nutritifs dont elles ont besoin, par l'entremise d'un champignon associé à leurs racines. Ces plantes sont dites saprophytes.

Contrairement aux forêts, les déserts sont inondés de lumière mais privés d'humidité, si ce n'est pendant de brefs épisodes. Après les pluies printanières surgissent d'éblouissantes fleurs sauvages qui tenteront de maximiser la production de graines dans le court laps de temps qui leur est alloué. Les lupins et les lis s'étendent alors sur des kilomètres et des tapis d'annuelles à cycle court comme les pissenlits du désert et les pavots recouvrent le sol. Les cactus, qui peuvent croître toute l'année malgré la chaleur et la sécheresse grâce à l'eau de leurs tiges charnues, ne fleuriront pas si les pluies hivernales ont été insuffisantes.

Les fleurs des prés, des
ords de route et des prairies
oussent à l'abri des grami-
ées. Elles y fleurissent tout le
rintemps et tout l'été, mais
'est à la fin de l'été, alors que
ulminent les populations
'insectes, que l'on trouve le
lus d'espèces en fleurs, no-
amment les membres de la
amille des marguerites :
élianthes, verges d'or et rud-
eckies. Les graines se déve-
oppent durant l'automne,
ssurant ainsi aux oiseaux de
a nourriture pour l'hiver.

COULEUR, PARFUM…

a plupart des fleurs déploient
es couleurs, des formes et des
arfums pour inciter les polli-
isateurs à cueillir leur pollen
che en protéines. Certaines
eurs accélèrent la pollinisa-
on en poussant en touffes ou
n colonies pour que les petits
isectes puissent passer plus
apidement de l'une à l'autre.
haque capitule des compo-
ées est formé de petites
orules comportant chacune
a réserve de nectar, ce qui
ermet aux pollinisateurs de
utiner sans avoir à voler.

Certaines fleurs offrent
eurs lèvres en guise de piste
'atterrissage. D'autres éclo-
ent en début ou en fin de
ournée ou de nuit, durant un
u plusieurs jours. Certaines
ntretiennent une relation
xclusive avec une espèce,
ndis que d'autres, comme
e cierge géant, un cactus,
omptent sur de nombreuses
spèces pollinisatrices pour
roduire des ovules fertilisés
n moins de 24 heures.

Une fois la fleur fertilisée,
es pétales flétrissent et tom-
ent, ne laissant que l'ovaire
t ses graines. Certaines grai-
es tomberont au sol lors-
u'elles seront parvenues à
aturité, d'autres resteront sur

la plante tout l'hiver. D'autres
plantes colonisent de nouvelles régions en laissant le vent
ou les animaux disséminer
leurs graines.

IDENTIFICATION

Couleurs et parfums peuvent
servir d'indices pour l'identification. Le nombre de pétales
et leur disposition – distincts
ou joints en tube – sont des
traits distinctifs. Observez la
forme et la symétrie de la
fleur. Est-elle arrondie (marguerite) ou triangulaire
(orchidée) ? Est-elle labiée,
encapuchonnée ou pisiforme ?

Les fleurs sont-elles distinctes ou poussent-elles en
panicules, en gerbes ou en
épis ? Sont-elles arrondies,
aplaties ou allongées ? Con-

sultez un guide pour déterminer les familles auxquelles
elles appartiennent. Examinez
le nombre de sépales et d'étamines (un bon guide offre des
illustrations des différentes
parties des fleurs). Remarquez
le type de feuille. Les feuilles
sont-elles simples ou divisées
en folioles ? Examinez leur
disposition sur la tige : sont-
elles directement opposées,
alternes ou réunies en rosette
à la base de la tige ? Lorsque
vous frottez la feuille, dégage-
t-elle une odeur ? La tige est-
elle arrondie ou carrée, lisse
ou épineuse ? La plante
tapisse-t-elle le sol, est-
elle rampante ou grim-
pante ? Forme-t-elle
des nappes, des
touffes ?

FLORAISON SAISONNIÈRE *Les
monts Tehachapi, en Californie (ci-
dessus), inondés de fleurs sauvages
printanières : lupins, pavots, coréopsis.
La ketmie des marais (à droite)
peut atteindre 2 m
de hauteur.*

ARBRES ET ARBUSTES

*Éminemment adaptables et extraordinairement
variés, les arbres se sont implantés dans la plupart des sols.*

De toutes les plantes, les arbres sont les plus grandes et les plus connues, certains spécimens datant même de quelques milliers d'années. Ainsi, avec ses 4 200 ans, un pin aristé des monts White, en Californie, est le plus vieil arbre en Amérique du Nord, et bon nombre de séquoias de Californie ont plus de 3 500 ans.

ARBRES

D'un point de vue scientifique, on définit les arbres comme des plantes ligneuses dont la tige érigée s'élève à au

moins 6 m. Les bouleaux viennent toutefois nous compliquer la tâche : le bouleau gris pousse en touffes arbustives à plusieurs troncs et les bouleaux glanduleux et nain, dont la croissance est ralentie par la rigueur du climat arctique, n'atteignent guère que 2 m de haut.

En outre, selon certaines définitions, un arbre doit avoir une cime formée de feuilles et de branches, ce qui excluerait le cierge géant et les palmiers dépourvus de branches, également considérés comme des arbres.

De nombreux genres – pin, chêne, caryer – appartiennent à des familles uniquement composées d'arbres. Quantités d'autres comprennent également des membres de plus petite taille. L'examen des fleurs d'un arbre devrait vous donner des indices sur l'identité de ses « parents » herbacés.

ARBUSTES

Les arbustes sont des plantes ligneuses plus petites que les arbres, dont les troncs multiples forment une touffe qui se ramifie à partir du sol. Ils comprennent notamment les kalmies et les rhododendrons – qui présentent les floraisons les plus spectaculaires – et un large éventail d'arbustes fruitiers.

UNE BALADE EN FORÊT *peut vous faire admirer les féeriques couleurs d'automne (en haut) ou l'écorce tourmentée d'un genévrier (ci-dessus). Le General Sherman (à gauche) s'élève à 82 m.*

tiers. Souvent constitués en fourrés dans les champs ou dans les bois, les arbustes offrent nourriture, abris et sites de nidification pour de nombreux animaux.

La hauteur maximale d'un arbuste est arbitrairement fixée à 6 m. Leur regroupement forme des buissons. De arbrisseaux familiers qui forment l'étage inférieur des forêts comme le cornouiller, l'aubépine et le noisetier, peuvent également être considérés comme des arbustes. Par ailleurs, on ne précise aucune hauteur minimale, ce qui inclurait des végétaux comme le yucca et le chou palmiste.

IDENTIFICATION

Le port d'un arbre donne déjà des indices. Les feuillus sont

généralement arrondis tandis
que la plupart des conifères
revêtent une forme triangulaire ou conique. Les palmiers,
proches parents des arundi-
naires (bambous) et des graminées, ont un profil particulier : un éventail symétrique
de feuilles qui semblent sortir
directement du haut du tronc.

Examinez la configuration
des feuilles. Les essences rési-
neuses comme le pin présentent des feuilles en forme
d'aiguille, d'écaille ou de
ruban, qui sont solidement
fixées à la tige. Dures et rési-
neuses, les feuilles des conifères sèchent moins facilement
que celles des feuillus. Ces
arbres s'adaptent aux climats
chauds, secs ou froids.

Bien que les feuilles des
arbres et arbustes feuillus puissent être étroites, comme chez
le saule, elles sont généralement plus larges que celles des
conifères. On en distingue
deux grands types. La feuille
simple est constituée d'un
limbe unique, aplati, qui
pousse sur une tige ; la feuille
composée se divise en folioles
qui partagent une même tige.
Le bord de la feuille peut être
lobé, lisse ou denté, ou les
trois à la fois. Les feuilles sur la
tige peuvent être opposées ou
alternes. Les feuilles compo-

ÉRABLE À GRANDES FEUILLES *(ci-
dessus). Automne flamboyant (à droite).
Cornouiller (en bas, à gauche), un
arbuste. Contraste des feuilles d'érable
et des aiguilles de pin (en bas, à droite).*

sées peuvent être pennées (en
forme de plume) – robinier –
ou palmées – marronnier.

Notez la façon dont les
arbres et les arbustes se reproduisent et vérifiez vos observations dans un guide. Les
conifères comme les pins sont
des gymnospermes, qui produisent des graines nues dans
des cônes ou d'autres structures. Les feuillus comme les
érables sont des angiospermes :
ils produisent leurs graines
dans des enveloppes qui
deviendront des fruits ou durs
ou fragiles ou encore pulpeux.

TRACES ANIMALES
ET CLIMATIQUES

Cherchez les galles d'insectes
sur les feuilles et les trous pratiqués dans l'écorce par les
perce-bois comme le longicorne ; examinez, à la base
des arbustes, les endroits où
l'écorce a pu être grugée par
des souris ou d'autres rongeurs ; inspectez, dans les
arbres, les cavités où des écureuils ou des oiseaux auraient
fait leur nid ; et tentez de déterminer si les nids d'oiseaux
sont abandonnés ou s'ils sont
toujours habités.

Les arbres peuvent égale-
ment donner des indices sur
les éléments qui les ont façonnés. Ainsi, des marques de
carbonisation sur les troncs
indiquent un incendie récent.
Observez la mousse sur les
arbres : elle pousse généralement sur le côté nord, plus
humide, et disparaît rapidement dans les zones polluées.
Le port des arbres et des
arbustes est souvent déterminé
par les vents dominants, particulièrement sur les côtes et les
versants montagneux.

INSECTES

Les insectes sont partout présents. Plus vous étendrez le terrain de vos recherches, plus vous élargirez l'éventail de vos découvertes.

On a recensé sur la Terre plus d'un million d'espèces d'insectes, sans compter celles qu'il reste encore à découvrir. Or l'immense majorité des insectes contribue à rendre possible le monde tel que nous le connaissons. En qualité de jardiniers de la nature, ils favorisent la reproduction et la croissance des plantes en les pollinisant, en ameublissant les sols et en aidant les bactéries à décomposer le bois mort. Certains d'entre eux jouent un rôle salutaire en faisant la chasse aux insectes nuisibles de nos jardins. Les insectes contribuent également à l'équilibre des écosystèmes en décomposant et en enterrant les animaux morts et en consommant leurs excréments. Enfin, ils sont à leur tour recyclés en servant de nourriture à un large éventail d'animaux à des échelons supérieurs de la chaîne alimentaire.

MÉTAMORPHOSE

Les insectes changent de forme et souvent de couleur selon les stades de leur croissance, ce qui peut rendre difficile l'identification. Les insectes qui subissent une métamorphose simple, comme les poissons d'argent, sont plus faciles à identifier : une fois sortis de l'œuf, ils changent de taille mais non de forme. Les sauterelles et les hémiptères passent par une troisième étape, un stade nymphal où il leur pousse des ailes, jusqu'à ce qu'ils parviennent au stade adulte après plusieurs mues.

La plupart des insectes subissent toutefois une métamorphose complète en quatre stades, de l'œuf à la larve (stade vermiforme où ils s'alimentent), à la chrysalide (stade de repos caractérisé par l'absence d'alimentation) et au stade adulte. Non seulement les larves et les adultes de ces insectes ne se ressemblent-ils pas, mais ils vivent habituellement dans des habitats différents et consomment une nourriture différente.

L'AMÉRIQUE DU NORD *abrite une incroyable diversité d'insectes : casside de l'asclépiade (en haut), sauterelle arc-en-ciel (ci-dessus), cigale (ci-dessous).*

OÙ LES CHERCHER

De nombreux insectes pondent leurs œufs sur le dessous des feuilles. Cherchez-y les œufs blancs de la chrysope su de minuscules bâtonnets ou, dans les zones herbeuses ou broussailleuses, les coques brunâtres des œufs de mante sur les tiges des plantes.

Les larves sont souvent protégées par une structure qui facilite leur détection. Vérifiez la présence de galles sur les tiges des verges d'or, réaction de la plante à la ponte d'un œuf de cypids ou au passage d'une larve d'hétérocère dans la tige.

Certaines larves sont friandes de bois. Vous trouverez peut-être, sous les morceaux d'écorce de conifères criblés de trous, les motifs gravés par les larves de longicornes.

Lors de leur dernière mue, les larves troquent leur peau pour une coque nymphale

LES ARAIGNÉES ET LEURS TOILES

Les araignées se distinguent des insectes en ceci qu'elles ont huit pattes (les insectes n'en ont que six), que leur corps ne compte que deux parties principales (les insectes en ont trois), qu'elles n'ont ni ailes ni antennes et qu'elles tissent pour la plupart des toiles de soie.

Voyants, arborant de vifs coloris, les aranéides tissent de grandes toiles circulaires, traversées de « rayons », dans les arbres, les herbes, les greniers, les grottes.

Le dinopsis, quant à lui, n'attend pas que les insectes viennent se prendre dans ses pièges : il capture plutôt ses proies en leur lançant une petite toile à l'aide de ses pattes antérieures.

Les toiles d'araignée sont même de bons indicateurs météorologiques : lorsqu'une tempête se prépare, les araignées tissent leurs toiles plus grandes qu'à l'ordinaire pour profiter de la recrudescence d'activité chez les insectes. On dit qu'une araignée qui tisse sa toile sous la pluie est signe que le beau temps sera bientôt de retour.

se et dure. Certaines larves construisent un abri pour traverser plus en sûreté ce dernier stade de leur métamorphose. D'autres, comme les paons-de-nuit, tissent des cocons de soie.

Les abeilles sont parmi les premiers insectes à se mettre en quête de nourriture au printemps. Partez à la recherche des abeilles solitaires (plus petites que les abeilles domestiques) recueillant le pollen et le nectar des premières inflorescences. Elles vivent dans des terriers au sol comme les guêpes fouisseuses.

Les abeilles domestiques et les bourdons sont des familiers des jardins et des prés ; découvrez quelles fleurs ils préfèrent. Vous pourriez aussi apercevoir des prédateurs des abeilles comme les phymates, attendant sur une fleur de pouvoir harponner leur proie.

Le grillon est un vio-
neux. Son instru-
ment, il le porte en
permanence sur son dos.

L'Œil américain
PIERRE MORENCY (1942-)
poète et naturaliste québécois

C'est au printemps, alors qu'elles s'accouplent et construisent leurs nids, que les fourmis sont les plus actives. Vous les trouverez, avec leurs œufs blancs cylindriques, près des petits monticules qu'elles édifient, ou sous les pierres et les troncs d'arbres.

Les milieux humides regorgent d'insectes : en Amérique du Nord, 5 000 espèces passent au moins une partie de leur vie dans l'eau. On verra les libellules voltiger au bord des étangs et des rivières, et les patineurs et les gyrins noirs tournoyer à la surface de l'eau. Scrutez les eaux à la recherche de punaises d'eau géantes, de notonectes, de criquets d'eau et de dytiques, qui emmagasinent une bulle d'air pour pouvoir respirer sous l'eau.

CRIS ET SONS

À la fin de l'été, les populations d'insectes atteignent leur sommet. Vous les entendrez probablement plus que vous

CRIQUETS D'EAU (en haut, à gauche) ramant avec leurs pattes. Argiope (ci-dessus) tissant une toile orbiculaire. Larve de sphinx (ci-dessous), parasitée par des cocons de guêpes.

ne les verrez. Tendez l'oreille, écoutez le chant strident de la cigale, les claquements des sauterelles, et les stridulations des criquets et des grillons : ceux-ci produisent leur « musique » en frottant rapidement leurs ailes l'une contre l'autre, tandis que certaines sauterelles frottent leurs pattes contre leurs ailes à la manière d'un archet sur un violon.

PAPILLONS

*Peu d'êtres vivants attirent autant le regard que
les papillons, ces beautés éphémères qui dancent avec les fleurs.*

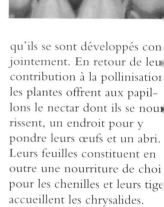

Au nombre des espèces les plus diversifiées et les plus adaptables de la planète, les papillons sont recouverts de millions de minuscules écailles de couleur imbriquées (leur nom scientifique, lépidoptère, vient du grec : ailes écailleuses). Ces plaquettes leur permettent de contrôler la température de leur corps et d'attirer des partenaires, en plus de leur offrir une protection contre les prédateurs. Certaines espèces se fondent dans leur milieu en adoptant des tons de terre ou des motifs de camouflage, tandis que d'autres annoncent par leurs vifs coloris qu'ils peuvent être toxiques.

Bien que les hétérocères (papillons de nuit) soient 10 fois plus nombreux que les papillons de jour, il est moins probable que vous en rencontriez le jour puisqu'ils sont surtout nocturnes.

Différents signes permettent de distinguer les papillons des hétérocères sur le terrain : les papillons ont un corps plus svelte et des couleurs plus vives ; ils ont aussi des antennes à bouton arrondi plutôt que plumeuses ou filiformes.

VIEILLE COMPLICITÉ
Le poète Robert Frost a décrit les papillons comme des « fleurs volantes ». L'étude des fossiles permet de croire que les ancêtres des papillons et les plantes à fleurs sont apparus à peu près à la même époque, il y a 150 millions d'années, et

qu'ils se sont développés conjointement. En retour de leu contribution à la pollinisation les plantes offrent aux papillons le nectar dont ils se nourrissent, un endroit pour y pondre leurs œufs et un abri. Leurs feuilles constituent en outre une nourriture de choix pour les chenilles et leurs tiges accueillent les chrysalides.

Reflétant en cela le cycle des plantes, la plupart des espèces de papillons émergen au printemps, se reproduisent plusieurs fois, puis entrent en

MÉTAMORPHOSE *Cycle d'un monarque (ci-dessous). L'œuf du papillon éclôt sous forme de chenille (photo 1), qui se fixe à une tige et, en muant, dévoile une coque appelée chrysalide (photo 2) ; le papillon formé à l'intérieur émerge enfin (photos 3 et 4). Autres papillons : piéride du chou (à gauche), soufré orangé (en haut) et porte-queue abrogé (ci-dessus, à droite).*

LES MIGRATIONS DE MONARQUES

À la fin de l'été, les monarques nouvellement éclos entreprennent leurs migrations. Comme bon nombre d'oiseaux, ces papillons ne fréquentent les climats tempérés que pour s'y reproduire. Ceux de l'ouest des Rocheuses voyagent par nuées, portés par les courants nord-sud vers les bosquets de pins et d'eucalyptus de la côte californienne. Ceux de l'est des Rocheuses effectuent le périple le plus long. Si certains s'arrêtent à Lighthouse Point, en Floride, la plupart peuvent parcourir jusqu'à 3 200 km pour se rendre dans une forêt montagneuse, près de Mexico, où ils s'accrochent aux arbres, formant des masses dont la densité peut atteindre 25 millions d'individus par hectare.

C'est ainsi suspendus qu'ils hiverneront, subsistant grâce aux réserves de graisses qu'ils ont accumulées au cours du voyage. Le vif coloris de leurs ailes leur offre une protection efficace contre les prédateurs en les prévenant que leur corps est chargé des toxines de l'asclépiade. À la mi-mars, ils reprennent le chemin du Nord, se reproduisant en route. Bien qu'aucun d'eux ne boucle l'aller-retour, leur progéniture poursuivra le voyage génétiquement programmé vers le nord, où elle rencontrera d'autres papillons au printemps.

repos l'automne. Chaque espèce hiverne à un stade particulier de son existence. Argynnes, lycènes, chrysophanes et thècles, par exemple, hibernent au stade larvaire sous forme de chenille. Un antigel naturel dans leur sang et leurs tissus leur permet de survivre à des températures allant jusqu'à -14° C.

OÙ REGARDER

On trouve des papillons partout en Amérique du Nord. Comme ils entretiennent depuis des temps anciens des relations avec certaines familles de plantes, les habitats intacts sont des lieux propices à leur observation, notamment les réserves naturelles, les vieux cimetières et les voies ferrées désaffectées.

Dans les prairies et les vieux champs, vous verrez sans doute des monarques et des belles-dames autour des asclépiades et des chardons dont ils se nourrissent. Si vous avez du chou et du persil dans votre potager, attendez-vous à recevoir la visite du piéride du chou et du papillon du céleri.

MOMENTS PROPICES

Les journées ensoleillées d'été sont les meilleurs moments pour observer les papillons. Le soleil incite les fleurs à offrir leur nectar et déclenche chez les papillons les comportements liés à la reproduction et à la nutrition ; il réchauffe aussi les muscles du vol. Les satyres pourraient être au rendez-vous dans les prés humides qui bordent les forêts ; les argynnes et les papillons ocellés, dans les champs ; les piérides, les coliades et les phyciodes, près des fossés humides et des mares d'eau ; les amirals, le long des chemins forestiers et dans les clairières.

Vous réussirez mieux à observer les papillons de près s'ils sont occupés à se nourrir. Attendez calmement près de fleurs à nectar et laissez les insectes se poser avant de vous avancer lentement, en prenant soin de ne pas projeter votre ombre. Avec un peu de chance, vous trouverez un papillon tout frais sorti de sa chrysalide qui tolérera votre présence plusieurs heures tandis qu'il fait sécher ses ailes. Lorsqu'elles auront durci, il pourrait vous récompenser de votre patience en acceptant votre doigt comme rampe de lancement.

PAPILLON OU HÉTÉROCÈRE ?

Au repos, les papillons de jour replient leurs ailes (à droite) tandis que les papillons de nuit les déploient (au-dessus).

REPTILES ET AMPHIBIENS

Petits, farouches, les reptiles et les amphibiens sont passés maîtres dans l'art du camouflage ; armez-vous de patience pour pouvoir les observer.

Il existe plusieurs différences entre les amphibiens et les reptiles, la première étant que les reptiles pondent des œufs à coquille dure contenant du liquide amniotique, ce qui leur assure un développement entièrement terrestre. Les reptiles sont couverts d'écailles ou de plaques osseuses alors que les amphibiens ont une peau humide, glandulaire ; les orteils des reptiles sont en outre pourvus de griffes, ce qui n'est pas le cas des amphibiens.

ÊTRES NOCTURNES

Les amphibiens – salamandres, grenouilles, crapauds – sont farouches, nocturnes, affectionnant les endroits frais et humides où ils ne risquent pas de se déshydrater. Contrairement aux reptiles, ils n'aiment ni la chaleur ni la sécheresse.

Les Amériques abritent plus d'espèces de salamandres que tous les autres continents réunis. Les salamandres vivent dans les milieux humides

parce qu'elles doivent maintenir hydratée leur peau poreuse. Cherchez-les près de l'eau, sous les feuilles, les roches et les troncs d'arbres, ou dans les souches en décomposition. Vous pourriez observer des adultes lors des premières pluies chaudes printanières, alors que certaines espèces se rendent en nombre vers les étangs d'accouplement.

Dans les milieux humides, du début mars à la mi-juillet, vous entendrez les chants d'appel des grenouilles et les coassements des crapauds tentant de séduire des femelles. La plupart des espèces de grenouilles chantent en chœur et on les entend à des kilomètres à la ronde.

Les grenouilles vivent dans l'eau, mais vous les observerez assises sur les rives herbeuses d'un étang ou sur une feuille

SALAMANDRE MACULÉE *(en haut)*
Elle passe la majeure partie de sa vie sous terre ; lézard des clôtures (à gauche) prenant le soleil ; l'héloderme suspect (ci-dessus) peut mordre.

de nénuphar, à l'affût d'insectes volants. La grenouille des marais fréquente les prés humides et les fossés de drainage. La grenouille des bois affectionne les couvertures humides des forêts. Quant aux rainettes, on les trouve perchées aux arbres et aux arbutes dans différents habitats humides.

Bien qu'ils vivent à proximité de l'eau, les crapauds comptent parmi les amphibiens qui peuvent tolérer une relative sécheresse. Le crapaud pied-en-bêche creuse dans les sols sablonneux de profonds terriers où il demeure le jour et par temps sec.

RELATIONS REPTILIENNES

Les reptiles comptent parmi les principaux carnivores des chaînes alimentaires aquatiques et sont les maîtres du désert. Les tortues et les serpents se rencontrent partout en Amérique du Nord, bien que les régions chaudes abritent un plus grand nombre d'espèces et d'individus.

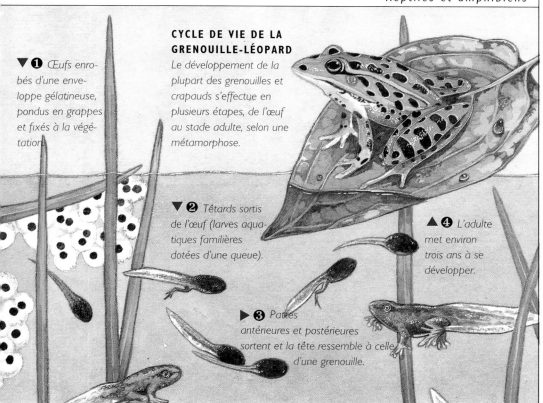

CYCLE DE VIE DE LA GRENOUILLE-LÉOPARD

Le développement de la plupart des grenouilles et crapauds s'effectue en plusieurs étapes, de l'œuf au stade adulte, selon une métamorphose.

▼ **❶** *Œufs enrobés d'une enveloppe gélatineuse, pondus en grappes et fixés à la végétation.*

▼ **❷** *Têtards sortis de l'œuf (larves aquatiques familières dotées d'une queue).*

▲ **❹** *L'adulte met environ trois ans à se développer.*

▶ **❸** *Pattes antérieures et postérieures sortent et la tête ressemble à celle d'une grenouille.*

Animaux à sang froid, c'est au milieu du jour, alors que les tempéatures atteignent leur sommet, que les reptiles sont le plus actifs dans les climats tempérés. L'été, certains reptiles du désert se dorent au soleil le matin, mais fuient ses rayons à midi. Lors de nuits fraîches, vous pourriez trouver des lézards ou des serpents près des roches ou des murs encore chauds. Les reptiles hivernent sous les roches, sous terre ou sous l'eau.

Par temps chaud, les couleuvres se tiennent à l'ombre à proximité de l'eau. Les couleuvres d'eau, comme leur nom l'indique, passent la majeure partie de leur vie dans l'eau, chassant poissons et grenouilles. Quant aux serpents arc-en-ciel et aux serpents de boue du Sud-Est, ils vivent sous terre.

Si les serpents sont pour la plupart inoffensifs, il existe certaines espèces dangereuses. Les plus remarquables sont : le mocassin d'eau et le crotale pygmée du Sud et le massasauga du Centre, dans les milieux humides ; les crotales dans les boisés de l'Est et de l'Ouest et sur les contreforts rocheux et dans les déserts de l'Ouest ; le mocassin à tête cuivrée dans les zones rocheuses des forêts de l'Est ; et les spectaculaires serpents corail du Sud-Est et du Sud-Ouest.

REPTILES À CARAPACE

La carapace si caractéristique de la tortue est également la clé de sa longévité. Les tortues d'eau comme la tortue peinte et les tortues à carapace molle ont une carapace aplatie recouverte d'une peau coriace ou de plaques osseuses.

Chez les crocodiliens, plus gros reptiles au monde, on trouve de rares crocodiles dans des marais salés isolés du sud de la Floride, tandis que l'alligator américain, plus commun, a fait des marais d'eau douce son territoire, de la Virginie à la Floride et de l'Arkansas au Texas.

COULEUVRES VERTES *(à gauche) chassant les insectes dans des vignes. Tortue peinte (ci-dessous) à pieds palmés qui lui permettent de nager.*

OÙ TROUVER LES OISEAUX

D'une admirable diversité, les oiseaux comptent parmi les animaux les plus accessibles à l'observateur.

Tous les habitats ont une population aviaire. Pour observer les oiseaux, tout espace découvert doté d'eau et de végétation fera l'affaire. Pour apprendre à connaître les oiseaux de votre région, pourquoi ne pas participer aux excursions et aux recensements organisés par le club ornithologique local ?

MOMENTS PROPICES

La majorité des oiseaux sont plus actifs à l'aube et au crépuscule. Certaines espèces nocturnes commencent toutefois leur cycle d'activité à la nuit tombante, alors que toute une faune nocturne commence à s'affairer. Si vous sortez juste avant le coucher du soleil, en ville, vous verrez des engoulevents et des martinets ramoneurs descendre en piqué sur les insectes. À la lisière des bois, ce seront des hiboux, et dans les marais d'eau douce ou salés, des bihoreaux.

Pour l'observateur, le choix du moment de l'année

est aussi important que celui de l'heure. Dans les zones tempérées, il est plus facile de repérer les oiseaux au printemps, avant l'éclosion des feuilles, alors que les oiseaux reviennent en bandes des tropiques. Beaucoup suivent les côtes de l'Atlantique et du Pacifique ; d'autres, après avoir remonté la vallée du Mississipi et traversé la région des Grands Lacs se rendent jusque dans la vallée du Mackenzie. Un autre groupe suit les grandes plaines et les Rocheuses. Les mâles, qui arrivent les premiers pour

marquer leur territoire, attirent davantage l'attention avec leur plumage nuptial et leurs chants sonores.

L'été, occupés à élever leurs petits à l'abri de la végétation, les oiseaux chanteurs se font discrets et deviennent difficiles à repérer. C'est le moment idéal de vous rendre en terrain découvert pour observer les buses et les urubus décrire leurs grands cercles dans le ciel ou d'installer votre télescope (voir p. 61) sur un promontoire et scruter la mer pour découvrir les grands oiseaux marins.

À l'époque des grandes migrations d'automne, les voies migratoires regorgent d'oiseaux. Vous pourriez alors voir, surtout en montagne, des volées d'oiseaux se profiler sur la pleine lune d'équi-

TÉLESCOPES ET JUMELLES permettent aux ornithologues amateurs de voir en gros plan des oiseaux (à gauche). *Pygargue à tête blanche en ascension (en haut, à gauche). Couple de parulines à capuchon au nid (ci-dessus).*

noxe. Le jour, surveillez les vols de buses portées par les courants thermiques le long des côtes ou des crêtes en montagne.

Une fois l'hiver arrivé, les oiseaux sont moins nombreux dans le Nord, mais ils sont plus faciles à repérer dans les arbres dénudés. Les résidents permanents comme les chardonnerets et les cardinaux reçoivent des visiteurs de la toundra : les harfangs et les bruants des neiges qui viennent passer l'hiver dans le sud du Canada où la nourriture est plus abondante.

QUELQUES CONSEILS

Au printemps, c'est par leur chant qu'on arrive le mieux à

ACCOUPLEMENT ET NIDIFICATION

Fous de Bassan – couple exécutant un cérémonial de bienvenue (en haut). Nids d'aigrettes et de hérons (ci-dessous). Tangara à tête rouge (à droite).

repérer les oiseaux, particulièrement les mâles. Si vous habitez une région d'arbres et d'arbustes décidus, cherchez les nids à découvert l'automne. Vous en trouverez aussi dans les arbres à feuilles persistantes, sur les saillies protégées et dans le creux des arbres. Le printemps suivant, vous aurez alors une bonne idée des endroits où nichent les oiseaux. Parfois, ce seront les oiseaux eux-mêmes qui vous conduiront à leur nid, en transportant des matériaux de nidification ou des insectes pour nourrir leurs petits.

Les coquilles d'œufs que vous découvrirez pourraient vous donner un indice sur les espèces d'une région, mais il y a peu de chances qu'elles vous mènent au nid. Les parents prennent soin de les déposer loin pour éviter d'attirer les prédateurs.

Les pelotes de régurgitation et les fientes laiteuses que vous trouverez pourraient vous mettre sur la piste de nids et de perchoirs d'oiseaux de proie – buses, faucons, hiboux et chouettes. Ces pelotes oblongues, qui peuvent ressembler à des fèces, sont en fait des amas de poils, de plumes, d'os et d'autres débris non digestibles recrachés par les rapaces. Par ailleurs, une concentration d'excréments

en un même lieu pourrait identifier la souche où la gélinotte huppée mâle exécute son rituel de tambourinage – battements d'ailes accélérés destinés à attirer une partenaire.

Cherchez près de l'eau, sur les roches et les troncs où les canards et les goélands lissent leurs plumes, les plumes tombées. Les plaques boueuses pourraient avoir conservé les empreintes de leurs pattes palmées. Une carcasse rencontrée sur un terrain boueux ou sablonneux pourrait être entourée de traces de corbeaux ou d'urubus.

En forêt, vous pourriez découvrir les endroits où certains oiseaux prennent des bains de poussière.

Toute la sagesse des civilisations anciennes n'est rien auprès du chant du merle, pour peu qu'on s'y arrête.

The Lone Swallows
HENRY WILLIAMSON
(1897–1977), auteur
et naturaliste anglais

IDENTIFIER LES OISEAUX

Un œil vif, une oreille attentive, de la patience et un amour

de la nature : voilà les qualités requises de l'ornithologue.

À condition de ne pas vouloir nommer d'emblée chaque oiseau que vous rencontrez, l'apprentissage des techniques d'observation d'oiseaux peut se faire aisément. Commencez par dresser mentalement une liste de traits distinctifs à partir de ce que vous savez et de ce que vous observez. Comparez la taille et la forme générale d'un oiseau inconnu avec celles des oiseaux que vous connaissez : goéland, merle, bruant. S'ils ont suffisamment de traits communs, vous devriez pouvoir associer cet oiseau à une famille, ce qui réduira considérablement le champ de vos recherches. Bien qu'on ait recensé en Amérique du Nord plus de 850 espèces, on peut les grouper en 80 familles environ.

RECONNAISSANCE À L'ŒIL

Si vous vous trouvez à une certaine distance d'un spécimen et que vous n'ayez pas de jumelles ni de télescope, la forme de la queue et des ailes pourra vous donner de précieux indices. Observez également la façon dont l'oiseau se sert de sa queue. Est-elle dressée, agitée ou battante durant le vol ? Examinez attentivement les ailes : sont-elles effilées et pointues ; courtaudes et triangulaires ; larges et recourbées ; ou arrondies ? Notez la façon dont l'oiseau utilise ses ailes. Les pygargues exploitent l'énergie du soleil en décri-

vant des cercles au-dessus des courants thermiques. En déployant leurs ailes, ils réussissent à s'élever avec un minimum d'effort. Les crécerelles planent en volant contre le vent à la même vitesse que celui-ci ; les deux forces s'annulant, l'oiseau demeure immobile et peut ainsi guetter ses proies. Les pics et les chardonnerets battent des ailes par à-coups, ce qui donne à leur vol un aspect saccadé et une trajectoire ondulante.

FALAISES *Les oiseaux marins y sont à l'abri des prédateurs (ci-dessus). Martin-pêcheur d'Amérique (en haut, à gauche). Buse à épaulettes (à gauche).*

On peut identifier des espèces par leurs coloris, mais ce trait n'est pas toujours assez distinctif. Ainsi, la famille des bruants peut sembler formée d'une multitude de petits oiseaux brunâtres impossibles à différencier. Mais si vous réussissez à examiner votre sujet assez longtemps à l'aide de jumelles, vous pourriez réduire l'éventail des choix possibles en étudiant les marques de ses ailes et les coloris de sa tête et de sa poitrine.

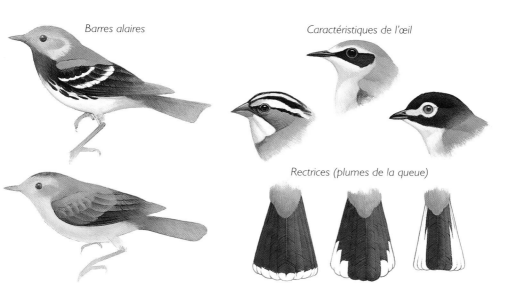

Barres alaires

Caractéristiques de l'œil

Rectrices (plumes de la queue)

TRAITS DISTINCTIFS *Notez les taches de couleur sur la tête et vérifiez la présence de raies autour des yeux. Remarquez les taches ou les rayures sur la poitrine, les barres sur les ailes et les taches sur la queue ou sur le croupion.*

La forme du bec est un autre signe distinctif qui, en outre, renseigne sur les habitudes et le régime alimentaire de l'oiseau : avec son bec petit et fin, la paruline peut saisir des insectes ; le bec long et effilé de la bécasse lui permet de déterrer les larves et les vers ; le bec tubulaire du colibri lui sert à aspirer le nectar ; le bec de la sterne ressemble à un dard pour harponner le poisson ; et le bec recourbé du hibou lui permet de déchirer la chair de ses proies.

RECONNAISSANCE À L'OREILLE

Les vocalisations les plus familières sont celles des oiseaux chanteurs mâles marquant leur territoire et tentant de séduire des femelles. Elles sont souvent très agréables et point n'est besoin d'avoir l'oreille musicale pour savoir les reconnaître.

Portez attention aux caractéristiques suivantes : le phrasé (façon dont les sons sont groupés) ; le débit ; la durée de chaque note et du chant complet ; et les changements de ton et de volume. Des «indicatifs» comme le fameux «Où es-tu, Frédéric, Frédéric, Frédéric», inspiré du chant du bruant à gorge blanche, vous aideront à les mémoriser.

UTILISATION D'UN GUIDE

Lorsque vous croyez avoir identifié une famille d'oiseaux, consultez un guide afin de déterminer son aire de distribution et son habitat. Notez également si l'oiseau était en vol, perché sur un arbre ou un poteau, au sol, dans l'eau ou sur l'eau. Rapprochez tous ces renseignements et la période de l'année où votre sujet est censé se trouver dans la zone où vous l'avez observé, et vous devriez pouvoir l'identifier avec certitude.

Jean-Jacques Audubon (ci-dessus) ; une de ses peintures de martin-pêcheur (à droite).

JEAN-JACQUES AUDUBON

Naturaliste et peintre réputé de l'avifaune nord-américaine, Jean-Jacques Audubon (1785-1851) réalisa la première expérience de baguage d'oiseaux sur le continent. Au printemps de 1804, il découvrit un nid abandonné à l'entrée d'une grotte. Voyant survenir un couple de moucherolles phébi armés de matériaux destinés à restaurer le nid, il se demanda s'ils y avaient déjà niché et si leurs oisillons y reviendraient au retour de leur migration. Audubon réussit à mettre un fil d'argent à la patte des juvéniles. Voici ce qu'il rapporta le printemps suivant : «Ayant surpris plusieurs de ces oiseaux dans leur nid, je découvris avec plaisir que deux d'entre eux avaient toujours la petite bague à la patte.» Cent ans plus tard, l'expérience était répétée à grande échelle.

PISTES DES MAMMIFÈRES

En interprétant leurs empreintes, vous pourrez identifier certaines des espèces de votre région.

Plus de la moitié des mammifères du monde vivent en Amérique du Nord, de l'imposant bison, avec ses 900 kg, à la musaraigne naine, qui ne fait guère plus de 3,5 g. Il ne faut pas compter en rencontrer à chaque sortie, puisque ce sont pour la plupart des animaux qui ne sortent pour se nourrir qu'à l'aube et au crépuscule. Et beaucoup vivent dans des terriers ou des couloirs pratiqués à travers la végétation ; d'autres se cachent au creux des arbres ou des troncs morts.

Vous trouverez les meilleures conditions d'identification tôt le matin, alors que le sol

LA NEIGE FRAÎCHE *offre une surface de choix pour lire les pistes (ci-dessus).*

est encore humide, particulièrement après une pluie ou une chute de neige fraîche. Cherchez les endroits où les mammifères viennent boire ou se nourrir, et examinez bien les terrains mous.

GROUPES ET PISTES

Cherchez une empreinte bien nette comportant tous les éléments nécessaires à l'identification : doigts, coussinet plantaire, marques de griffes. Ces traces sont en quelque sorte les « empreintes digitales » de chaque espèce. En comptant le nombre de doigts, on peut déjà situer l'animal dans un groupe ayant une structure de pied commune.

Les ongulés (animaux à sabots) laissent des empreintes à deux doigts ; le cerf de Virginie, l'orignal et le caribou laissent en outre des marques d'ergot, faites par un doigt atrophié derrière le pied.

Après une légère chute de neige, les pistes peuvent même révéler le sexe du cerf le cerf de Virginie mâle traîn[e] sur le sol l'extrémité de ses sabots.

Les félins – chat domestique, lynx, cougar – laissent des empreintes à quatre doigts, sans marques de griffe[s]. Comme les canidés ne peuvent rétracter leurs griffes, l'empreinte à quatre doigts d[e] chiens domestiques, coyotes, renards et loups présente, ell[e] des marques de griffes. Les lapins et les lièvres ont quatre doigts, mais les empreintes laissées par leurs pattes postérieures sont deux à quatre fo[is] plus grosses que celles de leu[rs] pattes antérieures.

La majorité des rongeurs appartiennent à un groupe ayant quatre doigts antérieurs et cinq doigts postérieurs ; u[n] bon nombre laissent aussi un[e] trace de queue. Les ratons

---

EXCRÉMENTS

Les excréments (ou laissées) trouvés le long des sentiers peuvent servir à marquer le territoire d'un animal, en signalant sa présence. On peut identifier un animal à ses excréments. Ceux des herbivores, de forme généralement arrondie, sont fibreux et inodores, tandis que chez les carnivores ils ont une forme cylindrique et pointue et dégagent une forte odeur. En détachant les fèces avec un bâton, vous pousserez plus loin l'investigation. La présence de matières végétales – graines, morceaux de feuilles, baies – indiquera un herbivore. Si vous trouvez des restes d'animaux – poils, fragments d'os, plumes –, vous pourrez en déduire qu'ils proviennent d'un carnivore. Les excréments d'omnivores comme le raton laveur peuvent contenir une combinaison d'éléments. Plus les excréments sont humides, plus il y a de chances que l'animal soit encore dans les parages.

Pied d'arbre où loge un porc-épic.

GROUPES DE PISTES

Canidés : coussinets à quatre doigts (avec griffes)

Félins : coussinets à quatre doigts (sans griffes)

Ratons laveurs et belettes : pieds antérieurs et postérieurs à cinq doigts

Rongeurs : pieds antérieurs à quatre doigts et postérieurs à cinq doigts

Ongulés : empreintes à deux doigts

Ours : semblables à un pied

eurs laissent des empreintes cinq doigts et marchent les eds à plat sur le sol, comme s belettes, quoique chez ces ernières le cinquième doigt, us petit, ne s'imprime pas ujours. Les ours marchent galement les pieds à plat.

Observez la taille et la con-guration des pistes. Les oigts fins des petits rongeurs issent des empreintes sem-ables à celles des oiseaux ; autres empreintes, comme elles du porc-épic, ressem-ent à des traces de mains ou e pieds humains, ou à une ombinaison des deux.

CONFIGURATION ES PISTES

il n'y a pas d'empreintes ettes, attachez-vous à la con-guration des pas dans une ite de pistes. Cervidés, anidés et félins déplacent en

ISTOIRE DE CHASSE *L'aspect des stes varie selon la vitesse de l'animal. eux séries d'empreintes faites à ande vitesse pourraient indiquer u'une chasse a eu lieu (à droite).*

même temps les pattes situées en diagonale. À l'exception des chiens, des coyotes et des loups, qui laissent des em-preintes imparfaites, les ani-maux de ce groupe déposent les pattes postérieures exacte-ment dans les pistes laissées par les pattes antérieures.

Les animaux trapus – ours, raton laveur, castor, porc-épic – marchent à pas mesuré, en déplaçant un côté de leur corps à la fois, dans une dé-marche ondulante. Ils peuvent toutefois détaler dès qu'ils flairent un danger.

De nombreux mammifères coordonnent par paires les pattes antérieures et postérieu-res. Les belettes bondissent les

CONTRASTES *(dans le sens des aiguil-les d'une montre) Pistes de coyote, de néotome, de grizzli et d'orignal.*

pattes antérieures groupées, suivies de près des pattes pos-térieures groupées, formant ainsi une piste rectangulaire marquée d'une empreinte à chaque coin. Les lièvres et les écureuils sautent ou galopent, les pattes postérieures atterris-sant ensemble devant les pattes antérieures. Les pistes de l'écureuil commencent et se terminent au pied d'un arbre, tandis que chez les lièvres elles traversent les sous-bois et les pattes antérieures atterrissent en diagonale, formant un « Y » avec les pattes postérieures.

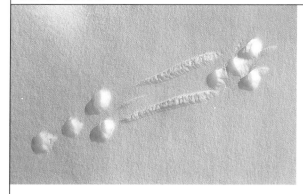

SUIVRE UN MAMMIFÈRE

Le plaisir de lire une piste

Les pistes que vous croiserez au cours de vos randonnées seront tantôt subtiles, tantôt évidentes : empreintes éphémères sur une surface molle (neige, sable, boue, poussière ou végétation), pierres retournées, mousse piétinée ou couloirs tracés dans les herbes. Elles ressemblent parfois à des voies étroites, creusées par l'usage à travers les sous-bois. Par temps neigeux, elles forment de longs sillons.

INTERPRÉTATION D'UNE PISTE

Lire les signes le long d'un sentier exige une grande attention aux détails (voir Savoir lire les signes, p. 74). Cherchez les traces de passage à travers la végétation. Scrutez les bois à la recherche de marques sur les arbres, là où l'écorce a été déchirée, arrachée ou rongée par les félins ou par les ours. Les cerfs se servent parfois des jeunes arbres pour frayer leurs bois, laissant aux branches des lambeaux de velours. Cherchez les souches coniques et les copeaux laissés par les castors.

Les dommages causés aux herbes et aux plantes à la lisière des bois sont souvent le résultat d'activités liées au sommeil, au marquage ou aux déplacements d'animaux. Une plaque de végétation aplatie peut indiquer qu'un cerf y a fait sa couche ou, près d'un cours d'eau, qu'une loutre est venue s'y rouler.

TERRIERS, NOURRITURE

Vous remarquerez des matières végétales réarrangées : il pourrait s'agir d'abris construits par des animaux. Les nids de feuilles aménagés dans les arbres par les écureuils ou

les huttes érigées par les rats musqués dans les étangs sont faciles à repérer. Les nids creusés dans le sol par les lapins, les souris et les belettes le sont moins, car ils sont souvent dissimulés dans les herbes. Un amas de branches pourrait cacher les réserves de nourriture de castors ou les proies tuées par un ours ou un félin. Soyez à l'affût des restes

MARY AUSTIN

Mary Austin (1868-1934) a quitté l'Ohio en 1889 pour s'installer avec sa mère et son frère dans une propriété rurale du sud de la Californie. Devenue écrivaine par nécessité, elle publia son premier livre, *The Land of Little Rain*, en 1903. Par ses évocations frappantes des paysages désertiques, cet ouvrage a contribué à modifier les perceptions à l'égard de ce milieu. « Enfoncez-vous au cœur de ce pays solitaire, peut-on y lire, fait de terres désolées où la nuit retentit du chant du moqueur polyglotte... Des êtres étranges, inquiétants, effrayants grouillent dans ces lieux découverts... en si grand nombre que nul ne pourrait le croire à moins de voir les traces imprimées dans le sable. »

Au fil de ses explorations du désert, Mary Austin a acquis de remarquables habiletés de pistage et d'observation. « J'ai longtemps suivi un coyote par monts et par vaux et j'ai trouvé des pistes telles qu'en aurait fait un homme... Ici un détour pour éviter un passage par trop exposé, là une pause au bord d'une ravine, le temps de choisir la meilleure voie. »

LA VIE DANS LES BOIS *Piste de grizzli (à droite). Louveteau (ci-dessous) : les terriers des loups sont souvent marqués par un monticule de terre.*

CTIVITÉS ANIMALES
*tes de lièvre d'Amérique
h haut, à gauche). Écorce
ngée par des lièvres
ver (ci-dessus). Couche
un cerf (en haut).*

e nourriture : touffes de plu-
es et de fourrure sur les
eux d'un combat, nid de fre-
ns ouvert, os grugés, œufs
e reptiles déterrés. En levant
s yeux, vous pourriez voir
ans un arbre des champi-
nons cachés là par des souris.

Vous remarquez des crêtes
u des monticules de terre.
e pourrait être des galeries
reusées par des taupes. Des
ous profonds peuvent servir
e tanière à de plus gros ani-
aux comme l'ours ou le
enard. Des coups de bêche
n surface : une mouffette a
reusé à la recherche d'insec-
es. Le sol a été raclé avec des
xcréments : marques territo-
ales laissées par des félins ou
es cerfs. Surveillez les mon-
cules odorants qu'édifient les
anidés à la jonction des pis-

tes, ou les castors et les loutres
près des lacs et des rivières.

Plutôt que de construire
des nids ou de creuser des terriers, nombre d'animaux
utilisent des cavités naturelles
comme aire de repos. Grottes,
arbres creux, interstices dans
les roches, troncs ou tas de
broussailles peuvent servir
pour des périodes variant de
plusieurs mois à quelques minutes, selon que les animaux y
hibernent ou ne viennent que
s'y cacher ou s'y reposer.

FAITES APPEL À VOS SENS

Vous pourriez remarquer, par
exemple, une odeur musquée
comme en émettent certains
animaux, notamment les
belettes, particulièrement pendant la saison des amours.

Cette odeur pourrait aussi
émaner d'une cachette de
nourriture ou signaler une
confrontation récente impli-
quant une mouffette. Un gros
terrier dégageant une odeur
de mouffette pourrait bien
être celui d'un renard.

Portez attention aux bruits
de fond. En mettant vos mains
en coupe autour de vos oreilles, vous pourriez entendre au
loin des hurlements de coyotes ou de loups, des grognements d'écureuils ou de cerfs.
Ou alors ce sera la course
nerveuse de souris dans les
feuilles, les cris stridents de
tamias, les grignotements de
rongeurs ou les grondements
de ratons laveurs : autant de
signes que des animaux sont
peut-être à portée de vue.

*Chacun regarde la nature
avec les yeux qu'il a, vibre
devant les paysages avec
l'âme qu'il s'est faite.*

Croquis lanrentiens
FRÈRE MARIE-VICTORIN
(1855-1944), botaniste québécois

CHAPITRE CINQ
RANDONNÉES :
GUIDE DES HABITATS

Sur le sentier poudré de pollen, puissé-je marcher.

Les sauterelles à mes pieds, puissé-je marcher.

D'un pas ivre de rosée, puissé-je marcher.

Au cœur de la beauté, puissé-je marcher.

ANONYME, Indien Navajo

MODE D'EMPLOI DU GUIDE

Qu'il s'agisse de passer 30 minutes dans un parc urbain ou un mois dans les montagnes, notre guide vous aidera à profiter pleinement de vos randonnées.

Au fil de ces pages, vous avez le choix de 69 excursions réparties dans sept sections correspondant à autant de milieux environnementaux d'Amérique du Nord : milieux habités, forêts, montagnes, prairies, déserts, terres humides et littoraux. Chaque section s'ouvre sur une introduction générale de chaque milieu et du type d'excursion qu'on peut y faire, puis suit une description sur deux pages des habitats.

*La **première page** offre un aperçu de l'habitat, de sa flore et de sa faune. Le texte décrit les éléments que l'on peut s'attendre à observer au cours d'une randonnée.*

Symbole illustré *dans le coin supérieur gauche, identifiant le milieu où l'on retrouve l'habitat.*

Photographie principale *de l'habitat (première page) et aspect abordé (page suivante).*

Photographie en médaillon *montrant l'un des nombreux détails — texture, fleur, feuille, etc. — qu'une observation attentive de l'habitat peut révéler.*

Renseignements utiles en bref :

■ **Lieu :** *répartition de l'habitat en Amérique du Nord*

☀ **Moment :** *meilleur moment de l'année et/ou du jour pour visiter l'habitat*

☛ **Trucs et conseils :** *mesures spéciales et/ou matériel utile*

👁 **Observation :** *espèces ou caractéristiques intéressantes*

🎵 **Écoute :** *détails sonores, comme les chants d'oiseaux*

▲ **Odeurs :** *odeurs caractérisant l'habitat*

✋ **Toucher :** *détails naturels intéressants sur le plan tactile*

Littoraux

■ *Côte de Fort Bragg, Californie (médaillon : miroitements de la mer)*

■ *Goélands d'Audubon au large des falaises d'Oregon*

Observation de l'océan

Si les océans, qui recouvrent plus de 70 % de la surface terrestre, s'asséchaient, les plus hautes montagnes et les plus profonds canyons de la planète deviendraient visibles. Mais leur assèchement mettrait par ailleurs fin à toute vie, car les océans, principale source d'eau sur Terre, assurent la régulation des températures et forment l'habitat des algues qui produisent une grande partie de l'oxygène que nous respirons. On pense que les océans sont le berceau de la vie et que la majeure partie de l'évolution des êtres vivants s'y est déroulée.

Le plus petit et le plus simple organisme vivant, l'algue bleu-vert, vit dans l'océan. Tout comme le rorqual bleu, le plus gros des animaux connus. Ces deux extrêmes font partie d'un vaste écosystème dont seule une partie est visible de la terre ferme. L'océan Atlantique est moins vaste et

RENSEIGNEMENTS UTILES

■ *Océan Atlantique à l'est ; golfe du Mexique au sud ; océan Pacifique à l'ouest*

☀ *Toute l'année*

☛ *Éviter les bords des falaises ; ne pas déranger les animaux*

👁 *Phoques et lions de mer dans les vagues ; volées d'oiseaux au large*

Goéland bourgmestre et sa proie

moins profond que l'océan Pacifique, mais il est plus chaud que celui-ci en raison d'un courant qui, parti de l'équateur, remonte la côte Est. Le golfe du Mexique est peu profond, chaud et relativement à l'abri du vent qui provoque le déferlement des vagues sur les côtes plus exposées de l'Atlantique, à l'est, et du Pacifique, à l'ouest.

Près des côtes, les grands courants sont neutralisés par les courants des marées, le vent et les formations rocheuses sous-marines. L'océan peut passer du bleu clair au vert et au brun opaque lorsque le vent et les courants soulèvent la vase, le sable et les détritus.

Goéland brun et étoile de mer

250

Phoque commun

Photographie d'espèces *présentes dans l'habitat.*

La **page suivante** met l'accent sur un élément particulier de l'habitat. Il peut s'agir d'une seule espèce, de quelques espèces associées ou d'un microhabitat. Le texte présente les principaux détails de cet élément (l'apparence, le comportement et le cycle vital d'un animal par exemple), souligne son rôle au sein de l'écosystème et décrit les indices permettant de le repérer.

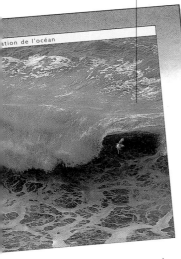

ation de l'océan

eaux et de mammifères marins

presque à vagues ou -être aussi

seaux s airs révèle banc de eux-es autres

qual bleu

expire de 5 à 12 fois par minute

Rorqual à bosse

peut demeurer jusqu'à 30 minutes sous l'eau

condensation en forme de cœur

Baleine grise de Californie

aires de repos pour les oiseaux marins. Les plus fréquentés sont blanchis de guano (excréments d'oiseaux de mer). Les cormorans, par exemple, s'y reposent ailes déployées pour les sécher au soleil et au vent.

Les pinnipèdes – le phoque et le lion de mer – chassent près de la terre ferme et se hissent sur les rochers pour s'y reposer. Le phoque commun s'observe le long des deux côtes. Le lion de mer, plus gros et plus bruyant que le phoque, est présent le long de la côte du Pacifique.

On peut apercevoir les baleines nageant parallèlement à la côte lors de leur migration. La vapeur d'eau qu'elles expirent par leur évent quand elles font surface permet de les repérer. Ces énormes animaux sautent parfois complètement hors de l'eau. **251**

Croquis en couleurs des plantes, des animaux, des pistes, des nids d'oiseaux et des phénomènes naturels pouvant être observés. Des légendes et des commentaires offrent un complément d'information.

EXPLORATION D'UN HABITAT

Une randonnée sera plus enrichissante pour qui connaît les éléments qui composent un habitat et sait comment les trouver.

Le terme randonnée peut évoquer d'emblée une forêt dense et humide peuplée d'arbres gigantesques enveloppés d'un manteau de mousse et entourés de champignons – un milieu où une nouvelle espèce peut être observée à chaque pas. De tels habitats existent, mais il y en a bien d'autres. Tous font partie d'écosystèmes complexes dont l'observation apportera amplement de satisfaction au randonneur attentif. Ce guide en décrit quelques-uns.

Le chapitre **Randonnées : guide des habitats** aborde tous les milieux couramment observables aux États-Unis et au Canada. Certaines des régions présentées dans les sept sections du guide figurent sur la carte de la page 105.

Les **milieux habités** qui nous entourent se prêtent bien à l'apprentissage de la randonnée. Ils sont décrits dans la première section du guide. Des rues de la ville aux terres agricoles, il vous sera loisible d'observer maints exemples d'adaptation des

plantes et des animaux à l'invasion de leur habitat.

Rien n'égale cependant l'observation de la nature à l'état sauvage. Les six autres sections du guide sont consacrées aux milieux naturels qui ont survécu aux intrusions de la civilisation.

La section **Forêts** couvre de larges régions géographiques avec, aux extrêmes, la taïga, les forêts subtropicales de la Floride et les forêts tropicales d'Hawaii, uniques au monde. Les principales forêts de l'Ouest, du Nord-Est et du Sud-Est sont aussi décrites.

La section **Montagnes** va pour ainsi dire toujours plus haut, des vallées et des piémonts faciles d'accès aux territoires situés au-delà

LA NATURE SAUVAGE

Randonneurs admirant le Grand Canyon (en haut). Tamia rayé (ci-contre). Grillon (à gauche). Grand-duc d'Amérique et ses petits nichant dans un cactus (à droite).

de la limite des arbres, sans oublier la toundra arctique.

Les Plaines centrales ainsi que certaines régions de la Californie sont le sujet de la section **Prairies**.

La section **Déserts** nous transporte dans des régions où les conditions de vie sont difficiles, comme les déserts du Sud-Ouest et les habitats semi-arides de la steppe à armoise et du chaparral.

Quel que soit le sentier parcouru, le randonneur trouvera vraisemblablement tout près de là une rivière, un marais ou un autre plan d'eau. La section **Terres humides** offre un aperçu des habitats d'eau douce, qui sont peut-être les plus productifs de tous les milieux.

La dernière section du guide est une invitation à explorer les **littoraux,** où vous pourrez examiner le bois flotté et les coquillages rejetés sur la plage par les vagues, contempler la mer ou voir ce que recèle une mare dans un estran.

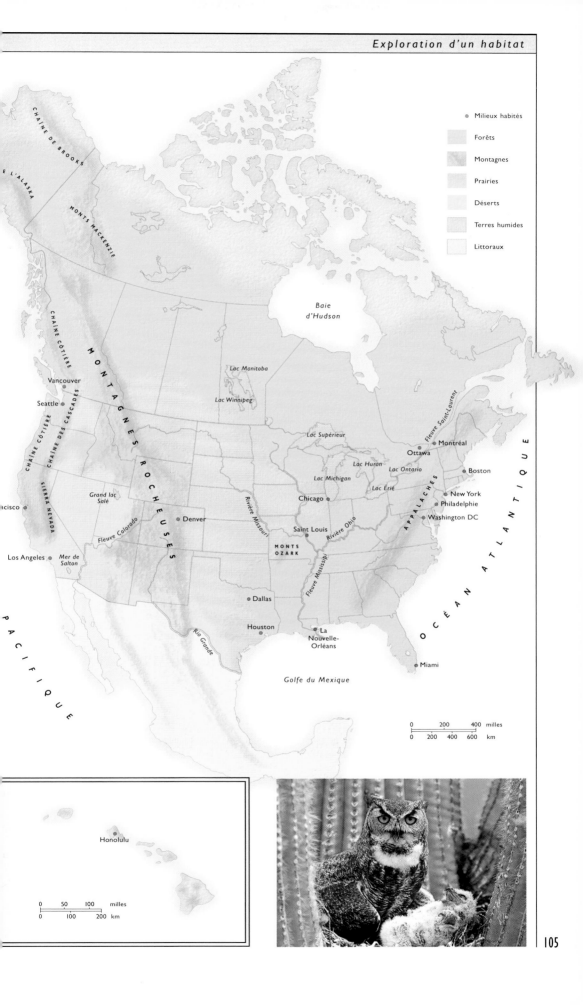

Milieux habités
Forêts
Montagnes
Prairies
Déserts
Terres humides
Littoraux

CHAÎNE DE BROOKS
CHAÎNE DE L'ALASKA
MONTS MACKENZIE

Baie
d'Hudson

Lac Manitoba

Lac Winnipeg

CHAÎNE CÔTIÈRE
Vancouver
Seattle
CHAÎNE CÔTIÈRE
CHAÎNE DES CASCADES
MONTAGNES ROCHEUSES
SIERRA NEVADA

Lac Supérieur

Lac Huron
Lac Michigan
Lac Ontario
Lac Érié

Fleuve Saint-Laurent
Montréal
Ottawa
Boston

APPALACHES

ncisco
Grand lac
Salé
Denver

Fleuve Colorado

Rivière Missouri

Chicago

Saint Louis

Rivière Ohio

New York
Philadelphie
Washington DC

Los Angeles
Mer de
Salton

MONTS
OZARK

Fleuve Mississipi

OCÉAN ATLANTIQUE

Rio Grande

Dallas

Houston

La
Nouvelle-
Orléans

Miami

PACIFIQUE

Golfe du Mexique

0   200   400 milles
0 200 400 600 km

Honolulu

0   50   100   milles
0   100   200 km

Milieux habités

MARCHER EN MILIEU HABITÉ

Les milieux créés par les humains ont empiété sur les habitats naturels.

Malgré tout, certaines espèces végétales et animales

ont réussi à s'adapter aux changements.

DANS L'HERBE *Les fleurs des prés (à gauche) attirent les papillons. La couleuvre tachetée de l'Est (en bas), en banlieue, est inoffensive.*

CE BALBUZARD *(à gauche), un rapace, repère ses proies des hauteurs.*

L es êtres humains peuvent survivre dans maints habitats. Au cours des 400 dernières années, nous avons grandement modifié l'environnement de l'Amérique du Nord pour l'adapter à nos besoins. Ce faisant, nous avons créé des habitats artificiels – terres cultivées, villes, banlieues.

Lorsque les premiers colons européens débarquèrent en Amérique du Nord, les forêts occupaient une grande partie du territoire et les bisons parcouraient librement les prairies. Les fermiers immigrants transformèrent des millions d'acres de forêt en terres agricoles ; on abattit d'énormes quantités d'arbres afin de disposer de bois d'œuvre ou de chauffage ; on laboura les prairies ; et on détruisit ainsi de nombreux habitats naturels.

ÉTALEMENT URBAIN

La croissance des villes a eu un impact considérable au cours des 100 dernières années. Et l'étalement urbain se poursuit. Les banlieues envahissent rapidement les terres agricoles et les terrains

boisés, ce qui inflige un stress supplémentaire à la flore et à la faune dont l'existence dépend de ces territoires.

Les plantes et les animaux ont une capacité naturelle de s'adapter aux modifications de leur milieu par le biais de changements comportementaux ou évolutifs. Néanmoins, des modifications soudaines et souvent radicales des écosystèmes représentent une menace consi-

dérable pour de nombreuses espèces et mènent parfois à l'extinction de certaines d'entre elles. Les espèces qui survivent sont celles qui arrivent à s'adapter aux modifications de leur environnement et à l'homme.

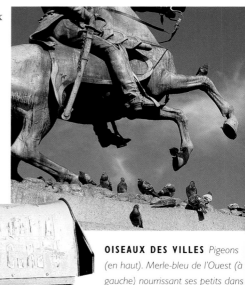

OISEAUX DES VILLES *Pigeons (en haut). Merle-bleu de l'Ouest (à gauche) nourrissant ses petits dans une boîte aux lettres.*

POPULATIONS HUMAINES

*Alors que progresse
l'étalement urbain, les
habitats créés par les
humains dominent la plupart
des régions du continent.*

VOIR LA NATURE

Les milieux habités dont
profitent les animaux et les
plantes comprennent les
plans d'eau artificiels, les
jardins, les parcs et même les
édifices. Au cours de votre
prochaine promenade dans
un parc public situé au
cœur d'une grande ville,
par exemple, essayez de
repérer les écureuils sautant
de branche en branche, ou
jetez un coup d'œil sur un
bassin : vous pourriez y voir
des bernaches en train
d'apprendre à leurs petits à se
nourrir. Si vous apercevez des
rats, des souris ou des blattes,
réfléchissez-y à deux fois avant
de les qualifier de vermines,
car ils font eux aussi partie de
l'écosystème urbain.

En marchant dans un pré,
près d'une ferme et le long de
terrains clôturés, rappelez-vous
que ce sont là aussi des habitats
qui ont été totalement ou
partiellement créés par les humains et qu'il s'agit d'ordinaire
de propriétés privées. Une
randonnée au sein d'habitats
transformés par l'homme

LE LISERON *(en bas) pousse partout
en Amérique du Nord. On le trouve sur
les clôtures des terrains vagues, des
jardins et des prés et en bord de route.*

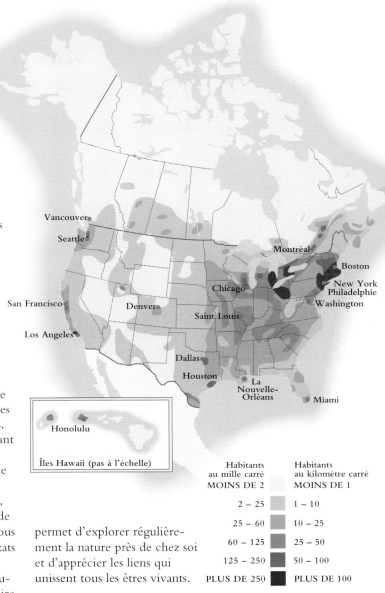

permet d'explorer régulièrement la nature près de chez soi
et d'apprécier les liens qui
unissent tous les êtres vivants.

Habitants au mille carré		Habitants au kilomètre carré
MOINS DE 2		MOINS DE 1
2 – 25		1 – 10
25 – 60		10 – 25
60 – 125		25 – 50
125 – 250		50 – 100
PLUS DE 250		PLUS DE 100

ESPÈCES FUTÉES *Le héron garde-bœufs (en haut)
se nourrit d'insectes soulevés par le bétail. Le rat
brun (à droite) a sa place dans les villes.*

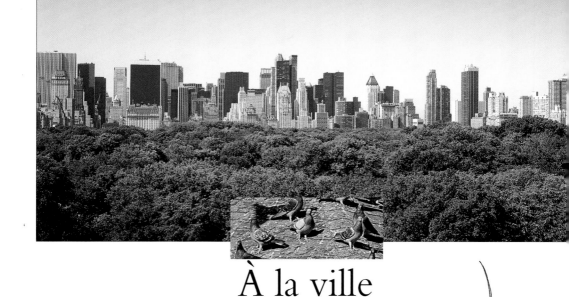

À la ville

Pour la faune sauvage, la vie urbaine a de nombreux défis – pollution, couvert végétal insuffisant, espace vital menacé par les humains, etc. Mais elle offre aussi quelques avantages : les températures dans les villes tendent à être chaudes, les citadins offrent de multiples sources de nourriture et les prédateurs sont peu nombreux.

Malgré la pollution, le sel, l'anhydride sulfureux et le manque de lumière naturelle, plusieurs espèces d'arbres poussent bien dans les villes. Ces arbres attirent divers oiseaux, du merle d'Amérique au moineau domestique.

RENSEIGNEMENTS UTILES
■ *Rues, ponts, édifices à bureaux, immeubles résidentiels*
● *Tenir compte des panneaux « Propriété privée »*
👁 *Oiseaux chanteurs migrateurs dans les arbres des rues*
👂 *Étourneaux et moqueurs imitant les bruits de la ville*

Si vous levez les yeux vers le ciel en marchant dans une rue, vous verrez peut-être des pigeons perchés sous les arcades des édifices, et si vous baissez les yeux vers le sol, il se pourrait bien que vous aperceviez des pissenlits poussant dans les fissures des trottoirs, ou des fourmis faisant la navette entre les fentes du béton et les pédoncules de trèfle rouge ou de vulpin. Les blattes sont surtout actives la nuit, mais elles peuvent aussi être observées le jour.

Les métros sont des aires de reproduction et d'alimentation pour le rat d'égout et la souris commune. Au-delà de la répugnance qu'ils peuvent nous inspirer, les rats, les souris et les blattes sont les proies d'autres animaux des villes

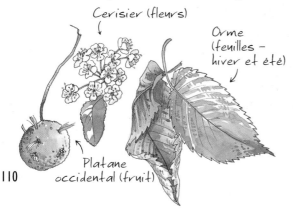

Cerisier (fleurs)

Orme (feuilles – hiver et été)

Platane occidental (fruit)

Blatte e mue

Blatte germanique

Blatte orientale

Oiseaux de proie des villes

e faucon pèlerin est un oiseau de proie très fréquemment observé dans les villes. Il [per]che et se juche sur les corniches des gratte-ciel, [co]mme s'il s'agissait de falaises, et vole entre les [ha]uts édifices comme entre les parois d'un [ca]nyon.

Le faucon pèlerin a la tête et les favoris foncés [et] le dessous du corps rayé. Il a récemment été [ré]introduit dans l'est de l'Amérique du Nord, [ap]rès avoir frôlé l'extinction au cours des années [50] et 60 par suite de l'utilisation généralisée d'un [in]secticide, le DDT.

Dans certaines villes, on place sur les corni[c]hes des gratte-ciel des nichoirs contenant du [gr]avier (simulant une surface rocheuse) pour attirer les faucons. Chaque printemps, les faucons pondent et couvent leurs œufs sur ces corniches, où ils sont à l'abri des prédateurs tels que chats, ratons laveurs et rats.

Petits du faucon pèlerin

En levant les yeux vers le ciel, vous apercevrez peut-être un faucon pèlerin plongeant vers le sol, ailes repliées, pour faire sa proie d'un pigeon, d'un étourneau ou d'un oiseau chanteur. À condition de disposer d'une source constante de nourriture, le faucon pèlerin s'adapte assez facilement à la vie urbaine.

Effraie des clochers

L'effraie des clochers s'est aussi adaptée à la vie urbaine. On peut l'apercevoir (ou, plus souvent, l'entendre) alors qu'elle s'envole dans la nuit à la recherche de rats et de souris. À l'aube, elle retourne à son nid (souvent situé dans un clocher ou sous un viaduc) pour y dormir jusqu'à la nuit suivante. En passant sous un viaduc, vous pourriez entendre le chuintement des petits de l'effraie qui, affamés, attendent que leur mère leur apporte de la nourriture.

111

Parcs urbains

E n général, il n'y a pas loin à marcher pour se rendre dans un parc et s'y reposer des pressions de la vie urbaine.

Les arbres sont des éléments vitaux des parcs urbains et des jardins botaniques. Ils hébergent la faune sauvage et atténuent les effets de la pollution. L'érable à sucre et l'érable argenté, le platane occidental, le mûrier blanc ainsi que le houx, le tulipier et le copalme d'Amérique sont des espèces courantes dans les parcs. Sur le tronc des arbres des parcs se trouvent parfois des nichoirs destinés à des espèces comme le canard branchu et l'hirondelle bicolore. Vous verrez probablement des étourneaux, des moineaux et des tourterelles tristes chercher des graines et des insectes autour des arbres et parmi les fleurs. Les cornouillers, les sureaux, le cerisier de Virginie et le pimbina sont des arbustes parti-

RENSEIGNEMENTS UTILES

■ *Jardins publics ; ceintures de verdure ; campus univer-sitaires ; cimetières*

◣ *Être prudent la nuit*

👁 *Tortues se chauffant au soleil près des bassins ; trous d'écureuils dans les arbres*

▲ *Glycines en fleur ; roses*

Chélydre serpentine

crâne de tortue

Cornouiller stolonifère

culièrement appréciés de la faune sauvage en raison des baies qu'ils portent. Les plantes indigènes sont de plus en plus couramment utilisées dans les parcs.

Les lacs et les bassins des parcs accueillent l'éphémère commun et la demoiselle, dont se nourrissent les cyprins, la carpe et l'achigan. L'aigrette et le héron peuvent s'y arrêter pour pêcher poissons et grenouilles. L'achigan à grande bouche et la chélydre serpentine se nourrissent de canetons frais éclos, de poissons, de grenouilles et d'insectes aquatiques.

La musaraigne, la taupe, le raton laveur, la mouffette, le renard et l'écureuil font partie des petits mammifères que vous pourriez apercevoir dans les parcs urbains.

Canard colvert

Miroir de canard colvert
(rémiges secondaires
bleues)

σ aile

bandes
blanches
bordées
de noir

♀ aile

Il s'agit là du canard le plus répandu dans l'hémisphère boréal. On observe souvent des groupes de colverts (ou malards) sillonner gracieusement les bassins et les lacs des villes. Le mâle présente une tête verte chatoyante, un collier blanc et une poitrine marron pourpré ; la femelle a un plumage brun moucheté, plus terne. En milieu urbain, vous verrez d'ordinaire plus de mâles que de femelles, car le taux de survie des mâles y est plus élevé.

Le canard colvert est doué d'une forte capacité d'adaptation. Au cours des hivers rigoureux, il migre massivement vers les villes, où il profite des bassins non gelés et de la nourriture qu'apportent les visiteurs des parcs. La saison de l'accouplement débute de quatre à six semaines plus tôt en milieu urbain en raison des températures plus élevées qui y prévalent et de l'abondance de la nourriture. Le canard colvert fait son nid sous les arbustes et dans les cordes de bois, où les œufs sont relativement à l'abri des prédateurs.

Il est très agréable d'observer le canard colvert se nourrir et nager, surtout au début de l'été, lorsqu'il est suivi de ses canetons.

Le canard colvert est l'ancêtre du canard blanc domestique. De nos jours, le canard colvert sauvage s'accouple aisément avec des canards domestiqués ; les canetons ont des plumages variés et leur corps tend à être lourd, ce qui rend leur vol difficile. La population de canards croisés grossit d'un océan à l'autre. La présence de ces canards s'accompagne d'un risque de transmission des maladies du canard domestique.

Canard colvert mâle

113

Jardins de fleurs

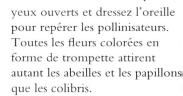

Du début du printemps à tard dans l'automne, l'Amérique du Nord se pare de fleurs multicolores – fleurs sauvages en milieux naturels, fleurs sauvages et fleurs cultivées dans les jardins publics ou privés. Depuis des siècles, la culture des fleurs est une activité très prisée. Et partout où poussent des fleurs vivent des créatures se nourrissant de nectar et de pollen.

Au fil de leur évolution, les fleurs ont acquis diverses caractéristiques destinées à attirer les pollinisateurs – parfums et nectars sucrés, couleurs vives, marques distinctives. Lors d'une promenade dans un jardin de fleurs, tenez les

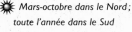

RENSEIGNEMENTS UTILES
- ■ *Jardins publics et privés au Canada et aux États-Unis, à l'exception du Grand Nord et des déserts*
- ☀ *Mars-octobre dans le Nord; toute l'année dans le Sud*
- 🐝 *Gare aux abeilles; ne pas cueillir les fleurs*

Azur printanier ♀

yeux ouverts et dressez l'oreille pour repérer les pollinisateurs. Toutes les fleurs colorées en forme de trompette attirent autant les abeilles et les papillons que les colibris.

L'azur printanier, le papillon du céleri et une foule d'autres papillons visitent les fleurs et contribuent à la dissémination du pollen, tout comme de nombreux autres insectes. Vous pourriez apercevoir un longicorne se nourrir du pollen d'une marguerite ou d'une asclépiade commune, ou un syrphe aspirer le nectar d'une immortelle.

Maints oiseaux se régalent des graines d'iris versicolore, de verge d'or et de tournesol. Les jours de printemps et d'été, il est toujours passionnant d'observer les colibris butiner les mertensias paniculés ou les chèvrefeuilles. Le soir, les noctuelles semblent danser sur les asclépiades et, dans l'ouest et le sud-ouest du continent, sur les yuccas.

Abeille domestique

Colibris

Ces minuscules oiseaux – les plus petits en Amérique du Nord – produisent un fort bourdonnement en volant tant le battement de leurs ailes est rapide. On les observe fréquemment dans la plupart des jardins. Leur plumage lustré et chatoyant est un ravissement pour l'œil. Il est impressionnant de les voir faire du surplace, avancer, puis reculer tout en butinant une fleur de leur bec long et mince. Fait unique chez les oiseaux, les ailes des colibris peuvent pivoter sur elles-mêmes.

Les colibris sont des pollinisateurs efficaces parce qu'ils peuvent parcourir des distances considérables. Conséquemment, de nombreuses espèces végétales des Amériques ont acquis au fil de leur évolution des caractéristiques destinées à attirer les colibris plutôt que les insectes. Leurs fleurs, habituellement orange ou rouges (des couleurs que les colibris, à l'encontre des insectes, peuvent

♂
Colibri butinant une fleur

distinguer), saillent des feuilles, ce qui permet aux colibris de les atteindre aisément. En outre, le nectar se trouve au fond d'une longue corolle tubulaire et n'est ainsi accessible qu'aux colibris. Les fleurs de ces plantes produisent une grande quantité de nectar pour répondre aux besoins métaboliques des colibris : ceux-ci, en effet, dépensent tant d'énergie qu'ils doivent se nourrir pendant la plus grande partie de la journée et tirer le plus de nectar possible de chaque fleur. La nuit, alors qu'ils ne peuvent se nourrir, les colibris tombent dans un état de léthargie entraînant une réduction de leurs besoins vitaux.

Si vous souhaitez observer les colibris, créez un habitat intégrant des plantes à fleurs voyantes comme l'ancolie du Canada et la lobélie cardinale. Il importe aussi de ménager une aire d'observation confortable. Vous pourrez admirer les colibris de près sans les déranger en vous plaçant sur une terrasse ou dans un escalier.

À l'automne, les colibris en migration sont attirés par les jardins où croissent capucines, impatientes, mufliers et sauge. Le colibri à gorge rubis, dans l'Est, et le colibri d'Allen, dans l'Ouest, sont fréquemment observables.

Colibri calliope

115

Sur le gazon

À première vue, on pourrait croire qu'il se passe peu de choses sur une parcelle de pelouse récemment tondue. Pourtant, il suffit de se pencher pour découvrir tout un monde à observer et à écouter.

Beaucoup de plantes sauvages et d'adventices rompent agréablement la monotonie des pelouses. La digitaire sanguine est une plante répandue, tout comme le trèfle et le pissenlit. Tôt le matin, alors que la rosée brille encore sur le gazon, vous remarquerez parfois des champignons ayant poussé pendant la nuit.

Au milieu d'un tapis dense de gazon et d'adventices en fleur, vous pourriez bien découvrir des cicadelles se nourrissant de brins d'herbe et des mille-pattes rampant près du sol à la recherche de nourriture et d'une ouverture leur permettant de passer sous terre.

RENSEIGNEMENTS UTILES

- ■ Jardins de banlieue ; parcs publics
- ☀ Printemps, été, automne
- Éviter les pelouses où de l'herbicide vient d'être appliqué (odeur de carton mouillé)
- Vol nuptial : fourmis, termites
- ☽ Déplacements nocturnes des taupes et des mulots

La taupe creuse des galeries sous l'herbe ; le matin, vous pourriez voir les monticules de terre qu'elle rejette des galeries en les creusant. La taupe dévore une grande variété d'invertébrés et d'insectes, mais elle se nourrit principalement de lombrics. Elle est surtout active à l'aube et au crépuscule.

Les écureuils gris et roux s'élancent sur les pelouses, s'arrêtent brièvement pour examiner un gland tombé d'un arbre ou un pot de fleurs, puis bondissent sur un tronc d'arbre.

fleurs

Digitaire sanguine

épillet

glume et grain

Cicadelle

Membrax

Taupe

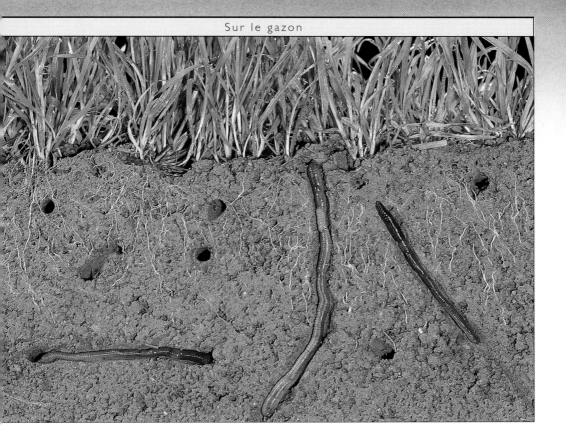

Lombrics

Une brève promenade sur une pelouse saine après une averse de printemps permet d'apercevoir une multitude de lombrics d'un rôsatre, qui d'ordinaire vivent sous terre. Les lombrics remontent ainsi temporairement à la surface par besoin d'oxygène, après que leurs galeries ont été inondées.

Merle d'Amérique délogeant un lombric

En soulevant délicatement une plaque de gazon, vous découvrirez certains signes de la présence de ces galeries juste sous la surface de la pelouse. Si les lombrics n'étaient pas là pour aérer le sol et l'ameublir, bon nombre d'herbes, de fleurs et de légumes ne pourraient croître.

Les lombrics ingèrent littéralement la terre lorsqu'ils creusent leurs galeries. Ils se nourrissent de la matière organique qu'elle contient ainsi que de feuilles en décomposition qu'ils tirent dans leurs galeries. Après avoir digéré leur nourriture, les lombrics rejettent des excréments ayant l'apparence de boules de boue empilées. Ces excréments, appelés turricules, sont riches en éléments nutritifs et contribuent à enrichir le sol. On peut souvent les repérer sur les pelouses à la fin de l'hiver et au début du printemps, alors que les lombrics sont actifs hors de la terre.

Aveugles et sourds, les lombrics sont sensibles à la lumière du soleil et ne sortent généralement de leurs galeries qu'une fois la nuit venue. Si vous les cherchez à l'aide d'une lampe de poche, filtrez le faisceau à l'aide de cellophane rouge ou d'une lentille de la même couleur ; une lumière vive les inciterait à se cacher.

Les oiseaux, les taupes, les musaraignes, les couleuvres, les salamandres, les crapauds et même les renards se nourrissent de lombrics.

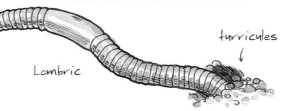

turricules

Lombric

117

Terrains vagues

Au premier coup d'œil, un terrain vague ordinaire peut ne pas paraître particulièrement digne d'intérêt, mais il vaut la peine d'y regarder de plus près. En dépit de la rareté de plantes et d'animaux, à cause des conditions de vie inhospitalières et de la pauvreté du sol, ces terrains sont des lieux intéressants pour qui veut observer la nature à l'état sauvage.

Pour survivre dans des milieux isolés comme les terrains vagues les plantes doivent présenter une floraison abondante, de couleur vive et au parfum sucré ; c'est ainsi qu'elles peuvent attirer les abeilles et les papillons qui ne passent par là

RENSEIGNEMENTS UTILES

■ *Villes et banlieues*

👞 *Gare aux tessons, aux clous rouillés et aux plantes toxiques*

👁 *Épilobes à feuilles étroites dans les caves d'édifices incendiés*

✋ *Gousses tordues du févier à trois épines ; feuilles et branches du saule pleureur*

qu'occasionnellement. Recherchez le grand liseron, blanc ou rosâtre, l'ambroisie à feuilles d'armoise et le plantain lancéolé.

Si un terrain est demeuré vacant pendant un certain temps, le févier à trois épines peut y avoir poussé. Les longues gousses tordues de cet arbre contiennent une pulpe sucrée de couleur verte qui est comestible. Si le terrain se trouve près de l'eau, vous aurez des chances d'y trouver des saules.

En vous promenant autour d'un terrain vague la nuit, vous entendrez peut-être un rat d'égout ou une souris commune en train de chercher sa nourriture parmi les plantes et les ordures. Dans l'Est, la couleuvre brune se cache parfois sous une pierre ou un tas d'ordures. Ce reptile inoffensif se nourrit de mouches, de grillons et de blattes. Si vous croisez un chien ou un chat errant, rappelez-vous qu'il peut être porteur de la rage : mieux vaut ne pas l'approcher. Néanmoins, les animaux errants sont un maillon important de la chaîne alimentaire, car ils se nourrissent de rongeurs et limitent ainsi leur prolifération.

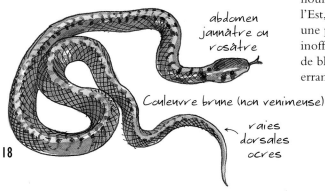

abdomen jaunâtre ou rosâtre

Couleuvre brune (non venimeuse)

raies dorsales ocres

L'arbre à chapelet

En Chine, pays d'où il provient, l'arbre à chapelet (ou ailante) est aussi appelé arbre saint. En Amérique du Nord, cet arbre rustique n'est pas tenu en si haute estime. Ses graines sont disséminées par le vent par milliers et germent sur la moindre parcelle de terre. Comme il résiste à la pollution de l'air, l'arbre à chapelet est souvent présent sur les terrains vagues.

Vu sa hauteur (pouvant atteindre 23 m), ses feuilles palmées souples et son large houppier, l'arbre à chapelet passe difficilement inaperçu. Écrasées entre les doigts, ses feuilles dégagent une faible odeur de vieux mégots de cigarettes. Ses gousses, qui deviennent brun rougeâtre à la fin de l'été et demeurent suspendues aux branches jusqu'au printemps suivant, bruissent mélodieusement quand le vent les agite.

L'arbre à chapelet attire beaucoup d'espèces d'oiseaux, dont l'étourneau sansonnet, le geai bleu et le cardinal, qui se nourrissent de fourmis et d'autres insectes arboricoles. À l'occasion, un chat errant se perche sur une branche, à l'affût d'une proie.

Vous pourriez remarquer la présence d'un geai bleu en entendant son cri fort et rauque. Cet oiseau possède un vaste répertoire, qui va des imitations des cris aigus d'un faucon agité à de doux gazouillis. L'élégante tourterelle triste, au plumage brun rosé, doit son nom à son roucoulement triste : *Wou-ou-ou-ou*. Un éclair rouge pourrait vous signaler la présence d'un cardinal mâle. Les cardinaux occupent leur territoire à longueur d'année et chantent en toutes saisons. Leur chant peut consister en un *ouat-tiou-tiou-tiou*, un *tiouit-tiouit-tiouit-tiouit*, un *purti-purti-purti-purti* ou un *tchip*.

Geai bleu

Gousses d'arbre chapelet

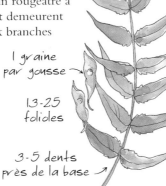

Arbre à chapelet (arbre saint)

1 graine par gousse

13-25 folioles

3-5 dents près de la base

Habitations

La faculté que possèdent certains animaux sauvages de nicher, de creuser des terriers, de se reproduire et de bien se développer dans des structures allant des hangars aux gratte-ciel démontre leur adaptabilité à l'effritement des habitats naturels.

Les oiseaux ont besoin de faire leur nid là où ils peuvent à la fois protéger leurs petits et eux-mêmes des prédateurs. À la campagne, ils construisent leur nid sur les chevrons et les poutres des granges et des dépendances. À la ville, ils s'abritent dans les coins et les recoins des immeubles résidentiels et se rassemblent sous les ponts.

Le moineau domestique, qui est bien adapté à la vie urbaine, niche dans n'importe quelle ouverture. Ce petit oiseau se nourrit d'insectes et de graines. Durant la belle saison, il passe la plus grande partie de la journée à transporter des matériaux pour cons-

Souris commune

RENSEIGNEMENTS UTILES

■ *Habitations en tout lieu*
🐾 *Gare aux structures branlantes et aux clous saillants*
👁 *Nids de pélopées maçonnes et de polistes sur les chevrons; nids d'oiseaux sous les avant-toits*
🖐 *Vieux bois, parcheminé par la pourriture sèche ou les termites*

Nid de bruant

truire son nid et de la nourriture pour nourrir ses petits. Comme il ne migre pas, on peut l'observer toute l'année.

Certains animaux comme la souris commune et le rat, à la recherche de zones de chaleur où construire un nid douillet, peuvent creuser des galeries entre les murs tandis que les grimpeurs comme l'écureuil ne craignent pas de s'établir dans une cheminée pour échapper au froid et à la pluie ainsi que pour élever leurs petits.

Il y a probablement plus d'un milliard de souris communes en Amérique du Nord. Bon nombre d'entre elles vivent dans les granges, entre les murs et dans les caves des maisons et dans les édifices urbains. Ces petits rongeurs se reproduisent rapidement et ont appris à déjouer maints pièges que leur tendent les humains.

Habitants des cheminées

Dans les communautés humaines, le raton laveur trouve toute la nourriture et la protection dont il a besoin. Souvent, une cheminée, une cave ou un grenier lui sert de tanière. Chasseur nocturne, il jouit d'un odorat et d'une ouïe particulièrement développés. Le raton laveur mange tout ce qu'il trouve, des oisillons aux ordures. Il s'entend à soulever les couvercles des poubelles et peut tourner les boutons de portes et ouvrir les réfrigérateurs de ses pattes.

Le martinet ramoneur est un oiseau gris-brun qui porte bien son nom puisqu'il niche souvent dans les cheminées. Il construit à l'aide de brindilles et de salive un nid peu profond, en forme de demi-soucoupe, qu'il fixe dans une cheminée. La femelle y pond de trois à six œufs blancs. L'éclosion survient après trois semaines et les oisillons quittent le nid quatre semaines environ après avoir vu le jour. Le martinet ramoneur passe l'hiver dans le Sud, les cheminées servant alors à faire du feu.

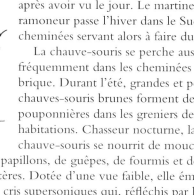

Petite chauve-souris brune

La chauve-souris se perche aussi fréquemment dans les cheminées de brique. Durant l'été, grandes et petites chauves-souris brunes forment des pouponnières dans les greniers des habitations. Chasseur nocturne, la chauve-souris se nourrit de mouches, de papillons, de guêpes, de fourmis et de coléoptères. Dotée d'une vue faible, elle émet en vol des cris supersoniques qui, réfléchis par les objets et les insectes qu'ils frappent, lui permettent de les repérer.

Volée de martinets ramoneurs au crépuscule

121

Terres agricoles

L'état naturel des terres cultivées a été grandement modifié par l'action humaine. Néanmoins, ces terres peuvent constituer l'habitat d'une grande variété de plantes et d'animaux sauvages (souvent au grand dam des fermiers).

Dans un verger, vous pourriez apercevoir une marmotte grignotant des herbes sous un arbre. (Au Canada, ce rongeur fouisseur est aussi appelé siffleux.) Dans les champs où du maïs, du foin ou du blé a été fraîchement récolté, on peut apercevoir des mulots alors qu'ils courent parmi le chaume, se nourrissant de graines et constituant des réserves de nourriture en prévision de l'hiver. Si une plante semble bouger toute seule, il y a fort à parier qu'un petit rongeur creuse le sol juste en dessous pour trouver des graines.

Dans les régions où domine la culture du tabac et du coton, vous trouverez parfois des crapauds du Sud cachés parmi les plantes. Là où on élève des animaux domestiques comme les vaches, les moutons, les chèvres et les porcs, vous trouverez d'ordinaire des mouches et des coléoptères, qui se nourrissent des excréments de ces animaux et y déposent leurs œufs.

En plein champ, vous pourrez observer des buses tournoyant dans les airs à la recherche de mulots, ou des coyotes rôdant par-là pour débusquer quelque oiseau niché au sol. La nuit, vous pourriez bien voir un renard tourner autour d'un poulailler, en quête d'une ouverture...

Les pâturages destinés aux moutons et aux vaches présentent généralement un couvert mixte d'herbes et de légumineuses convenant à la nidification de la sturnelle des prés.

RENSEIGNEMENTS UTILES

■ *Champs de fermes, prés, vergers*

Permission du fermier habituellement nécessaire ; ne pas endommager les cultures

Hirondelles et chauves-souris (granges et dépendances)

Poteaux de clôtures au soleil ; plumes de pigeons et d'hirondelles

Marmotte commune

Luzern

Trèfle rouge

Trèfle blanc

plantes communes sur les terres agricoles

Hirondelle rustique

C'est dans les granges que se réfugient de nombreuses petites créatures à plume ou à poil. La plus répandue est peut-être l'hirondelle rustique – l'une des espèces d'oiseaux dont l'aire de répartition est la plus large au monde –, facilement reconnaissable à sa queue profondément fourchue.

À l'origine, l'hirondelle rustique construisait son nid sur des corniches rocheuses surplombant un cours d'eau ou sur des troncs d'arbres. De nos jours, elle niche aussi bien à l'intérieur qu'à l'extérieur des habitations. Jetez un coup d'œil aux poutres apparentes d'une grange ou sous les avant-toits : vous apercevrez vraisemblablement plusieurs nids d'hirondelles rustiques, faits de boue, d'herbe et de plumes et fixés directement sur le dessus des poutres. Les nids sont construits en des points généralement inaccessibles aux prédateurs comme les chats, les ratons laveurs et les renards.

Les animaux de ferme attirent les mouches, pâture de base du chasseur diurne qu'est l'hirondelle rustique.

Hirondelle rustique nourrissant ses petits

À la fin de l'été, vous pourriez apercevoir des bandes d'hirondelles – rustiques, bicolores, à front blanc – perchées sur les fils téléphoniques et les clôtures. Écoutez-les alors gazouiller pendant qu'elles se rassemblent par milliers en vue d'entamer leur longue migration vers le sud des États-Unis, le Mexique, l'Amérique centrale et même l'Argentine, où elles passeront l'hiver. Les hirondelles migrent durant le jour. Elles volent pendant des heures sans se poser, se nourrissant en vol et plongeant vers les cours d'eau pour boire.

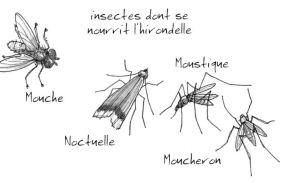

insectes dont se nourrit l'hirondelle

Mouche

Moustique

Noctuelle

Moucheron

123

Prés

E n marchant dans un pré –
terrain herbeux cultivé
où les animaux de ferme
paissent parfois et où la végétation
pousse librement –, vous sentirez
à mi-jambe le frottement de
longues herbes souples, qui
laisseront peut-être leurs graines
sur vos chaussettes. Et tout autour,
peut-être verrez-vous ondoyer
sous la brise les carottes sauvages,
les boutons d'or, les marguerites blanches, les
chardons, les asters et les verges d'or.

Pour une foule d'insectes, les fleurs sauvages
et les herbes sont une source de nourriture et un
abri. Les abeilles et les papillons, nectarivores,
vont de fleur en fleur, les butinant tour à tour et
procédant par le fait même à leur fécondation
croisée. Couché sur le sol, vous entendrez le
chant des criquets et des grillons et vous verrez
peut-être une petite araignée tissant sa

RENSEIGNEMENTS UTILES
- ■ *Prés de fermes et pâturages ;
pelouses non entretenues*
- 👣 *Permission du fermier
habituellement nécessaire*
- 👁 *Mulots ramassant de l'herbe ;
marmottes près de leur terrier*
- ▲ *Dégel de la boue au printemps ;
crottes de bétail ; fleurs sauvages*

toile ou une chenille cherchant
des feuilles tendres et juteuses.

Pareille abondance d'insectes
attire les sturnelles, les merles,
les quiscales et autres oiseaux
insectivores. Assis en silence,
vous apercevrez parfois un
campagnol des champs ou un
mulot trottant à toute allure
pour ne pas
devenir le
prochain repas d'une buse. À
la limite du pré, un renard
en quête de petits
rongeurs ou d'un
oiseau insouciant
retiendra peut-être
votre attention.

La présence de
bovins attire le
héron garde-
bœufs et le
vacher, oiseaux
qui se nourrissent
des insectes
déplacés par
le passage de
ces animaux.

Criquet

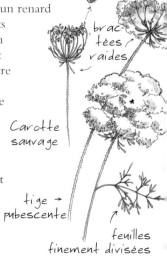

graine pubesc

brac-
tées
raides

Carotte
sauvage

tige →
pubescente

feuilles
finement divisées

Un pré, la nuit

Lorsque la nuit tombe, la vie dans le pré change de visage. Les noctuelles sortent au crépuscule, attirées par les odeurs de fleurs pâles comme l'onagre ou le silène enflé. Le silène enflé est une fleur blanche à longue tige qui ferme ses pétales au soleil; les noctuelles assurent la pollinisation durant la nuit. Nectarivores, les noctuelles prennent le relais des papillons au crépuscule; la plupart d'entre elles ne butinent toutefois pas aussi longtemps que les papillons. Le sphinx gris, par exemple, ne se nourrit que pendant environ une demi-heure au crépuscule. D'autres noctuelles peuvent être observées à la tombée du jour, dont l'élégant papillon-lune, le saturnie cécropia et le polyphène d'Amérique.

En observant les herbes de près, vous apercevrez parfois des grillons ou des larves de tenthrèdes se gavant de fleurs et de graines. Au niveau du sol, les vers, les coléoptères et les limaces sont la proie des chilopodes, et les araignées vont et viennent en quête de petits bouts

d'insectes. Lorsque la nuit succède au crépuscule et que les oiseaux deviennent silencieux, le chant des grillons se fait entendre, les chauves-souris sillonnent le ciel, chassant les noctuelles et les moustiques, et, parfois, un gros ouaouaron entame son coassement nuptial.

Le raton laveur, la mouffette et l'opossum explorent les prés la nuit, creusant le sol pour dénicher des baies, des insectes et de petits rongeurs.

On peut parfois apercevoir furtivement un hibou en train de fondre sur un rongeur dont il fera sa proie.

Le spectacle le plus fascinant est peut-être le ballet de lumière auquel se livrent les lucioles pour attirer le sexe opposé. Ces coléoptères brunâtres ou noirâtres produisent un lumière clignotante grâce à un organe placé sur le bout de leur abdomen.

Lucioles

Raton laveur

125

Terrains clôturés

On nomme « vaines clôtures » ces clôtures qui séparent les pâturages des terres cultivées, les jardins des propriétés publiques... sans limiter un terrain. Pour le randonneur, ces zones constituent d'excellentes aires d'observation parce que les animaux sauvages y sont attirés comme ils le sont par les écotones.

Des entrelacs de plantes sauvages – arbustes, plantes sarmenteuses et fleurs sauvages – se forment le long des clôtures ou des murets de pierre, là où on ne peut ni labourer la terre ni faucher les herbes. En général, plus une clôture est ancienne, plus la vie qui l'entoure est diversifiée. Les plus anciennes vaines clôtures d'Amérique du Nord se trouvent en Nouvelle-Angleterre.

La meilleure façon d'observer les oiseaux et les animaux près de ces zones consiste à s'installer confortablement dans un pré ou un boisé voisin et à demeurer aux aguets ; en peu de temps, la vie reprendra son cours. L'été, le moqueur chat et le tyran tritri se perchent sur les clôtures, prêts à s'abattre sur les grillons et les sauterelles. Les papillons comme le papillon tigré du Canada et la coliade du trèfle butinent parmi les fleurs.

La couleuvre tachetée et la couleuvre rayée se chauffent parfois au soleil sur les vieux murets de pierre envahis par le bouleau gris, le cerisier de Virginie et les genévriers.

L'automne, le célastre, les ronces et la vigne vierge égaient les abords des clôtures des couleurs de leurs fruits, dont se nourrissent les oiseaux et les mammifères aux approches de l'hiver.

RENSEIGNEMENTS UTILES

■ Limites des champs de fermes, surtout dans l'Est

🐾 Gare aux barbelés et aux plantes sarmenteuses épineuses

👁 Terriers de rongeurs et de renards ; lapins à queue blanche

▲ Feuilles et petites branches de sassafras officinal ; baies sucrées

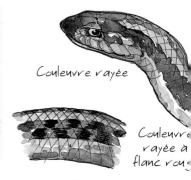

Couleuvre rayée

Couleuvre rayée à flanc rouge

Onagre bisannuelle

126

Faune des terrains clôturés

Les terrains clôturés constituent un habitat idéal pour les petits mammifères fouisseurs et les oiseaux. Le campagnol et la musaraigne creusent leurs galeries le long des clôtures, trouvant à la fois nourriture et protection parmi les arbrisseaux. Le lapin à queue blanche tire avantage des herbes qui poussent à profusion et de la protection qu'offre la végétation contre les rayons du soleil et les prédateurs. Les familles de souris à pattes blanches et de souris sauteuses des champs hivernent dans les nids de moqueurs, qu'elles tapissent de duvet d'asclépiade.

Le renard roux est aussi un habitué de ces secteurs : il longe les clôtures en quête de petits rongeurs nocturnes ou de reptiles (à l'occasion) juste après le crépuscule. Comme son odorat est très développé, mieux vaut se cacher face au vent pour l'observer.

Le renard roux a un pelage de couleur variable, qui va du blond pâle au brun-roux foncé ; le museau, les oreilles et les pattes sont généralement noirs. Le renard et sa femelle s'accouplent pour la vie ; les renardeaux naissent en avril dans la tanière ; chaque

portée compte d'ordinaire de 3 à 10 renardeaux. Vers l'âge de deux mois, les renardeaux accompagnent leurs parents lors de courtes sorties de chasse près de la tanière.

Le renard roux est carnivore, mais il ne dédaigne pas les fruits et certains légumes. Comme son alimentation est plus variée que celle des autres carnivores, il peut s'adapter à de nombreux milieux.

Le blaireau est un autre prédateur de petits mammifères qui fréquente ce type d'habitat dans le centre et l'ouest du continent. Ce puissant fouisseur poursuit les écureuils terrestres et les souris dans leurs galeries. Il peut aussi prendre place dans un terrier vide et y attendre le retour de l'occupant.

patte antérieure

Pistes de renard roux

patte postérieure

Blaireau

Bords de routes

Que vous circuliez sur une autoroute ou que vous marchiez le long d'une route de campagne, vous serez toujours en présence d'une vie grouillante dans les fossés et les buissons.

Dans les airs, vous distinguerez parfois une buse à queue rousse. Cet oiseau chasse souvent en vol, mais il peut aussi se tenir à l'affût sur un poteau.

Le merle d'Amérique, le carouge à épaulettes et l'étourneau sansonnet font partie des oiseaux que l'on observe fréquemment en bordure des routes. Parfois, une tourterelle se pose sur le gravier pour se nourrir des graines qui s'y trouvent ou un serpent se chauffe au soleil sur l'asphalte chaud.

Sur un accotement, vous verrez peut-être des corneilles picorer la carcasse d'un raton laveur ou d'un

RENSEIGNEMENTS UTILES

- Gare à la circulation et aux serpents
- Crécerelles perchées sur des fils
- Coassement des grenouilles et bruit de l'eau dans les fossés
- ▲ Asphalte mouillée après une averse l'été

Cantharide

opossum mort après avoir été heurté par une voiture. Bien que l'on dispose de peu de statistiques officielles sur les animaux victimes de la route, le chiffre dépasserait, à ce que l'on dit, 400 millions par année.

Les charognards comme les vautours, les corbeaux et les coyotes mangeront toujours à leur faim en bordure des routes.

Plusieurs services de voirie plantent maintenant des fleurs sauvages sur le terre-plein central des grandes autoroutes, créant ainsi des milieux propices à certains oiseaux qui nichent au sol ; de même, des insectes, comme les papillons et les abeilles, ainsi que de petits mammifères peuvent y vivre.

En poussant votre exploration plus avant, vous découvrirez peut-être du chèvrefeuille, des noisetiers, des arbustes fruitiers, des framboisiers et des violettes, ainsi que des chenilles, des couleuvres rayées, des coléoptères, des grenouilles et des crapauds.

♀ Araignée-crabe

Araignée ♀ de la verge d'or

128

Verges d'or en bordure de la route

Le long des autoroutes, des voies secondaires et des routes de campagne, les verges d'or ressortent parmi les fleurs sauvages ondoyantes que croisent les voitures filant à vive allure. On dénombre plus de 100 espèces de verges d'or dans le monde, dont la plupart poussent en Amérique du Nord. Observez bien la grappe de fleurs et les feuilles. Dans l'Est, les espèces les plus répandues sont la verge d'or du Canada, la verge d'or rugueuse et la verge d'or des bois ; dans l'Ouest, l'on trouve entre autres la verge d'or des prés et la scabieuse des champs.

Les bouquets de fleurs au parfum sucré attirent de nombreux insectes, qui se nourrissent de l'ample quantité de pollen et de nectar qu'elles renferment. Le longicorne et la cantharide tranchent sur les coloris des fleurs avec leurs marques jaunes, orange et rouges et leurs longues antennes. Le méloé (qui peut causer des vésicules sur la peau si on le touche) et le scarabée japonais visitent souvent la verge d'or. Après l'abeille, le principal pollinisateur de la verge d'or est la syrphide, une mouche inoffensive qui ressemble à une abeille ou à une guêpe.

Dans les fleurs, phymates et araignées-crabes traquent les abeilles et les papillons. Comme ces insectes se confondent avec les fleurs et les tiges des verges d'or, ils sont difficiles à repérer.

Les phymates se nourrissent souvent d'insectes beaucoup plus gros qu'eux, qu'ils terrassent en leur injectant de la salive venimeuse.

L'araignée-crabe possède des pattes étendues rappelant celles du crabe. Elle peut avancer, reculer ou se déplacer latéralement. Plutôt que de tisser une toile pour capturer ses proies, elle chasse celles-ci parmi les fleurs. L'araignée de la verge d'or est une espèce d'araignée-crabe qui se confond avec les fleurs des verges d'or par mimétisme de couleur.

galle touffue
(due à un moucheron)

Galles de la verge d'or

galle ronde
(due à une petite mouche)

Scarabée japonais

Longicorne

129

Forêts

RANDONNÉES EN FORÊT

*Une randonnée en forêt est l'un des grands ressourcements
de la vie humaine, et l'Amérique du Nord possède une merveilleuse
variété de forêts pouvant être explorées à pied.*

La forêt boréale, ou taïga, couvre tout le nord du continent. On y trouve des reliques du Pléistocène comme le grizzli et l'orignal du Yukon. À la pointe sud de la Floride s'étalent des jungles subtropicales peuplées d'alligators de 3,5 m de long évoquant le Jurassique et ses dinosaures. Entre ces deux extrêmes, une multitude d'habitats existent. Les forêts de l'Est reflètent les altitudes et les microclimats variés des Appalaches, une vieille chaîne de montagnes qui s'étend sur des centaines de kilomètres entre le Québec et le Nord de l'Alabama et de la Géorgie. Dans l'Ouest, les forêts croissent surtout dans les Rocheuses et la Sierra Nevada, où les précipitations sont plus abondantes que dans les basses terres. Certains peuplements, comme les forêts de séquoias et les forêts des vallons encaissés appalachiens,

ne se rencontrent qu'en Amérique du Nord.

LE MILIEU FORESTIER

Lors d'une randonnée en forêt, soyez particulièrement attentif à l'apparence générale des arbres. Le couvert est-il clairsemé ou dense ? La forêt à couvert clairsemé constitue habituellement un boisé. Dans une forêt à couvert dense, le sous-étage est surtout constitué de fougères, de mousses et d'autres plantes sciaphiles.

La morphologie de la forêt a-t-elle été modifiée récemment par un incendie, une inondation ou des vents violents pouvant causer un

HABITANTS DES ARBRES *Dans un peuplement mature de sapins Douglas (en bas), paruline jaune au nid (à gauche) ; tamia rayé hibernant (à droite).*

chablis (arbres renversés par le vent) ? Tous ces phénomènes entraînent une éclaircie dans le couvert, qui favorise la croissance des jeunes arbres et des arbustes.

Différentes strates végétales, ou synusies, sont-elles visibles ? Si oui, en quoi les plantes diffèrent-elles d'une strate à l'autre ? Les arbres sont-ils vieux ou jeunes ? Plus les arbres sont vieux, moins leur nombre est élevé pour chaque hectare de forêt. Combien y a-t-il d'espèces d'arbres et d'arbustes différents ? Semblent-ils sains ? Comme nous, les forêts peuvent être ravagées par les maladies et en souffrir.

ALTERNANCE DES SAISONS
Couleurs de l'automne dans l'est du continent (à gauche) ; disamares délicates de l'érable rouge au printemps (en haut, à gauche).

S FORÊTS *d'Amérique*
Nord, de la taïga, dans
Nord, à la forêt sub-
picale, dans le Sud),
cupent encore de vastes
rritoires.

AUNE DES FORÊTS

es créatures de la forêt
uvent sembler très insaisis-
bles, mais il est tout de
ême possible de les observer.
s moments les plus propices
ur cela se situent à l'aube
au crépuscule, alors que les
seaux et les autres animaux
ont de leur aire de repos au
eu où ils se nourrissent, près
e l'eau. Recherchez des
gnes de leur présence –
stes, sentiers, fientes,
ouches, nids, etc. Reniflez
ir ; les animaux marquent
uvent leur territoire de leur
deur. Arrêtez de marcher
endant un moment et prêtez
oreille aux sons ambiants.

Vous pouvez aussi vous
seoir en silence au sommet
'une colline, à côté d'une
ouche près d'un lac ou aux
ords d'une passe fréquentée
ans les montagnes et attendre
venue des animaux.

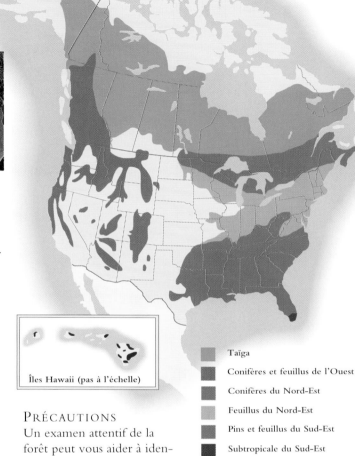

Îles Hawaii (pas à l'échelle)

Taïga

Conifères et feuillus de l'Ouest

Conifères du Nord-Est

Feuillus du Nord-Est

Pins et feuillus du Sud-Est

Subtropicale du Sud-Est

Tropicale d'Hawaii

PRÉCAUTIONS

Un examen attentif de la
forêt peut vous aider à identifier les plantes et à repérer les
animaux et leurs pistes. C'est
aussi ce qui peut vous aider à
éviter les serpents et les insectes dangereux ainsi que les
plantes vénéneuses. Un ruisseau scintillant est attirant,
mais l'eau des régions reculées
peut être contaminée. Aussi

devez-vous toujours purifier
l'eau que vous buvez ou,
mieux encore, transporter une
réserve d'eau potable. Ne
mangez ni baies, ni noix, ni
champignons à moins de les
avoir identifiés sans l'ombre
d'un doute à l'aide d'un guide.
Et même alors, demandez-
vous si les animaux n'en ont
pas plus besoin que vous...

VIE DIVERSIFIÉE

Les forêts sont l'habi-
tat de divers mam-
mifères, du cougar,
tacheté quand il est
jeune (à gauche),
à l'écureuil roux
(ci-contre).

133

Fourrés et écotones

RENSEIGNEMENTS UTILES

■ *Partout en Amérique du Nord dans les clairières*

👁 *Papillons et colibris autour des fleurs*

👂 *Chant de la paruline à gorge jaune (ouicheti-ouicheti) et du chardonneret jaune (pertchicori)*

▲ *Chèvrefeuille les nuits d'été*

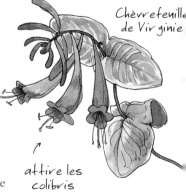

Chèvrefeuille de Virginie

attire les colibris

Pour observer la faune forestière, le meilleur endroit est l'écotone, une zone de transition entre deux habitats (entre une forêt et un champ, le long des cours d'eau, dans une clairière) où croît une grande variété de végétaux. Un écotone se reconnaît aux arbrisseaux et aux arbustes qui y forment des fourrés. Dans l'Est, par exemple, on y trouve le peuplier faux-tremble, l'aulne et le genévrier. Le chèvrefeuille et le framboisier sauvage sont communs dans tous les écotones, tout comme le chardon, la verge d'or, le chénopode blanc et la marguerite.

Tous ces végétaux sont une source de nourriture et un abri pour de nombreux animaux sauvages. Les plantes en fleurs attirent les papillons comme le monarque, le vice-roi,

Colibri roux

le coliade et le porte-queue.

La plupart des fourrés grouillent d'oiseaux chanteurs, qui attirent des oiseaux de proie comme la buse. La nuit, les hiboux chassent les souris, les campagnols et les lièvres. À l'aube et au crépuscule, les cerfs vont parfois se nourrir dans les fourrés.

Un écotone peut se former par suite d'une catastrophe naturelle (telle qu'un incendie, une inondation, un ouragan, une maladie ou une infestation d'insectes) ou d'une intrusion humaine (agriculture ou coupe d'arbres, par exemple). À partir d'un sol nu, les successions végétales déterminent les conditions propices à l'apparition d'un sol meuble, puis d'un milieu forestier (voir p. 34).

Cerf de Virginie

En Amérique du Nord, le cerf de Virginie est l'un des mammifères les plus répandus. Les fourrés et les écotones forment son habitat habituel. Contrairement à de nombreux autres animaux, ce cerf a vu sa population augmenter en dépit des intrusions humaines ; parmi les gros mammifères, c'est l'un des plus faciles à observer à l'état sauvage. Le cerf de Virginie est surtout actif le soir et est très facilement observable dans les clairières à l'aube et au crépuscule. C'est un animal roux ou gris, qui mesure environ 90 cm à l'épaule. Quand il est apeuré et qu'il s'enfuit en courant, il relève la queue et découvre ainsi son postérieur blanc. On croit qu'il alerte de cette façon ses semblables de la présence d'un danger.

Le cerf de Virginie fréquente les écotones pour se nourrir. Les sentiers qu'il suit serpentent dans la forêt entre son aire de repos et les lieux où il se nourrit et s'abreuve. Le long de ces sentiers, vous trouverez ses excréments (laissées) ressemblant à des amas d'olives et ses pistes. Son aire de repos se trouve dans les parties reculées de la forêt, des maréca-ges ou des fourrés.

Le cerf mâle perd ses bois en décembre ou en janvier ; de nouveaux bois repoussent chaque année. Pendant leur croisssance, les bois sont couverts de velours. Juste avant la période de reproduction, le cerf les frotte contre de jeunes arbres pour en faire tomber le velours.

Laissées du cerf de Virginie

Le cerf produit beau-coup de sons. Un mâle surpris émet un grogne-ment sec ; un cerf apeuré ou blessé, un cri plaintif ; une biche cherchant son faon, un siffle-ment. Si vous trouvez un faon au printemps, n'y touchez pas : la mère aura tôt fait de revenir s'en occuper après avoir mangé ou s'être abreuvée. Durant l'hiver, les hardes de cerfs ont tendance à établir leur ravage dans une vallée ; elles sont alors faciles à observer. Mais mieux vaut demeurer à bonne dis-tance des hardes et ne pas les déranger. En effet, les cerfs ont absolument besoin de toute leur énergie pour survivre à la saison froide.

Pistes du cerf

Marche et course

135

Taïga

La taïga (ou forêt boréale) est peuplée d'épinettes noires, d'épinettes blanches, de peupliers faux-trembles et de bouleaux à papier dans les hautes terres, de saules et d'aulnes dans les basses terres. En outre, de vastes régions sont constituées de tourbières, de rivières sinueuses au cours lent et de milliers de lacs. La faune de ces lieux se compose d'animaux aussi fascinants que l'orignal, la nyctale boréale, le grand polatouche et la loutre de rivière.

Un manteau de neige recouvre la taïga environ huit mois par an. La flore et la faune ont dû s'adapter à ce climat extrêmement rigoureux. Ainsi, les branches des épinettes sont courtes et poussent à angle aigu, ce qui empêche l'accumulation d'une lourde couche de neige.

RENSEIGNEMENTS UTILES

■ Zone des aurores boréales du Canada et de l'Alaska

☀ De mai à septembre ; raquettes nécessaires l'hiver

▲ Odeur forte et piquante des fourrés de saules et d'aulnes

Bois d'élans ; inflorescence soyeuse du carex (tourbières)

Par ailleurs, la livrée du lièvre d'Amérique, du lagopède et de la belette change de couleur : elle est brune l'été et blanche l'hiver. Le lièvre d'Amérique e[t] le lynx ont de larges pattes qui les aident à marcher sur la neig[e] alors que le caribou présente un sabot fendu adapté aux sols tourbeux qu'ils rencontrent lors du dégel.

Au printemps, vous verrez probablement d'énormes pistes d'orignaux, les poils perdus par les animaux à fourrure qui muent, des rainettes, les premiers bourgeons de saules et des prêles vertes.

L'été venu, la taïga resplendit des couleurs de ses fleurs sauvages— l'églantier, l'épilobe. C'est la saison où les saumons remontent les rivières pour frayer. À la fin de l'été, les framboises et les bleuets sont mûrs dans les clairières ensoleillées.

Dès septembre, le froid reprend son empire et la taïga s'engourdit de nouveau peu à peu...

Épilobe à feuilles étroites en fleur

fleurs roses ou rouges

Prêles vertes

Carcajou

Piste du
carcajou

Il est peut-être l'animal qui évoque le mieux la taïga. Le carcajou, qui ressemble au blaireau, appartient à la famille des mustélidés, dont font aussi partie la mouffette, la martre, le vison et la belette. D'aucuns le qualifient de « belette géante », non sans raison. C'est le plus gros représentant des mustélidés ; sa longueur atteint 1 m en moyenne, sans compter sa queue, qui mesure environ 20 cm.

Le carcajou a la démarche lourde, comme la loutre. Il est surtout actif tôt le matin et au début de la soirée près des écotones qui attirent ses proies – oiseaux, rongeurs et mammifères de plus grande taille. L'été, son territoire de prédilection est la tourbière. Le carcajou est particulièrement actif l'hiver, saison pendant laquelle ses proies sont plus vulnérables. Vous n'apercevrez le plus souvent que des signes de sa présence. Ses pistes, qui ressemblent à celles d'un chien, permettent de distinguer cinq doigts et une plante velue ; leur longueur va de 10 à 18 cm. En outre, son abdomen laisse sur le sol une trace particulièrement évidente dans la neige ou la boue. Vous découvrirez peut-être l'une de ses caches de nourriture – des broussailles empilées sur une carcasse dégageant une odeur âcre rappelant celle de la mouffette. Cette odeur caractéristique peut vous guider jusqu'aux arbres qu'il a mordus et griffés. Autour de ces arbres, recherchez le poil qu'il a perdu, noir et imprégné de son odeur.

Le carcajou a la réputation d'être féroce. Il est suffisamment fort pour venir à bout d'un orignal et d'un caribou, mais il préfère habituellement se nourrir de charogne. L'être humain est son seul ennemi. Comme maints prédateurs, le carcajou a fait l'objet d'une chasse implacable. Il a toutefois survécu dans les régions montagneuses reculées du Canada et du Nord-Ouest des États-Unis.

Lièvre
d'Amérique

en livrée d'hiver
blanche

Peuplements matures

Une randonnée au sein d'un peuplement mature rend plus concrets les concepts de biodiversité (nombre d'espèces) et de biomasse (poids total de la matière vivante).

Un peuplement mature est une forêt parvenue depuis longtemps au stade du climax ; l'activité humaine et les catastrophes naturelles ont épargné ses arbres à maturité pendant au moins 175 ans. On y trouve des arbres à tous les stades de croissance ; les étages successifs forment l'habitat de nombreuses espèces animales. Dans ce type de forêt, vous observerez peut-être des limaces terrestres, des pistes d'ours noir, le grand pic (qui creuse des trous dans les troncs d'arbres) et le polatouche. Un couvert dense et une abondance d'insectes et de fruits attirent les oiseaux chanteurs, du merle d'Amérique au spectaculaire tangara à tête rouge.

Vous apercevrez sans doute de gros arbres morts, toujours sur pied mais écimés. Ces arbres peuvent rester debout jusqu'à 125 ans ; leurs centres creux

RENSEIGNEMENTS UTILES

■ Forêts ombrophiles et forêts de sapins Douglas (Pacifique, N.-O.)

◣ Gros arbres tombés nuisant aux randonnées hors sentiers

👂 Appel à deux syllabes de la rainette du Pacifique les soirs chauds de printemps

✋ Mousse sur les arbres tombés

Escargots terrestres

hébergent mammifères et oiseaux. Une fois l'arbre tombé, plus de 500 ans peuvent s'écouler avant que sa décomposition soit achevée.

Les plus connus des peuplements matures d'Amérique du Nord s'étendent sur plus de 3 000 km le long de la côte Ouest, du nord de la Californie à l'Alaska. L'un des plus beaux se trouve sur la péninsule Olympic, dans l'État de Washington. Il s'agit d'une forêt ombrophile (ou forêt pluvieuse) luxuriante peuplée de sapin Douglas, d'épinettes de Sitka et de thuyas.

Partout en Amérique du Nord, la coupe continue des peuplements matures a entraîné l'érosion du sol et l'amoindrissement de la biodiversité. Certaines espèces, comme la chouette tachetée, qui ne se développent pas bien dans les forêts jeunes, sont menacées d'extinction.

Tangara à tête rouge

Sur le tapis forestier

Les peuplements vieux en régions tempérées se développent sur un sol dont l'extrême fertilité est attribuable à la décomposition constante de végétaux morts. Leur sous-étage luxuriant est dominé par des fougères sciaphiles, mais on trouve aussi des fleurs sauvages partout où les rayons du soleil parviennent jusqu'au tapis forestier.

Les gros arbres que la mousse a recouverts après qu'ils sont tombés au sol « nourrissent » de jeunes arbres qui deviendront à leur tour des géants. En outre, ils hébergent des scolytes et d'autres insectes; des oiseaux comme le moucherolle et le tétras; et divers petits mammifères, dont la belette, le pékan et le raton laveur. Vous remarquerez que des souches en décomposition sont couronnées de champignons. Ces chapeaux multicolores sont en fait les organes reproducteurs du mycélium du champignon.

Au sein des peuplements matures, une biocénose complexe s'est établie avec le temps. Par exemple, un écureuil peut manger des

Trichode

champignons, puis être dévoré par une chouette tachetée. Les spores des champignons seront par la suite disséminées dans les excréments de la chouette.

De bien des façons, les invertébrés comme les escargots, les fourmis et les vers jouent un rôle aussi important dans la survie de la forêt que des vertébrés comme le wapiti et l'ours. En plus d'être la proie de certains animaux, les invertébrés pollinisent les plantes et fertilisent le sol en dégradant et en recyclant les matières végétales.

Les amphibiens se développent bien dans l'atmosphère humide d'un peuplement mature. Soyez attentif. Du fond des trous creusés par les rats des bois et les souris, la rainette du Pacifique fera peut-être entendre son chant nuptial. Et qui sait, vous pourriez même découvrir une salamandre en soulevant une branche morte ou une pierre!

Limace

Rainette du Pacifique

Forêts de conifères de l'Ouest

Séquoia géant

feuilles écailleuses

Séquoia toujours-vert

feuilles linéaires

Dans l'ouest du continent, il existe plusieurs sortes de forêts de conifères. L'immense épinette de Sitka et la pruche occidentale poussent le long de la côte Nord. Le pin à sucre, l'un des pins aux dimensions les plus imposantes, ainsi que le cèdre rouge croissent en Californie. Partout dans la partie méridionale des Rocheuses, de vastes forêts de pin pignon et de genévrier rouge peuvent être observées. Du Montana au Mexique, les grands pins ponderosa et les sapins argentés jettent leur ombre sur les mesas.

RENSEIGNEMENTS UTILES

■ Moyenne ou haute altitude, de la côte Ouest aux Rocheuses

🔊 Température fraîche sous les couverts denses – s'habiller en « pelures d'oignon »

👁 Pistes de gros mammifères : ours, cerf, wapiti

👂 Chant de la grive solitaire

Le sapin Douglas (ou Douglas taxifolié) peut vivre jusqu'à 1 000 ans et atteindre une hauteur de 25 à 60 m. Le séquoia toujours-vert du nord de la Californie est encore plus imposant. Les rejets qui poussent d'un séquoia toujours-vert tombé au sol peuvent croître de 1,8 m chaque année et devenir à leur tour les patriarches proéminents de la forêt. Dans les hauteurs de la Sierra Nevada pousse un autre arbre aux dimensions colossales – le séquoia géant. Cet arbre ne se rencontre que dans environ 70 sites. L'un des spécimens du parc national Sequoia, l'arbre General Sherman, a 83,8 m de hauteur et 31,3 m de circonférence ; son âge estimé varie entre 2 500 et 3 000 ans.

Les forêts qu'ombrent ces arbres gigantesques sont enveloppées d'une fraîcheur crépusculaire. Leur étage inférieur se compose de fougères et d'autres plantes sciaphiles comme l'ancolie, la violette et le sureau. Le couvert dense crée aussi un superbe habitat pour de gros mammifères farouches comme l'ours, le cerf et le wapiti.

Chouette tachetée

Elle vit dans les peuplements matures de conifères de l'Ouest. On la retrouve dans l'État de Washington, en Oregon et dans le nord de la Californie. Ces forêts denses sont pour elle un abri contre un de ses prédateurs, le grand-duc d'Amérique, et une abondante source de petites proies – souris sylvestre, campagnol grimpeur, rat des bois et, surtout, polatouche. Les couples de chouettes tachetées font leur nid dans les arbres à maturité très branchus, sur les touffes de gui de chêne, au sommet des arbres écimés ou dans des troncs creux.

C'est un oiseau de taille moyenne d'environ 45 cm de long qui porte bien son nom : plumage brun moucheté, taches blanches sur le dos, barres brunes sur la poitrine et marques foncées formant un halo autour des yeux. En vol, il semble avoir une tête volumineuse. Son battement d'ailes est léger, son vol gracieux. Son chant le plus caractéristique consiste en une suite de *hou* doux, mais il peut également lement ululer, siffler et glousser.

La chouette tachetée est surtout active la nuit. Vous aurez donc surtout l'occasion de l'observer à l'aube et au crépuscule. Faites preuve de patience dans vos recherches – des études démontrent en effet que le territoire d'un couple de ces chouettes couvre en général près de 920 ha.

L'exploitation forestière massive a peu à peu réduit l'habitat de la chouette ; en 1990, les autorités gouvernementales des États-Unis ont placé cet oiseau sur la liste des espèces en voie d'extinction. Depuis lors, on a mis fin à la plupart des activités d'exploitation forestière sur les terres domaniales et quelques territoires formant l'habitat de la chouette ont été intégrés à des réserves naturelles.

Nid de chouette tachetée

Sapin Douglas

bourgeon hivernal

Rat des bois

Forêts de pins ponderosa

Les forêts de pins ponderosa sont un des types de forêt de conifères de l'Ouest. Celles de Gila, au Nouveau-Mexique, et Custer, au Montana, couvrent des milliers de kilomètres carrés. Ces forêts occupent généralement un territoire situé au-dessus des pins pignons, des genévriers rouges et des armoises des basses terres, et au-dessous des forêts de sapins Douglas et d'épinettes établies à de plus hautes altitudes. Sur la côte Ouest, leur aire de croissance se situe au-dessus de celle des sapins Douglas.

Dans une forêt de pins ponderosa parvenue à son climax, les arbres sont très espacés et le couvert clair-semé. Les rayons du soleil et les massifs naturels de fleurs sauvages émaillent le tapis forestier, lui donnant un peu l'as-

pect d'un parc. Le pin ponderosa présente un houppier large et conique, une écorce cannelle écailleuse, de longues aiguilles et des cônes épineux. À maturité, il a plus de 45 m de hauteur et environ 1,2 m de diamètre.

Le pin ponderosa héberge divers animaux sauvages, du pic-bois à l'écureuil d'Abert. Dans ses ravins et ses clairières croissent parfois des plantes à fruits ou à graines comestibles comme l'oponce, un cactus, le framboisier et le tournesol.

Le feu joue un rôle écologique important dans les forêts de pins ponderosa. En général, les incendies ordinaires qui détruisent la litière et les espèces concurrentes ne nuisent pas au pin ponderosa. Mais il y a moins de feux aujourd'hui : la densité végétale accrue que cela occasionne et le manque de soleil qui s'ensuit compromettent la croissance des jeunes pins.

Écureuil d'Abert

bourgeon

fleur

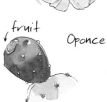

fruit

Oponce

142

Dindons sauvages

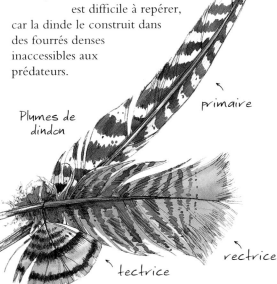

Œufs de dinde sauvage

Alors que le soleil du crépuscule embrase le ciel de la forêt de pins ponderosa, le randonneur a parfois la chance d'admirer le spectacle magnifique d'une volée de dindons sauvages se dirigeant vers les arbres où ils passeront la nuit. Ces oiseaux se perchent souvent sur les hautes branches des pins ponderosa, hors de la portée des coyotes, renards et autres prédateurs.

Sur la terre ferme, le dindon est facile à reconnaître. Le coq, dont la longueur peut atteindre 1,2 m, a la tête nue et possède des caroncules rouges qui deviennent plus voyantes durant la période de reproduction, en avril. Le corps et les ailes présentent des plumes brun foncé qui s'irisent lorsque le soleil les éclaire directement. Le mâle en pariade déploie sa queue à la manière d'un paon.

Pour repérer des dindons sauvages, prêtez d'abord l'oreille à leurs glouglous incessants, surtout à l'aube et au crépuscule. Ces oiseaux extrêmement grégaires sont très bruyants. Recherchez-les dans les clairières et à la lisière des forêts, où ils peuvent trouver des fruits, des graines, de gros insectes et des noix. Les dindons sont friands de glands et peuvent être observés dans les forêts de chênes partout en Amérique du Nord et plus particulièrement dans les forêts mixtes de pins ponderosa et de chênes ou dans les forêts de pins ponderosa jouxtant une forêt de chênes.

La nichée d'une dinde sauvage compte jusqu'à deux douzaines d'œufs. Le nid est difficile à repérer, car la dinde le construit dans des fourrés denses inaccessibles aux prédateurs.

Plumes de dindon

primaire

tectrice

rectrice

143

Forêts de feuillus de l'Ouest

C'est en des lieux qui demeurent relativement humides au cours des étés chauds et secs de la région que croissent les forêts de feuillus de l'Ouest. La première communauté de feuillus que vous traverserez sera vraisemblablement une forêt luxuriante des basses terres peuplée de peupliers deltoïdes et d'aulnes, en bordure d'un cours d'eau. Plus haut sur les piémonts de l'Ouest, vous pénétrerez dans des forêts de chênes caducifoliés (à feuilles caduques) ou sempervirentes (à feuilles persistantes). Les chênes partagent souvent l'habitat d'autres feuillus, comme l'arbousier madrono, l'érable et le frêne. Dans les Rocheuses, les forêts se composent souvent de petits chênes caducifoliés, de pins pignons et de genévriers rouges. Les chênes sempervirents, comme le chêne vert des canyons, le chêne à tan et le chêne Emory, ne se rencontrent que dans les régions chaudes, comme la côte du Pacifique, le sud de l'Arizona et le sud-ouest du Nouveau-Mexique. Les glands de chênes attirent les wapitis, les cerfs, les cailles, les dindons sauvages, les écureuils et, au printemps, les ours.

RENSEIGNEMENTS UTILES

■ Des basses terres jusqu'à
l 200 m d'altitude, de la côte
Ouest aux Rocheuses

👁 Troncs de chênes criblés de
glands accumulés par des pics

👂 Chant du colin de Californie

✋ Écorce écailleuse
multicolore de l'arbousier madrono

*Castilléjie
écarlate*

*Ancolie
vulgaire*

Au-dessus des forêts de chênes, les peupliers faux-trembles peuvent former des peuplements purs ou des forêts mixtes (en présence de conifères). Le peuplier faux-tremble colonise souvent les brûlis et peut vivre 200 ans. Son houppier étroit laisse largement passer les rayons du soleil, ce qui favorise la croissance de baies et de fleurs sur le tapis forestier. Les talles de baies constituent une source de nourriture pour la faune sauvage, des oiseaux chanteurs à l'ours ; les castilléjies et les ancolies attirent les papillons.

Colin de Californie

Faune vivant sur le chêne Emory

Le chêne Emory est l'un des arbres les plus répandus dans les canyons et les basses montagnes de l'ouest du Texas, du Nouveau-Mexique et de l'Arizona. Cet arbre sempervirent d'une hauteur variant de 15 à 18 m possède un houppier inégal mais arrondi et un tronc assez épais dont le diamètre peut atteindre 5 cm. Il pousse dans des régions boisées accueillant également d'autres plantes, de l'yponce au peuplier faux-tremble. Chaque chêne Emory forme un habitat en soi.

En examinant de près l'écorce noire et rude d'un chêne Emory, vous distinguerez une incessante colonne de fourmis montant vers les branches ou descendant vers la fourmilière (située à la base de l'arbre) pour y transporter des morceaux de feuilles ou d'insectes morts. Une colonie compte des centaines, voire des milliers de fourmis, qui peuvent être carnivores, herbivores ou détritivores.

Prenez garde aux scorpions, aux fourmis de feu, aux tarentules et aux chilopodes – chacun d'eux peut vous infliger une morsure ou une piqûre douloureuse. Si vous percevez un bour-

donnement en passant près d'un chêne Emory, éloignez-vous : une cavité de l'arbre peut renfermer un nid d'abeilles. L'ours noir se portera vaillamment à l'assaut des alvéoles bien gardés pour se délecter du miel qu'ils contiennent... La plupart des randonneurs qui fréquentent les forêts de chênes n'auront pas la chance d'observer un ours. Tout au plus seront-ils avertis de la présence de l'animal par les pistes distinctives qu'il laisse dans la boue près d'une source ou d'un ruisseau.

Si vous voyez un animal grimper sur les branches basses, dites-vous qu'il peut s'agir d'un renard gris en quête d'œufs d'oiseaux, d'oisillons ou de glands à se mettre sous la dent.

Le chêne Emory héberge une foule de reptiles. Le lézard à collier se nourrit des insectes présents sur l'écorce. Le crotale à queue noire chasse les rongeurs qui vivent près de l'arbre.

Les fourmis sont des insectes laborieux.

145

Forêts de conifères du Nord-Est

Dans tout le nord-est du continent, des milliers d'acres de forêts de conifères forment un habitat frais et ombragé pour une faune variée – orignal, martre d'Amérique, castor, loutre de rivière. Au sein de ces forêts, vous pourrez entendre le hurlement obsédant du loup des bois, goûter des bleuets mûrs ou observer le plongeon huard sillonner un lac reculé.

La forêt de conifères du Nord-Est rappelle la taïga, beaucoup plus au nord. La durée et la rigueur de l'hiver ont entraîné la disparition de la plupart des arbres feuillus. Bien que le bouleau jaune, le hêtre à grandes feuilles et l'érable parviennent à croître dans les hautes terres et que le peuplier deltoïde et l'aulne poussent le long des cours d'eau et sur le bord des lacs, l'épinette et le sapin dominent la forêt. À l'automne, le tapis forestier se couvre de bleuets. Le poids corporel des ours peut augmenter de 30 p. 100 du fait de leur consommation de

RENSEIGNEMENTS UTILES

- Haute altitude, du Minnesota jusqu'au Québec et au sud jusqu'à la Caroline du Nord
- ☀ D'avril à octobre
- 👁 Cônes d'épinettes (pointe vers le bas) et de sapins (pointe vers le haut)
- 👂 Chant de la mésange

baies d'automne, qui sont métabolisées en une couche de graisse à l'approche du long hiver. Le printemps ramène maintes fleurs sauvages, dont les trilles et les violettes jaunes. L'été est une très bonne saison pour observer les oiseaux aquatiques migrateurs – canards, oies, bernaches – sur les lacs et les rivières.

La survie des forêts de conifères se trouve de plus en plus menacée par la pollution de l'air. Des études démontrent que chaque décennie voit mourir de 15 à 20 p. 100 de ces forêts. Les conifères sont sensibles à la pollution de l'air parce que chaque aiguille ne tombe qu'au bout de deux à sept ans, ce qui favorise l'accumulation de toxines à sa surface. L'exposition aux polluants est aussi plus intense à haute altitude, là où justement poussent les conifères.

Trille grandiflore

Ourson noir

Porc-épic

Si le porc-épic vit dans les forêts de conifères du Nord-Est, son aire de distribution s'étend également à presque tout l'ensemble du Canada et à l'ouest des États-Unis. La tête du porc-épic rappelle celle du castor, qui, comme lui, est un rongeur de grande taille ; leur ressemblance se borne toutefois à ce détail puisque le porc-épic est recouvert de quelque 30 000 piquants. C'est un animal gris, dont la longueur atteint environ 50 cm, sans compter la queue, qui mesure 20 cm.

Le porc-épic étant d'ordinaire actif la nuit, le meilleur moment pour l'observer se situe à l'aube et au crépuscule. Néanmoins, il est davantage actif le jour durant la période de reproduction, en automne. Vous pouvez l'apercevoir dans le haut d'un arbre, alors qu'il en grignote l'écorce, ou sur le sol, avançant comme une tortue, d'un pas traînant. Comme le porc-épic a la vue faible, il est relativement facile de l'approcher, mais prudence ! Une fois enfoncés dans la peau, ses piquants sont difficiles à arracher.

Quelques animaux – loup, cougar, lynx roux et pékan – font leur proie du porc-épic en le retournant de façon à pouvoir le saigner au niveau de la tête ou de la poitrine – toujours au risque d'être mortellement blessés par ses piquants, hérissés de petits aiguillons.

Les pistes du porc-épic ont environ 7,5 à 10 cm de long. L'animal se nourrit presque exclusivement d'écorce, de feuilles d'arbres et d'arbustes ligneux. Un amas de branches machouillées loin de l'eau est le signe d'un porc-épic et non pas d'un castor. L'un des traits les plus distinctifs de l'animal est sa voix, qui rappelle le grommellement d'un vieillard. Le porc-épic peut aussi gémir, grogner, crier, siffler et claquer des dents. En période de reproduction, le mâle devient particulièrement bruyant.

Le porc-épic change d'habitat selon la saison. L'hiver, il demeure dans les vallées où la nourriture est abondante ; par temps très froid, il lui arrive de se terrer dans des anfractuosités des falaises ou sous des arbres morts tombés au sol. L'été, son habitat s'élargit aux hautes terres avoisinantes.

Piquants de porc-épic

petits aiguillons

Pistes du porc-épic

trace de la queue qui traîne

147

Forêts de feuillus du Nord-Est

Les forêts feuillues (ou décidues, ou caducifoliées) prédominent dans le nord-est du continent. Pour les randonneurs des Cantons de l'Est, ce sont les forêts vertes familières de leur coin de pays. Les hivers n'y sont pas trop rigoureux ; le printemps et l'automne offrent durant de nombreuses semaines un temps superbe propice à la randonnée. Les forêts les plus étendues de ces régions sont peuplées de chênes et d'érables. On trouve toutefois d'autres mosaïques, dont les forêts de frênes et d'ormes dans les zones mal drainées, les forêts de chênes et de caryers des hautes terres,

plus sèches, et les forêts de platanes occidentaux et de peupliers deltoïdes croissant le long des ruisseaux et des rivières.

Vous remarquerez beaucoup d'oiseaux chanteurs et d'écureuils, des animaux jouant un rôle important dans la dispersio des graines. Un arbre mort recouvert de mousse peut ajouter une dimension intéressante à votre randonnée en vous permettant d'observer des champignons, des fougères et de fleurs, des invertébrés et de petits amphibiens. En suivant un ruisseau, vous pourriez découvrir des pistes de raton laveur dans la boue, des écrevisses et des salamandres sous les pierres, et des couleuvres rayées ainsi que des tortues peintes se chauffant au soleil sur la berge. Comme la mer recouvrait jadis la plus grande partie de ces régions, vous pourriez trouver des coraux, des crinoïdes et des trilobites fossilisés dans les affleurements de calcaire.

Ces forêts formaient naguère l'habitat du bison, du loup, du cougar et de l'ours noir. De nos jours, bon nombre d'entre elles se remettent peu à peu des assauts de l'agriculture et de l'exploitation forestière.

RENSEIGNEMENTS UTILES

- ◼ De la Pennsylvanie vers l'ouest jusqu'en Iowa ; du sud du Québec jusqu'au Missouri
- ☀ Printemps et automne surtout
- 👁 Nids creusés dans les arbres ; glands et noix du caryer
- 👂 Chants de la sittelle à poitrine blanche et du geai bleu

tiges de crinoïdes

Fossiles dans du calcaire

brachiopodes et autres organismes à coquille bivalve

coralliaire isolé

Salamandres

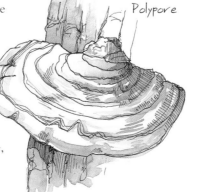

Polypore

Elles abondent dans les forêts de feuillus du Nord-Est, où elles trouvent l'humidité, ombre et le sol riche en matières organiques ont elles ont besoin. Comme tous les amphiiens, les salamandres descendent des poissons et oivent vivre dans un habitat humide : elles resirent par leur peau moite. La plupart des espèes ont des branchies et ont la forme de têtard au ébut de leur vie ; ultérieurement, elles quittent eau et perdent leurs branchies. Les adultes, qui ivent surtout sur terre, regagnent le milieu quatique pour pondre leurs œufs.

Certaines salamandres se cachent dans les rbres, d'autres vivent dans des grottes, mais la lupart trouvent refuge sous des troncs d'arbres enversés et des pierres se trouvant dans ou à roximité d'un ruisseau ou un étang. Les lamandres sont surtout actives au ébut du printemps, alors qu'elles se ssemblent près des étangs pour se eproduire. Après la reproduction, plupart des espèces regagnent terre.

Dans les forêts du Nord-Est ivent environ 18 espèces de lamandres. Parmi les plus onnues figurent la salamandre à oints bleus, la salamandre maculée, la salamandre à deux lignes et la salamandre cendrée, présentant une ligne dorsale rougeâtre et un abdomen foncé. L'accouplement a lieu sur terre ; au cours du stade larvaire, les jeunes respirent au moyen de branchies et demeurent cachés dans des œufs sous une pierre ou un tronc d'arbre.

Salamandre rouge

La salamandre tigre est l'une des plus remarquables. Longue de 25 cm au terme de sa croissance, elle a le corps noir parsemé de grosses taches jaunes irrégulières, d'où son nom. Le triton vert est une autre belle salamandre. Son corps, vert dans l'eau et orange sur terre, est parsemé de taches rouges. Il passe la première partie de sa vie dans l'eau, adopte un mode de vie terrestre pour un temps, puis regagne l'eau et y demeure pour de bon. Comme la plupart des amphibiens, il est actif après la pluie.

149

Forêts de pins du Sud-Est

Non loin des grandes villes comme Atlanta ou Jacksonville, s'étendent les grandes forêts de pins du Sud-Est.

Dominées par le pin blanc et le pin des marais, ces forêts sont des lieux de randonnée fascinants. Elles forment l'habitat d'animaux comme le tatou à neuf bandes, la couleuvre écarlate et la tortue fouisseuse. Même l'hiver, alors que les Montréalais sont dans la neige jusqu'aux genoux, le soleil illumine le printemps perpétuel des forêts de pins du Sud-Est.

Parmi les pierres calcaires et les airelles à feuilles étroites jonchant le

RENSEIGNEMENTS UTILES
- De la Caroline du Nord vers le sud et l'ouest jusqu'au fleuve Mississippi
- ☀ Excellent toute l'année
- 🦟 Tiques : placer le pantalon dans les chaussettes
- 👂 Coups de bec des pics
- ▲ Résine de pin exposée au soleil

écaille de cône

Détails d'un cône de pin blanc

cône à l'état vert

tapis forestier moelleux constitué d'aiguilles de pins, vous apercevrez peut-être une rainette des pins, un crapaud tanné ou une salamandre des bois marécageux. La prudence est de mise en ces lieux, car il s'y trouve beaucoup de reptiles venimeux comme le mocassin tête cuivrée, le crotale des bois, le serpent corail et le mocassin d'eau. Ces prédateurs sont attirés par les nombreux rongeurs vivant dans la forêt.

Il y a de grandes chances que vous tombiez sur les traces d'un incendie récent. Les gestionnaires des terres allument des feux contrôlés pour se débarrasser des arbustes infestés d'insectes. Si cette pratique prenait fin, les incendies plus importants allumés par la foudre assureraient la survie de certaines forêts de pins, mais bon nombre d'entre elles se changeraient bientôt en forêts de chênes et de caryers par suite du phénomène des successions écologiques (p. 34).

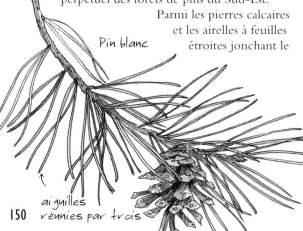

Pin blanc

aiguilles réunies par trois

Pic à face blanche

Comme bon nombre d'oiseaux habitant ces forêts, le pic à face blanche détache l'écorce des pins vieux et malades pour exposer les insectes et les larves qui percent le bois et s'en nourrir. Il débarrasse ainsi l'arbre des insectes destructeurs et facilite la vie des plus petits oiseaux qui, comme la sittelle, s'alimenteront au même endroit par la suite.

Le pic à face blanche est un oiseau rare qui vit dans les forêts de pins. Son aire de distribution s'étend de la Virginie à la côte du golfe du Mexique, des Carolines au Mississippi. Sa longueur est d'environ 20 cm. Les adultes ont la poitrine tachetée de noir et de blanc; le dos ainsi que les ailes sont rayés de noir et de blanc. Les mâles possèdent quelques plumes rouges de chaque côté de leur calotte noire. Les jeunes ont la poitrine fauve et des marques brunes sur le dos et les ailes ainsi qu'une calotte aux plumes écarlates voyantes. Ce pic-bois se perche normalement sur la cime des pins à maturité. Vous pouvez l'entendre marteler l'écorce à l'aide de son bec pointu.

En dehors de la saison de reproduction, il vit en groupes comptant de 6 à 12 individus qui souvent s'appellent et se répondent. Son cri consiste en un crépitement court et aigu, et en un gazouillis ou un gloussement.

Le pic à face blanche creuse son nid dans un pin vivant dont l'âme est pourrie, à une hauteur variant de 6 à 30 m. Il laisse la résine s'accumuler autour du trou pour repousser les prédateurs. L'élaphe des blés est l'un de ses pires ennemis : pour trouver les œufs du pic-bois, ce serpent grimpe aux arbres. Par ailleurs, des animaux comme le polatouche occupent les nids abandonnés par les pics-bois à la fin de la période de reproduction. Outre le pic à face blanche, d'autres oiseaux peuvent être observés dans les arbres, dont la paruline des pins, la mésange de Caroline et des chouettes (ces dernières sont actives le soir).

Élaphe des blés

Termite souterrain

Fourmi noire gâte-bois et larve

Forêts de feuillus du Sud-Est

Les forêts de feuillus du Sud-Est forment un écosystème ancien et diversifié qui est l'habitat de plus de 130 espèces d'arbres et 1 400 plantes à fleurs.

Vers la mi-mai, ces forêts présentent plusieurs strates de végétation (synusies). Au niveau du sol poussent des fleurs sauvages – des trilles, le phlox divariqué, le délicat dicentre à capuchon et l'érythrone d'Amérique. En examinant attentivement les talles de fougères, vous apercevrez parfois une des salamandres ou des grenouilles qui se développent bien dans ce milieu humide. Sur les sentiers, des pistes vous révéleront peut-être le passage d'un cerf de Virginie, d'un ours noir ou même d'un loup roux, une espèce menacée d'extinction récemment réintroduite en ces lieux.

Tamia rayé

Ensuite, vous pouvez observer un entrelacs de vignes tombant de la cime des arbres jusqu'à la prochaine strate de végétation, composée des azalées et des rhododendrons qui font la renommée des forêts du Sud-Est. Cette strate de végétation est un excellent habitat pour les oiseaux, surtout pour les insectivores comme le moucherolle et la paruline. Plus haut, au niveau du couvert, l'opossum, le raton laveur et la chouette font leur nid. La nuit, ces trois animaux descendent jusqu'au tapis forestier pour y chasser souris, tamias rayés, campagnols, etc.

Une randonnée dans les forêts de feuillus du Sud-Est peut être agréable même en hiver. La plupart des arbres décidus perdent leurs feuilles aux approches de la saison froide, mais la douceur relative du climat se prête à la croissance de feuillus sempervirents comme le chêne vert, le magnolia à feuilles acuminées et le houx

RENSEIGNEMENTS UTILES

■ *Appalaches, de la Géorgie à la Virginie-Occidentale*

☀ *Mai : mois où les fleurs sauvages sont le plus nombreuses*
Octobre : couleurs des feuillages

👁 *Terriers des marmottes d'Amérique et des tamias*

▲ *Vignes en fleur au printemps*

Chêne rouge

Vallons encaissés appalachiens

À l'ombre des chênes et des caryers qui croissent aux sommets des montagnes, et au-dessus des pruches peuplant les forêts inférieures, le randonneur qui parcourt les Appalaches peut explorer des renfoncements luxuriants et abrités formant des vallons encaissés. Ces vallons présentent une vie végétale exceptionnellement riche en raison de la stabilité inhabituelle du relief et du sol – les glaciers de la période glaciaire n'ont jamais progressé aussi loin au sud. Ces forêts des vallons appalachiens, lovées entre les falaises formant des remparts, ont eu des millions d'années pour se diversifier. Avant l'arrivée des Européens, elles renfermaient des châtaigniers et des tulipiers d'Amérique dont la circonférence pouvait atteindre jusqu'à 6 m. Malheureusement, l'exploitation forestière et la brûlure du châtaignier ont fait en sorte que ces arbres sont pratiquement disparus de nos jours. Des vestiges des anciennes forêts subsistent dans le parc national Great Smoky Mountains et

Grand porte-queue

Magnolia

dans la réserve Raven Cliffs en Géorgie. L'aspect le plus remarquable de ces forêts est qu'elles comptent plus d'espèces d'arbres que les forêts situées à des altitudes supérieures ou inférieures. Le magnolia à feuilles acuminées, le tulipier d'Amérique, le chêne rouge, le noyer noir et l'érable argenté sont tous présents, car le sol calcaire humide convient particulièrement bien à leur croissance.

Bon nombre de plantes à fleurs peuvent être observées, dont le chèvrefeuille de Virginie et l'ancolie jaune. L'abondance des fleurs crée un milieu propice à l'observation de papillons comme le porte-queue et le monarque.

Le port d'un poncho ou d'un blouson imperméable est de rigueur dans les forêts des vallons appalachiens, puisque l'humidité y est presque omniprésente, que ce soit sous forme de pluie, un phénomène apparemment quotidien, ou d'eau gouttant des feuilles agitées par le vent. C'est un bien léger inconvénient au regard d'une randonnée dans des forêts si anciennes.

Érable argenté

disamare

153

Forêts subtropicales du Sud-Est

En Amérique du Nord, les forêts subtropicales les plus accessibles se trouvent sur les tertres des Everglades, en Floride. Comme ces îlots émergent des marécages sur une hauteur d'au moins 30 cm, les racines des arbres qui y poussent se trouvent partiellement exposées à l'air ambiant. Les forêts subtropicales – composées de pins des Caraïbes, de palmiers royaux, de figuiers étrangleurs des Indes occidentales et de gomarts – rappellent davantage les jungles cubaines que les communautés végétales du continent américain. Elles sont infestées de moustiques et de libellules (qui se nourrissent de moustiques), deux espèces d'insectes qui se reproduisent en eau stagnante.

La situation géographique de la Floride a favorisé l'émergence d'un écosystème unique, intégrant des espèces des climats tempérés du Nord et des espèces tropicales des Caraïbes. Lors de vos randon-

RENSEIGNEMENTS UTILES

■ *Everglades ; archipel des Keys*

☀ *Saison des pluies, de mai à septembre*

◗ *Apporter de l'insecticide*

👁 *Loutre de rivière et lapin des marais au bord de l'eau*

👂 *Hululement de la chouette rayée, la nuit*

Papillon zébré

nées, vous verrez peut-être un bel escargot arboricole glissant sur le tronc d'un palmier. Le raton laveur est friand de ce mollusque. L'orchidée tropicale croît sur les branches des chênes verts. Avec un peu de chance, vous pourriez observer un papillon zébré voletant près des fleurs de cette plante. À l'extrémité des tertres, vous aurez parfois l'occasion d'apercevoir des échassiers comme le tantale d'Amérique et la spatule rosée, ou même une loutre. Soyez toujours sur le qui-vive à cause des alligators ; ces animaux se nourrissent d'oiseaux, de rongeurs, de poissons et de ratons laveurs.

Les forêts subtropicales du Sud-Est font partie des peuplements les plus menacés en Amérique du Nord. L'irrigation de l'arrière-pays entraîne une réduction de l'apport en eau douce essentiel à la survie des Everglades et les tertres risquent de se dessécher.

Escargots arboricoles

Cougars et opossums

À l'instar des tertres subtropicaux des Everglades, dont la survie est menacée par le manque d'eau douce, le cougar de Floride voit sa survie compromise par la détérioration de son habitat. On compte maintenant moins de 50 cougars de Floride toujours vivants à l'échelle mondiale, mais des observations directes et des signes de sa présence continuent d'être rapportés.

Le cougar de Floride est une sous-espèce du cougar qui vit ailleurs dans le continent. Son pelage est brun ou gris uni. Le cougar adulte pèse plus de 45 kg ; il est beaucoup plus lourd

patte antérieure

que le lynx roux, un autre habitant des forêts subtropicales. Le cougar suit les sentiers empruntés par les humains, mais il se déplace surtout la nuit.

patte postérieure

Ses pistes asymétriques laissent voir quatre doigts ; elles mesurent environ 8 x 8 cm. La longueur de sa

Pistes et patte de l'opossum

Opossum

foulée se situe entre 45 et 75 cm. Le cougar marque les limites de son territoire en empilant des débris qui, recouverts d'urine (et parfois d'excréments), dégagent une forte odeur de félin. Les excréments ont plus de 2 cm de largeur ; comme tous les chats, le cougar gratte le sol de ses pattes antérieures après la défécation.

Si vous avez la chance de repérer un cougar ou des signes de sa présence, ne manquez pas d'en aviser les gardes forestiers. Il est toutefois plus probable que vous aperceviez un lynx roux ou l'une des proies du cougar, parmi lesquelles figurent le cerf de Virginie, le raton laveur et l'opossum d'Amérique.

L'opossum d'Amérique est présent quasi partout aux États-Unis. C'est un marsupial (le seul sur le continent nord-américain) et, comme chez tous les marsupiaux, les jeunes s'engouffrent dans la poche ventrale de la mère après leur naissance et s'y allaitent pendant plusieurs mois sans en sortir.

patte antérieure

Pistes du cougar de Floride

patte postérieure

Forêts tropicales d'Hawaii

La forêt tropicale d'Hawaii est un monde à part. Il peut y tomber au-delà de 15 m de pluie par année, soit l'équivalent, chaque semaine, de ce que reçoivent certaines forêts du continent pendant une année entière. Les forêts ombrophiles d'Hawaii abritent une grande variété de végétaux – plus de 1 000 espèces sont répertoriées et l'on continue d'en découvrir de nouvelles.

L'obscurité des forêts tropicales est généralement ce qui frappe d'emblée. Des couverts variés présentant chacun un éventail distinct de plantes à fleurs filtrent en grande partie les rayons solaires.

Les énormes fougères arborescentes qui bordent les sentiers rappellent l'époque des dinosaures (le film *Parc jurassique* a d'ailleurs été tourné à Hawaii). Il croît aussi des spécimens arborescents de fleurs répandues. Ainsi, les violettes qui n'ont que 13 cm de haut sur le continent possèdent ici des tiges ligneuses et atteignent 1,8 m de hauteur. Le koa et l'ohia sont des arbres qui poussent dans ces forêts. Dans les clairières, l'on trouve des fleurs d'hibiscus et de frangipanier. Les plantes tropicales élaborent des substances chimiques toxiques pour se protéger des insectes, qui pullulent en raison de l'humidité ambiante. L'on utilise ces poisons naturels pour traiter des maladies humaines telles que le cancer.

Comme les îles Hawaii se trouvent à 4 000 km du continent le plus près, les espèces qui forment sa faune ont dû surmonter de grandes difficultés pour y parvenir – toute forme de vie devait arriver par l'océan ou par les airs. On trouve donc beaucoup d'espèces d'oiseaux et d'insectes, mais peu d'espèces de reptiles et d'amphibiens, et seulement deux mammifères indigènes : le phoque moine des îles Hawaii et une petite chauve-souris.

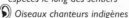

*Fleurs d'hibiscus
(à gauche et ci-contre)*

RENSEIGNEMENTS UTILES

■ *Côté au vent des îles, qui reçoit le plus de pluie*

Apporter un chandail et un imperméable ; film de sensibilité élevée

Énormes fleurs ; compter les espèces le long des sentiers

Oiseaux chanteurs indigènes

Oiseaux chanteurs indigènes des kipukas

Sur les flancs de deux volcans hawaiiens – le Mauna Loa et Mauna Kea – croissent des [fo]rêts insulaires luxuriantes [ap]pelées kipukas, un mot [in]digène signifiant *ouverture*. [Le]ur formation a eu lieu [qu]and des flots de lave ont [di]visé de grandes forêts en de [n]ombreux peuplements isolés. [Su]r le Mauna Loa, au sein [d']une kipuka d'environ 40 ha [ap]pelée Puaulu, croissent des [arbr]es à écorce claire ressem-[bl]ant à l'eucalyptus et au [pl]atane, et des ohias dont la [fo]rme rappelle celle du chêne [ve]rt du sud des États–Unis.

Le milieu fertile et sombre que constituent les [ki]pukas est l'habitat d'une riche variété d'espèces [d']oiseaux. L'un des plus beaux représentants de [la] faune ailée hawaiienne, le liwi rouge, a la taille [d']un merle-bleu, des plumes rouge vif et un [lo]ng bec incurvé vers le bas. Le chant caracté-[ris]tique de cet oiseau évoque le grincement d'un [m]oulin à vent rouillé dont les ailes tourneraient [so]us la brise. Le liwi rouge fait partie de la [fa]mille des fringillidés d'Hawaii, qui compte

Liwi rouge

Amakihi

Élépaïo

quelque 23 espèces et 24 sous-espèces, descendant toutes d'une seule et même espèce arrivée d'Amérique du Nord il y a des millions d'années.

Les oiseaux de cette famille sont dignes d'intérêt parce que, à l'instar des roselins qu'a étudiés Charles Darwin sur les îles Galapagos, ils présentent un bec remarquable-ment bien adapté aux conditions d'alimentation prévalant dans leur habitat. Le liwi rouge, par exemple, a développé un long bec incurvé qui lui permet d'atteindre le nectar sucré au fond des corolles tubulaires de certaines fleurs. L'amakihi – il y en a quatre espèces –, un fringillidé au plumage jaune, possède un bec plus court parfaitement adapté à son régime d'insectes et de nectar. Son chant commence par une série de notes graves, passe ensuite rapidement par un crescendo recouvrant toutes les notes de la gamme pour s'affaiblir à la fin.

L'élépaïo, un minuscule insectivore roux, est un autre oiseau ravissant de la kipuka Puaulu. Son chant consiste en un sifflement aigu. Il est curieux et répondra à votre sifflement.

157

Montagnes

RANDONNÉES EN MONTAGNE

Des pics dentelés des Rocheuses aux cimes boisées des Appalaches, les montagnes d'Amérique du Nord se prêtent magnifiquement à la pratique de la randonnée.

TOUNDRA, VOLCANS... *Caribou (à gauche) dans la toundra. Lave d'un volcan d'Hawaii se déversant dans l'océan (à droite). Bleuets (en bas) au sommet d'une montagne.*

Les Appalaches forment dans l'Est une chaîne montagneuse aux cimes arrondies, vestige de montagnes dont la fomation remonte à plus de 400 millions d'années. Dans l'Ouest, la chaîne des Cascades, la Sierra Nevada et les Rocheuses présentent des montagnes jeunes au profil accidenté, que d'énormes forces géologiques ont soulevées au cours des deux derniers millions d'années. L'érosion n'a pas encore émoussé leurs cimes élancées.

Certaines montagnes ont été formées par des forces volcaniques d'une extrême violence. Les îles Hawaii sont totalement d'origine volcanique. On y trouve deux des volcans les plus actifs au monde : le Kilauea et le Mauna Loa.

Les rochers des montagnes témoignent des processus anciens qui ont mené à leur formation : les coraux et les poissons fossilisés que le marcheur peut y trouver sont les reliques de fonds marins ; une roche dense et cristalline rend compte d'un soulèvement pouvant remonter à un milliard d'années ; la pierre ponce et l'obsidienne révèlent une origine volcanique.

CLIMAT DE MONTAGNE

Les montagnes influent très fortement sur les conditions climatiques (précipitations, vent, températures) des régions avoisinantes. Elles bloquent les nuages de pluie, ce qui provoque des précipitations sur les versants exposé au vent. En conséquence, le versant opposé reçoit souvent peu de pluie, sinon aucune. C'est ce qu'on appelle l'effet d'ombre pluviométrique ; l'aridité des déserts du Sud-Ouest lui est en grande partie attribuable.

Le temps est en général froid et venteux au sommet des montagnes, et les tempête se concentrent souvent sur le versants exposés au vent. L'ai froid et dense qui passe au-dessus des montagnes glisse sous l'air plus chaud du versant opposé, ce qui donne parfois naissance à des tempêtes de vents que l'on appelle chinooks.

HAUTES MONTAGNES *Panorama des monts Olympic, dans l'État de Washington (en haut). Le grizzli (à droite) habite les régions montagneuses découvertes.*

HAUTES ALTITUDE ET [LAT]ITUDE *Notre conti-[n]ent a de nombreuses [ch]aînes de montagnes [et] une vaste toundra, au [no]rd du cercle polaire.*

[S]OYEZ PRÊT

[L]e très mauvais temps qui [pr]évaut parfois dans les mon-[ta]gnes pose des difficultés bien [r]éelles pour le randonneur. [V]ous devriez toujours être [pr]êt à affronter le froid, l'hu-[m]idité et le vent – surtout en [hi]ver. Bien qu'il y ait de très [n]ombreux sentiers de mon-[ta]gne en Amérique du Nord, [v]ous devrez parfois marcher [lo]ngtemps avant d'atteindre les [ha]uteurs. Rappelez-vous que [l'a]ir se raréfie à mesure que [l'a]ltitude devient plus élevée et [qu']il est alors plus difficile de [re]spirer. Avant de partir en [ra]ndonnée, prenez connais-[sa]nce des conditions météo-[ro]logiques et déterminez la [du]rée de votre excursion. [Pr]évoyez suffisamment de [te]mps pour le trajet de retour. [H]abillez-vous « en pelures [d'o]ignon » et apportez des pro-[vi]sions de secours (voir p. 58) ; [ce] sont là deux mesures préa-[la]bles à toute randonnée en [m]ontagne.

[Les] montagnes d'Amérique [du] Nord forment générale-[m]ent un milieu humide où [cr]oissent bon nombre de fleurs [sa]uvages, d'arbustes et d'arbres,

Chaîne de Brooks

Chaîne de l'Alaska

Monts Mackenzie

Chaîne Côtière

Montagnes Rocheuses

Chaîne des Cascades

Chaîne Côtière

Sierra Nevada

Monts Ozark

Appalaches

Mauna Loa
Îles Hawaii (pas à l'échelle)

■ Chaînes de montagnes

■ Toundra (arctique et alpine)

surtout dans les régions à l'abri des conditions climatiques rigoureuses. Les plantes poussent d'ordinaire dans des zones relativement distinctes et leur taille s'amenuise à mesure que l'altitude augmente. Le cycle vital d'une espèce végé-tale donnée peut varier d'un point à

un autre sur la même mon-tagne. Par exemple, une vio-lette peut s'épanouir fin mai au fond d'une vallée, mais seulement début juillet au sommet de la montagne voisi-ne. La température plus chau-de qui règne dans les vallées fait en sorte que les espèces végétales y sont plus nombreuses qu'au sommet des montagnes. Pourtant, les forêts et les ter-rains reculés des cimes abritent une faune variée, différente parfois d'un pic à un autre.

FAUNE DES MONTAGNES *Limite forestière (à gauche), lieu idéal pour observer la faune des montagnes. Mouflon d'Amérique (en haut), à rechercher l'été dans les prés alpins.*

Des vallées aux sommets

À mesure que vous progresserez vers le sommet
d'une montagne, vous
apercevrez des communautés
végétales distinctes. Ainsi, au
cours d'une même journée de
randonnée dans les montagnes
d'Arizona, vous pourriez admirer
un éventail de plantes aussi diversifié que ce qu'on peut observer
entre le Mexique et les régions
subarctiques
du Canada.

Au niveau des
piémonts, la température
est chaude et le milieu très
sec. Toujours en Arizona,
vous verrez des plantes
du désert avant que
le sentier ne pénètre

Colibri circé

dans le chaparral, où prédominent des espèces
comme le pin pignon et le chêne à gros glands.
Cette arbustaie dense est plus humide que les
déserts environnants ; on y trouve des types de
végétation plus complexes et une faune plus
diversifiée, surtout chez les oiseaux chanteurs.

Après environ une heure, vous croiserez les
premiers sapins Douglas du côté ombragé des

RENSEIGNEMENTS UTILES

■ *Toutes les montagnes
d'Amérique du Nord*

*Gare aux changements subits
et marqués des conditions du temps*

*Arbres de tailles et d'espèces
différentes selon l'altitude ; oiseaux
des montagnes comme le gros-bec
et le bec-croisé*

gorges. Près du sommet des
pics, vous pénétrerez dans
une forêt fraîche et humide
où s'observent le colibri et
l'ancolie du Canada. À cette altitude, la saison
de croissance est plus courte qu'au niveau des
piémonts, mais la faune profite de précipitatio[n]
plus abondantes et de l'ombre des grands arbre[s]

Finalement, vous parviendrez à
la zone de la toundra alpine,
enneigée dès le début août
alors que les
vallées au-
dessous sont
encore ver-
doyantes du
plein été.

5
pétales

5
éper[on]

Ancolie du
Canada

Chên[e]
ver[t]

Chêne
des lieux
arides

glands de
chêne

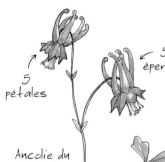

Face au vent

De tous les facteurs climatiques prévalant à haute altitude, les forts vents sont ceux dont l'effet sur la forme des arbres est le plus évident. Avant d'atteindre la limite forestière, examinez attentivement les arbres dans les zones ouvertes exposées au vent. Par exemple, une épinette d'Engelmann peut pousser droit sur le versant subalpin des Rocheuses, mais toutes ses branches se trouveront du même côté, à l'abri du vent dominant.

À mesure que l'altitude augmente, les arbres sont plus petits (leur houppier ayant été mis à mal par le vent) et forment des îlots qui deviennent progressivement clairsemés. Au niveau de la limite forestière, des arbres rabougris poussent quasiment à plat sur le sol, donnant ainsi peu de prise au vent. En réalité, ils s'étendent lentement ; les branches qu'ils abritent contre le vent croissent, tandis que celles qui ne sont pas protégées meurent.

La physionomie de la flore de montagne se transforme de manière générale et constante au gré de l'altitude, mais les zones de végétation ne sont pas strictement horizontales. Le sol montagneux est accidenté et varié, et

Hélianthe alpin

l'exposition au soleil et au vent dépend en bonne partie du relief. C'est ainsi que l'on peut trouver des prés dépourvus d'arbres bien en deçà de la limite forestière, ou des îlots arbustifs qui se sont développés à haute altitude sur des versants ensoleillés. Un même arbre sera rabougri dans un pré ouvert, mais grand et élancé dans un petit ravin adjacent, bien à l'abri des vents.

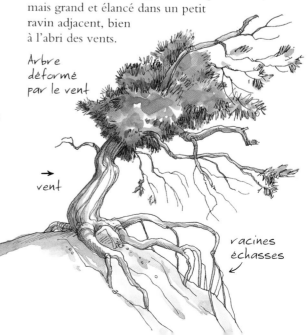

Arbre
déformé
par le vent

→ vent

racines
échasses

Vallées et piémonts

Comparativement aux sommets des montagnes, les vallées et les piémonts offrent des conditions de vie faciles. L'hiver y est moins rigoureux ; le printemps, hâtif ; l'automne, plus long. Le randonneur profite ainsi d'environ un mois de plus pour explorer les versants inférieurs à pente douce après les premières chutes de neige en haute montagne. Les vallées et les piémonts passent toutefois par des écarts extrêmes. L'été, la sécheresse tend à frapper davantage les zones situées à de faibles altitudes et provoque souvent des incendies de forêt.

La plupart des plantes des hautes altitudes poussent aussi au niveau des vallées et des piémonts. Elles y atteignent cependant une taille supérieure et sont plus robustes, car les sols sont plus épais et la saison de croissance plus longue. Les divers habitats que crée l'irrégularité du

RENSEIGNEMENTS UTILES
■ Régions montagneuses
🖤 Grande chaleur et sécheresse dans les piémonts de l'Ouest l'été
👁 Coyotes et autres prédateurs surveillant les hardes l'hiver
🖐 Velours qui se détache des bois des cervidés mâles au début de l'automne

Genévrier des Rocheuses

dents arrondies

peuplier à feuilles deltoïdes

cônes en forme de baie

relief attirent une faune variée. Pour explorer les piémonts, il peut être bon d'amorcer votre randonnée au niveau du lit d'un cours d'eau et de vous acheminer lentement vers les hauteurs en portant attention aux changements de végétation à mesure que vous progresserez.

Au Montana, par exemple, votre randonnée pourra débuter près d'un cours d'eau abrité sous des arbres comme le peuplier deltoïde, dont la croissance requiert beaucoup d'eau. Sur les versants des piémonts se dresseront généralement des chênes à gros glands et des conifères, formant parfois des peuplements denses, difficiles à traverser. Les sommets des piémonts, plus dégagés, seront peuplés de pins ponderosa.

Outre qu'ils forment des habitats fascinants, les vallées et les piémonts sont essentiels à la survie de nombreux animaux des montagnes. L'hiver, c'est dans les piémonts qu'on retrouvera les ravages des cervidés et qu'on pourra le mieux observer leurs prédateurs.

Hardes de wapitis et loup gris

L a chaîne de montagnes formant le parc national Yellowstone est un habitat de vallées et de piémonts classique. Pas moins de neuf hardes de wapitis y vivent – surtout l'hiver, lorsque le couvert de neige s'épaissit et les force alors à quitter le plateau. On trouve aussi des hardes de wapitis au sein des hautes vallées des chaînes Olympic et Cascades et dans les Rocheuses. Ces cerfs massifs sont un ravissement pour l'œil quand on peut les observer paissant sur les versants et s'y déplaçant avec une grâce et une agilité surprenantes. L'automne, pendant la saison de repro-

duction, les mâles font entendre un brame claironnant ; observez-les de loin avec des jumelles, car ils peuvent devenir dangereux si vous les approchez.

Au cours des dernières années, le nombre des wapitis a explosé dans le parc Yellowstone, ce qui a eu des conséquences profondes sur tout l'écosystème. Au printemps, le wapiti se nourrit de l'écorce du tremble et provoque ainsi le déclin constant de cet arbre. Les castors utilisent le tremble pour contruire leurs barrages ; et ces barrages créent par ailleurs des terres humides dont profitent maints animaux.

L'augmentation du nombre des wapitis est pour une part attribuable à la quasi-extermination du loup gris dans cet habitat, à laquelle se sont livrés les colons au début du siècle. Le loup est un prédateur du wapiti ; jadis, il contribuait à limiter la population de ce cervidé. Environ 100 loups ont été récemment réintroduits dans le parc Yellowstone en vue de rétablir l'équilibre délicat de son écosystème.

Pistes du loup gris

Loup gris

Falaises et gorges

Des gorges d'origine gla-
ciaire creusent le relief
des hautes montagnes de
l'Ouest. L'entrée de ces gorges
en U est souvent jonchée
d'amoncellements rocheux. En
Amérique du Nord, la formation
de la plupart des gorges est attribuable à l'érosion ; les gorges
en V que l'on peut observer entre
les montagnes Great Smokies et le
Grand Canyon ont été creusées par l'érosion.
Les roches tendres, comme le calcaire et le grès,
sont particulièrement vulnérables à l'érosion, mais avec le temps, l'eau peut
entamer même la roche volcanique la plus dure. Les strates visibles sur les versants des gorges
témoignent d'une histoire
géologique couvrant des

Chèvres de montagne

RENSEIGNEMENTS UTILES

■ *Régions montagneuses,
surtout celles de type glaciaire*

● *Gare aux chutes de pierres
(falaises) et aux effondrements
(bordures) ; vents violents*

👁 *Faucon, aigle royal et autres
rapaces nichant sur les falaises*

▲ *Gainiers en fleur sur les falaises*

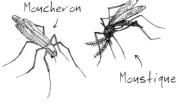

Moucheron

Moustique

millions d'années. Dans les
gorges, aussi appelées canyons
ou barrancos, la flore et la faune
se trouvent à l'abri des éléments.
Le vent peut mugir sur les bords d'une gorge,
tandis qu'au fond de celle-ci l'air demeure silencieux et calme. Même le front des falaises offre
une protection relative. Le faucon pèlerin et
d'autres oiseaux y nichent souvent, alors que des
mammifères comme le mouflon d'Amérique et
la chèvre de montagne semblent défier les lois
de la gravité en escaladant les parois les plus
abruptes.
Au fond des gorges coule habituellement un
ruisseau alimenté par l'eau de pluie et l'eau de
fonte des neiges allogènes glissant sur les versants. La flore et la faune qui ne pourraient survivre dans les forêts situées plus haut se
développent bien dans ce milieu,
où ils forment des écosystèmes complexes.

Faune des falaises

L'inaccessibilité d'une falaise est une caractéristique des plus attrayantes pour les animaux. Voilà pourquoi l'antre ou le nid de bon nombre d'entre eux se trouve sur une falaise : la femelle grizzli choisit souvent une falaise rocheuse suffisamment abrupte pour décourager les prédateurs les plus déterminés. La chèvre de montagne et le mouflon d'Amérique se mettent aussi à l'abri des prédateurs en demeurant sur le front des falaises. Ces ongulés sont bien adaptés au terrain accidenté de leur habitat : leurs sabots, durs sur les bords et mous au centre, leur procurent à la fois la prise et la traction nécessaires. Néanmoins, ils perdent fréquemment pied, généralement à cause d'éboulements ou d'avalanches. Les prédateurs sont rares, mais un aigle royal arrive parfois à pousser une chèvre de montagne dans le vide.

L'hirondelle à front blanc, répandue partout en Amérique du Nord, niche sur les falaises au fond des gorges. Elle construit souvent son nid sous un surplomb, dans une zone fraîche et retirée, accessible par voie des airs seulement. Ses œufs et ses petits se trouvent ainsi à l'abri des prédateurs, dont la couleuvre royale.

L'hirondelle à front blanc hiverne en Amérique du Sud. Au fil des ans, elle retourne souvent au même endroit et s'y reproduit au printemps. Elle niche en colonies comptant environ une centaine de couples.

Couleuvre royale

Pistes du grizzli

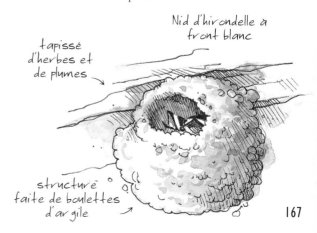

Nid d'hirondelle à front blanc

tapissé d'herbes et de plumes

structure faite de boulettes d'argile

Crevasses et corniches

L es fentes des roches et les failles du sol constituent des niches écologiques pour des plantes et des animaux des montagnes. Cela est particulièrement vrai à haute altitude, au niveau de la limite forestière et au-delà. En ces lieux, crevasses et corniches offrent une protection contre la neige et le vent et sont comme des oasis pour la faune.

Les rochers des versants sud retiennent la chaleur du soleil ; la neige fond rapidement de ce côté des montagnes. En général, le pergélisol est absent à cet endroit ou bien il se situe à une profondeur telle que les rongeurs comme le spermophile, le pica et la marmotte peuvent creuser leurs galeries dans la terre susjacente. La fonte des neiges assure l'apport en eau nécessaire à la croissance de petits arbres comme le saule herbacé, le pin sou-

Pin souple

cône

aiguilles

RENSEIGNEMENTS UTILES

- ■ *Hautes altitudes, surtout dans l'Ouest*
- ☀ *De mai à la fin d'octobre*
- *Gare aux sols instables, aux glissements et aux avalanches*
- 👁 *Martres des pins chassant picas et marmottes sur les éboulis*
- 👂 *Sifflement d'alerte des picas*

ple et le pin aristé. Du côté des affleurements rocheux, le vent qui souffle plus ou moins constamment sur les versants subalpins et alpins se calme et l'air est plus chaud qu'au niveau des terrains avoisinants.

Les rochers des crevasses et des corniches sont habituellement recouverts de lichens, d'une beauté parfois remarquable et dont la couleur va de l'orange vif au rouge vif en passant par le vert pâle. Les lichens sont formés par l'association symbiotique d'un champignon et d'une algue. Le champignon « digère » le rocher sur lequel il croît et procure à l'algue les éléments nutritifs qui lui sont nécessaires, et l'algue élabore les glucides essentiels à la survie du champignon. Les lichens sont très sensibles aux précipitations acides.

Marmotte des Rocheuses

Au pays du pica

On peut souvent apercevoir le minuscule pica d'Amérique dans les crevasses et sur les corniches des montagnes de l'Ouest. Son habitat se situe d'ordinaire sur les talus rocheux et parmi les traînées d'éboulis des versants abrupts jouxtant les prés subalpins où la végétation est abondante. Parent du lapin, le pica vit en petites colonies où chaque individu veille à avertir ses semblables de l'approche des prédateurs.

Contrairement à de nombreux animaux des montagnes, le pica est surtout diurne ; il est donc facile à observer, de la fonte des neiges aux premières chutes de neige. Le pica est particulièrement actif lors de la saison de reproduction, au printemps. C'est un animal gris-roux, ayant à peu près la taille d'un cochon d'Inde. On le voit parfois accumuler des herbages, creuser ou nettoyer son terrier ou simplement se chauffer au soleil.

Lors d'une randonnée dans les régions rocheuses, portez attention au sifflement ou au bêlement aigu (qui rappelle celui d'une jeune chèvre) distinctif que le pica émet pour alerter ses semblables de la venue d'un intrus ; la provenance du cri peut être difficile à déterminer. Des excréments noirs et poisseux sur le sol ainsi que des herbages très foulés trahissent aussi la présence de ce cousin du lapin.

À la fin de l'été, le pica fait provision d'herbages, de carex et de plantes comme le chardon et l'orpin âcre, qu'il met en réserve dans son terrier après les avoir fait sécher au soleil et dont il se nourrira durant l'hiver. Le pica n'hiberne pas, mais il demeure caché dans des galeries qu'il creuse sous la neige. Vous ne le verrez probablement pas durant cette saison, mais vous l'entendrez peut-être siffler si vous approchez un peu trop de ses réserves souterraines de nourriture !

Pistes du pica

Orpin âcre

fleur étoilée à cinq pétales

fleurs en bouquets

Chardon

Volcans

RENSEIGNEMENTS UTILES

■ *Hawaii; côte du Pacifique au nord de la Sierra Nevada; plateau Yellowstone*

🌋 *Gaz et cendres volcaniques*

👁 *Lichens et plantes sur la lave et la cendre refroidies*

▲ *Soufre des cratères et des sources thermales*

C'est dans la région de l'océan Pacifique que l'on compte le plus grand nombre de volcans sur Terre. Certains d'entre eux, comme le mont Rainier dans l'État de Washington ou le mont Redoubt en Alaska, sont situés le long de la ceinture de feu du Pacifique, où les plaques du Pacifique et de l'Amérique du Nord frottent constamment l'une sur l'autre. D'autres, comme ceux des îles Hawaii, se trouvent loin du continent, là où le lit marin s'étend par-dessus des points chauds. Le plus haut volcan au monde, le Mauna Loa, se trouve dans l'État d'Hawaii. Sa hauteur, mesurée à partir du fond de la mer, dépasse les 10 000 m.

Les organismes vivant sur un volcan actif doivent composer avec les jets de vapeur, les sources thermales, les gaz toxiques et les coulées de lave issus du cône. La lave jaillit en outre de failles sur les flancs du volcan. Lorsqu'un volcan est actif, d'épaisses coulées de lave rouge s'écoulent sur ses flancs à la façon d'une rivière au cours lent. Si le volcan est entouré d'eau, la lave finit par atteindre la mer dans un nuage de vapeur. À la suite d'une forte éruption, peu de vie subsiste sur le volcan.

Lors d'une randonnée sur un terrain recouvert de lave refroidie, vous pourrez examiner les diverses roches qui ont été formées (obsidienne, cheveux de Pélé, pahœhœ, etc.).

Sur les terrains volcaniques anciens, vous verrez des lichens et des plantes à fleurs coloniser un terrain autrefois désolé. Cette colonisation est l'amorce d'un long processus devant mener à la formation d'une terre suffisamment profonde pour permettre l'enracinement et la survie d'arbustes et d'arbres.

Coulée de lave, Kilauea, Hawaii

L'argyroxiphium d'Hawaii : espèce menacée

Il y a à peine un demi-siècle, le fond du cratère du parc national Haleakala, sur l'île Maui, était en grande partie recouvert d'argyroxiphiums d'Hawaii. En anglais, son nom *silversword* veut dire « épée d'argent ». Fait incroyable, les touristes et les chèvres sauvages ont arraché cette plante dans des proportions telles qu'elle a frôlé l'extinction. En 1927, les autorités n'ont pu répertorié que 100 spécimens. Grâce à la protection du Service national des parcs, l'on compte heureusement de nos jours plusieurs milliers d'argyroxiphiums dans le parc national Haleakala.

L'argyroxiphium descend d'une plante répandue en Californie, la grindélie, qui ne lui ressemble pas du tout. Sans qu'on sache trop comment, les graines de la grindélie se sont retrouvées un jour sur les îles

Grindélie

Argyroxiphium d'Hawaii : fleurs

feuille inférieure

Hawaii. L'évolution des plantes qui en sont issues a abouti à l'argyroxiphium tel qu'on le connaît aujourd'hui.

Il s'agit d'une plante d'apparence inhabituelle dans les tropiques, qui ressemble au yucca du sud-ouest de l'Amérique par la touffe massive de feuilles grises en forme d'épine à sa base et sa tige florale unique et énorme. Comme le yucca du désert, l'argyroxiphium pousse sur des sols secs et rocheux – un environnement courant dans les déserts du sud-ouest et au sommet des cratères volcaniques d'Hawaii.

L'argyroxiphium est bien adapté à ce milieu ingrat. À l'instar de yuccas du désert, il ne fleurit qu'une seule fois, après 15 ou 20 ans, puis meurt. Lors de la floraison, la tige atteint jusqu'à 2 m de haut et se couvre d'une multitude de belles fleurs pourpres.

Argyroxiphium en fleur **171**

Landes de l'Est

Au sommet des montagnes de l'Est, le couvert végétal consiste souvent en une lande intégrant des arbres rabougris et des tourbières herbeuses. L'absence de forêts sur ces sommets demeure un mystère, car le climat qui y prévaut n'est pas assez rigoureux pour empêcher la croissance d'arbres à port érigé.

Grenouille des bois

De nombreuses landes sont accessibles à partir d'autoroutes, comme le Blue Ridge Parkway en Caroline du Nord et en Virginie. Néanmoins, vous devrez marcher sur une distance de plusieurs kilomètres pour les atteindre, puisqu'elles se trouvent au-dessus de 1 350 m d'altitude. Après avoir traversé des forêts d'épinettes de plus en plus clairsemées, vous déboucherez sur des étendues dégagées offrant par temps clair un panorama spectaculaire.

Dans ces landes de l'est du continent, les rhododendrons aux fleurs pourpres, qui étaient des arbres de bonne dimension à flanc de montagne, vous arriveront tout au plus aux genoux.

RENSEIGNEMENTS UTILES

■ Sud des Appalaches

☀ Toute l'année ; brume et pluie fréquentes

🪨 Terrain escarpé à végétation dense où il est facile de s'égarer

👁 Rhododendrons et azalées en fleurs au printemps

👂 Chant de la paruline bleue

Le sol sera en outre couvert de petits mûriers et d'azalées arbustives. Au printemps, ces azalées se couvrent d'une multitude de fleurs roses.

Il peut être difficile de marcher dans les landes en raison de la densité de la végétation ; aussi vaut-il mieux les observer d'un seul et même endroit. Écoutez le coassement des grenouilles des bois ou le tambourinement lointain de la gélinotte huppée : l'envol de cette perdrix de bonne taille (45 cm) est aussi soudain que bruyant.

collerette de plumes soulevée

Gélinotte huppée (en pariade)

forme grise

Bleuets sauvages

Ours noir

fleur

feuille
(bord
entier ou
denté)

Bleuets

Pour trouver des bleuets sauvages, les sommets des montagnes sont l'endroit idéal en raison de la fraîcheur de l'air, de la légère acidité des sols et de leur bonne exposition au soleil. Lors d'une randonnée dans les Appalaches en été ou en automne, il vaut certes la peine d'ouvrir l'œil. La présence de bleuets a été notée dans les landes de l'Est au XVIIIe siècle, et les Indiens Cherokees les cueillent depuis des siècles. On trouve aussi des bleuets partout au Nord jusque dans la forêt boréale et la taïga.

Après avoir gravi le sentier menant à l'orée d'une lande, examinez le sol. Vous constaterez probablement qu'il est couvert de sphaigne et d'un entrelacs de fleurs sauvages et d'arbustes. Jetez un coup d'œil entre les airelles vigne-d'Ida, les saules arbustifs et les azalées miniatures jusqu'à ce que vous repériez une talle de bleuets – des arbrisseaux érigés à petites feuilles elliptiques portant sur leurs branches des fruits bleus globuleux.

Les bleuets tiennent une place importante dans l'alimentation de maints animaux des montagnes, comme la gélinotte huppée, le renard roux et l'ours noirs. Prenez garde à ce dernier. Heureusement pour le randonneur, l'ours fréquente généralement les talles la nuit ou bien à l'aube et au crépuscule.

Forme rousse

Gélinotte huppée (picorant)

Prairies alpines

Des fleurs aux couleurs éclatantes et une verdure luxuriante démarquent les prairies alpines de la toundra et de la forêt alpine dont l'austérité prédomine dans les hautes terres. Le meilleur moment de les explorer se situe au milieu de l'été, lorsque la terre a un peu séché et que la saison des fleurs sauvages est à son apogée.

L'élément clé d'une prairie alpine est son sol, une masse froide et détrempée rappelant la tourbe et composée dans une large mesure de feuilles, de tiges et de racines en décomposition. Sur ce sol extrêmement fertile, quoique acide, croissent de nombreuses variétés d'herbes latifoliées, d'arbustes et de graminées. Comme le sol est très humide et froid, les jeunes arbres ont peu de chance de prendre racine et les graminées tendent à utiliser la majeure partie des rares éléments nutritifs présents. Conséquemment, la prairie alpine demeure en général inchangée pendant de longues périodes ; elle résiste à la succession écologique menant de la prairie à la forêt ou à un autre type de végétation ligneuse.

L'été, la prairie alpine resplendit des couleurs de ses fleurs sauvages, au nombre desquelles figure la belle giroselle. Dans les prairies encaissées, vous trouverez la saxifrage, aux feuilles larges multilobées et à la tige épaisse ornée d'un multitude de fleurs blanches ou pourpres, selon l'espèce. Les ours en sont friands l'été, tout comme le spermophile du Columbia, un petit rongeur au dos grisâtre et au ventre roux.

L'automne, le temps se rafraîchit parfois, mais le raccourcissement des jours et la baisse des températures font apparaître les belles couleurs de la toundra.

RENSEIGNEMENTS UTILES

■ *Hautes montagnes glaciaires, surtout près des berges des cours d'eau et des bassins lacustres*

☀ *D'avril à octobre*

🐾 *Éviter d'endommager la flore ; terrain parfois tourbeux*

👁 *Floraisons saisonnières (gyroselle de Virginie, gentiane, etc.)*

← fleurs blanches minuscules

Saxifrage de Virginie

← tige velue

Spermophile du Columbia

Mouflon d'Amérique

L e mouflon d'Amérique se nourrit en général des plantes de la prairie alpine. Son habitat couvre essentiellement, dans l'ouest du continent, la toundra arctique et les régions dégagées par des avalanches (près de la limite forestière), les déserts, les gorges et les prairies ainsi que les pics imposants des sierras et des Rocheuses.

Bon nombre de signes révèlent sa présence. Lors d'une randonnée au sein des prairies alpines à la fin de septembre, vous entendrez peut-être les cornes de deux béliers en rut s'entrechoquer violemment après que les deux bêtes ont foncé l'une vers l'autre à toute vitesse. À cette époque, les béliers forment leur harem et s'affrontent sans cesse dans des combats dont l'enjeu est la possession des femelles. Contrairement à la plupart des ongulés, le mouflon retourne à la même aire de repos chaque soir, année après année.

Pistes du mouflon d'Amérique

On trouve parfois des crânes et des cornes de mouflons dans la toundra. Le mouflon est la proie du couguar, du coyote et du loup, et il n'est pas rare qu'il soit frappé par la foudre.

Les périodes de la journée propices à l'observation du mouflon se situent à l'aube et au crépuscule, lorsqu'il quitte les pics et descend dans les prairies alpines pour s'y nourrir de saules arbustifs et de graminées humides. Le mouflon est le plus gros représentant de la famille des moutons. Il mesure 90 cm à l'épaule et peut facilement être repéré de loin. Son corps est trapu et robuste, sa livrée va du brun foncé au gris foncé. Le bélier et la brebis sont chacun dotés de cornes, mais celles du bélier sont massives et fortement recourbées. Si vous apercevez des mouflons, vous pouvez vous en approcher, mais gardez un peu de distance.

Couguars

175

Limite forestière

Entre la forêt, la prairie alpine et la toundra, la transition est souvent soudaine et crée un paysage d'une beauté remarquable. La zone marquant la fin de la forêt est appelée limite forestière ou limite des arbres.

La convergence de deux habitats au niveau de la limite forestière attire la faune sauvage comme un aimant. L'orée de la forêt, humide et bien éclairée, est source de nourriture ; les arbres forment un couvert protecteur pour les animaux, en particulier les ongulés comme le cerf et le wapiti, qui fréquentent les pâturages alpins des hautes terres.

RENSEIGNEMENTS UTILES

■ Hautes altitudes (Nord, Ouest)

● Tempêtes parfois intenses ; protection solaire nécessaire

👁 Merles-bleus azurés nichant dans des troncs de conifères percés

👂 Casse-noix d'Amérique

▲ Granite chauffé par le soleil après une tempête

Soyez attentif aux transformations de la forêt qui s'éclaircit peu à peu autour de vous. À mesure que vous progresserez vers les hauteurs, la distance séparant les vigoureuses épinettes et les sapins s'accroîtra et la dimension des arbres diminuera. Bientôt, ils auront votre taille. Au sommet d'une crête, la cime des arbres vous effleurera les hanches. Après cinq minutes de marche, vous parviendrez aux derniers arbres à port érigé, mis à mal par le vent et qui vous arriveront aux genoux. Vous aurez alors atteint la limite forestière ; au-delà, les herbes et les arbrisseaux alpins vous arriveront à la cheville. Finalement, vous ne trouverez plus que de minuscules plantes de la toundra.

Arrêtez-vous là où commence la toundra et retournez-vous. La première chose que vous apercevrez sera probablement ce que voit un cerf : un milieu boisé à l'abri du vent incessant e du soleil des hautes altitudes, où les prédateurs ont peu de chance de le repérer. Et entre vous et la forêt s'étend un écotone irrésistible pour le animaux comme l'ours noir, le lagopède et le spermophile avec ses bleuets et ses petites baies.

Cerf à queue noire (mâle)

Pin aristé

Aux abords de la limite forestière, les arbres qui croissent là défient le temps et les saisons. Le pin aristé, que l'on trouve partout dans l'Ouest en des lieux épars au niveau de la limite forestière, figure parmi les plus vieux organismes de la Terre (la forêt domaniale d'Inyo, dans l'est de la Californie, renferme un pin aristé de plus de 4 200 ans).

tige pubescente

5 folioles et 5 pétales

Potentille

Pour observer le pin aristé, vous devrez gravir longtemps les sentiers car la plupart des peuplements se trouvent à plus de 3 300 m d'altitude. Cet arbre court au large houppier tend à pousser isolément dans des régions rocheuses à découvert, sur un sol caillouteux faiblement végétalisé. De près, son tronc gris, noueux et tordu, paraît

massif. Ses courtes aiguilles vertes forment des touffes sur les branches ; ses cônes sont petits et d'un brun violacé foncé. Le pin aristé semble presque indestructible. Des branches peuvent être brisées et

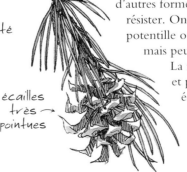

Casse-noix d'Amérique

une moitié de l'arbre peut être morte, tandis que l'autre moitié s'accroche obstinément à la vie. On voit même des arbres qui, partiellement consumés après avoir été frappés par la foudre, continuent de croître malgré tout.

L'habitat que préfère le pin aristé est un milieu hostile auquel peu d'autres formes de vie peuvent résister. On y voit parfois la potentille ou le trèfle alpin, mais peu d'autres végétaux. La faune est aussi rare et peu diversifiée : écureuil roux, casse-noix d'Amérique, néotome (rat) à queue touffue.

écaille du cône

Pin aristé

gouttelettes de résine grisâtre sur les aiguilles

écailles très pointues

177

L'hiver en montagne

Neuf mois par année, les plantes et les animaux des hautes montagnes et des milieux arctiques doivent composer avec un froid intense, le vent et la neige ; dans ces contrées, l'été est des plus fugaces. Face à un environnement aussi hostile, la migration s'avère la stratégie de survie la plus simple. Les oiseaux aquatiques comme le canard et la bernache migrent en grandes bandes vers des climats plus chauds situés à des milliers de kilomètres de leur habitat. D'autres oiseaux, comme le jaseur boréal, quittent simplement les hautes terres au profit du fond des vallées, où ils profitent d'un climat moins rigoureux ainsi que d'une nourriture plus accessible.

De nombreux mammifères gagnent les piémonts et le fond des vallées pour passer la saison froide à l'intérieur de zones restreintes où ils arrivent à se nourrir et à se protéger des éléments. Dans les piémonts du Québec et de la Nouvelle-Angleterre, vous trouverez probablement des cerfs de Virginie. Dans l'Ouest, au Wyoming, des milliers de wapitis, de cerfs à queue noire et de bisons venus de Yellowstone viennent hiverner chaque année dans un refuge national à proximité de Jackson Hole, où le randonneur et le skieur de fond pourront les observer. Une foule de prédateurs les suivent, dont le coyote, qui doit faire preuve d'une extrême débrouillardise pour survivre à l'hiver et arriver à se reproduire en février et mars. Faute de proies, le coyote se nourrira de ce qu'il pourra trouver – des fruits d'églantier aux carcasses d'animaux tués sur les routes.

RENSEIGNEMENTS UTILES

☀ *De novembre à la fin mars*

🥾 *Gare aux blizzards ; utiliser raquettes ou skis sur neige épaisse*

👁 *Écureuils roux le jour ; polatouches au crépuscule*

👂 *Craquements dus au gel des arbres et des pierres*

✋ *Branches givrées*

Jaseur boréal en plongée

Fruit d'églantier givré

Survivre au froid

L'hiver venu, de nombreux animaux migrent vers des habitats plus chauds, mais il s'en trouve certains pour affronter les conditions rigoureuses de la saison froide. La marmotte et le spermophile creusent un terrier où ils hibernent. Le pica amasse de la nourriture dans des réserves souterraines et ralentit le rythme de ses activités pendant l'hiver.

Quelques animaux demeurent actifs en dépit de la froidure ; leur adaptation aux conditions hivernales est remarquable. Ainsi, la livrée brune estivale du lièvre d'Amérique et du lagopède devient blanche l'hiver, ce qui leur permet de se confondre efficacement avec la neige et de se protéger ainsi des prédateurs. L'homochromie de ces animaux est fonction des réactions de leur horloge biologique à des facteurs externes comme la température et la durée des jours. C'est ainsi que des conditions climatiques inhabituelles peuvent rendre ces animaux très vulnérables, car leur changement de livrée s'effectue même

Lagopède en hiver

en l'absence de neige au sol (ou le contraire). Le lagopède, une perdrix vivant au-delà de la limite forestière, dispose l'hiver de plumes sur les pattes qui le protègent du froid et l'aident à marcher sur la neige. Il s'enfouit sous la neige, dont les qualités isolantes assurent la conservation de sa chaleur corporelle. Les lagopèdes sont bruyants : vous les entendrez souvent avant de les voir.

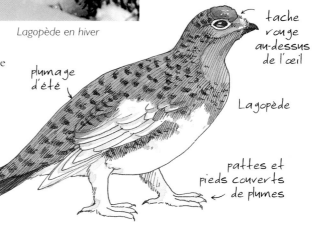

plumage d'été

tache rouge au-dessus de l'œil

Lagopède

pattes et pieds couverts de plumes

179

Toundra

L a véritable toundra se situe au nord de la taïga et au nord du cercle polaire arctique. La toundra alpine s'étend quant à elle sur les sommets de hautes montagnes partout aux États-Unis et au Canada. Bien qu'elles présentent bon nombre des caractéristiques de la véritable toundra, ces régions reçoivent généralement davantage de précipitations. Leur isolement fait en sorte qu'on y trouve de nombreuses espèces différentes.

La toundra arctique est le milieu le plus hostile du continent. À cette latitude, l'hiver est long et le vent souffle avec violence. Les plantes n'y atteignent que quelques centimètres de hauteur, car à leur niveau, l'inégalité du sol modère l'intensité du vent. En outre, les feuilles de certaines plantes, dont le silène acaule et le myosotis alpin, font obstacle au vent, et quelques plantes un peu plus hautes, comme le chardon nain à

Silène acaule

RENSEIGNEMENTS UTILES

■ Nord de l'Alaska et du Canada ; hautes altitudes au sud jusqu'au Colorado et au New Hampshire

■ Sol tourbeux et instable ; moustiques l'été

Migration de caribous sur les rivières George (Nouveau-Québec), Mulchatna et Noatak (Alaska)

fleurs blanches, ont des villosités et des écailles épidermiques qui leur permettent d'absorber et de retenir la chaleur, de résister à la déshydratation éolienne et de filtrer les radiations nocives.

Fleur de silène acaule

La plupart des plantes qui croissent dans le milieu sec de la toundra arctique sont vivaces ; leur floraison et la dispersion de leurs graines surviennent rapidement en raison de la brièveté de l'été. Certaines d'entre elles, le saule arbustif par exemple, ne fleurissent qu'au bout de plusieurs années, après avoir graduellement accumulé les éléments nutritifs nécessaires.

On voit à perte de vue dans la toundra à cause du relief. À l'aide de jumelles, le randonneur pourra parfois observer un renard arctique, une harde de caribous ; très au nord, des bœufs musqués.

Renard arctique

Migrations du caribou

Chaque année, au mois d'août, alors que les premières tempêtes de Sibérie traversent le détroit de Béring, d'énormes hardes de caribous parties du nord de l'Alaska parcourent des centaines de kilomètres pour se rendre à des aires d'hivernage protégées situées au Canada.

Les caribous se rassemblent en hardes pouvant compter jusqu'à 100 000 têtes. Au début du mois d'août, vous apercevrez probablement des groupes formés de 10 à 40 caribous mâles, de magnifiques animaux mesurant 1,5 m à l'épaule. Ces groupes guident dans leur migration les hardes constituées des femelles et de leurs petits ainsi que de jeunes mâles. Ces groupes se déplacent constamment, parfois à la queue leu leu, à environ 5 km à l'heure. Ils s'arrêtent rarement en cours de migration.

Le caribou est un excellent nageur. Il traversera souvent un lac ou une rivière à la nage plutôt que de les contourner. C'est aussi un marcheur infatigable, bien adapté au terrain accidenté de son habitat. Comme le sous-sol de la toundra demeure gelé en permanence à partir d'une faible profondeur (c'est ce qu'on appelle le pergélisol), l'eau demeure en surface. Pour cette raison, le sol de la toundra tend à être détrempé. Des coussinets placés sous les sabots du caribou facilitent les déplacements de l'animal. Mous l'été et durs l'hiver, les coussinets conviennent à la marche sur les terrains tourbeux et procurent une meilleure prise sur la glace et la neige. Les tendons des pattes du caribou sont fixés lâchement au-dessus de la base des sabots, ce qui permet à chaque patte de « rebondir » sur les sols mouillés. C'est une adaptation remarquable (les marcheurs y seront sensibles), car le caribou peut peser 270 kg.

Pistes du caribou

Caribou (mâle)

181

Prairies

MARCHER DANS LES PRAIRIES

Une randonnée dans les prairies nous fait communier avec le passé

des Amérindiens et des colons européens en nous offrant un aperçu

fascinant de ce que leur vie a dû être.

Vastes terres dominées par les graminées, les prairies sont habituellement planes ou légèrement ondoyantes, semblant parfois s'étendre à l'infini dans toutes les directions. Ce sont de merveilleux endroits pour étudier les liens qui unissent la flore et la faune.

TYPES DE PRAIRIES

Les habitats des prairies, au centre du continent, sont façonnés dans une large mesure par les pluies. La basse prairie, dont les herbes ne dépassent pas la hauteur des genoux, s'étend sur la plupart des versants relativement secs du côté est des Rocheuses. La prairie mixte, qui s'étend de la Saskatchewan au Kansas, couvre un territoire où l'eau est plus abondante. La haute prairie s'étire du sud du Manitoba vers les États bien drainés du Midwest. Les

COULEURS DES SAISONS *Printemps et été, l'anémone pulsatile à (droite) émaille les prairies des couleurs de l'arc-en-ciel. Le plumage de l'aigle royal (en bas) est brun, sa nuque dorée.*

prairies de Californie se trouvent presque exclusivement dans l'État dont elles portent le nom. Elles sont dominées par les graminées cespiteuses – des vivaces qui poussent en touffes isolées plutôt que sous forme de gazon épais.

De nos jours, seules de petites parcelles de ce qui constituait jadis les prairies subsistent dans la plupart des cas ; elles sont entourées de terres agricoles, de fermes d'exploitation bovine et d'établissements humains. Une prairie vraie n'en est une que s'il y croît des plantes indigènes comme l'herbe à bison, l'agropyre de l'Ouest et le barbon de Gérard. La savane, un type de prairie parsemée d'arbres, occupe les zones de transition entre la forêt et la prairie ; elle a en grande partie disparu au profit des terres agricoles.

CHIENS DE PRAIRIE *La basse prairie (ci-contre) est l'habitat du chien de prairie à queue noire (à gauche), animal considéré naguère une nuisance*

**GÉOGRAPHIE
DES PRAIRIES**

*Nos prairies ont été
largement converties en
terres agricoles; certaines
subsistent dans des réserves.*

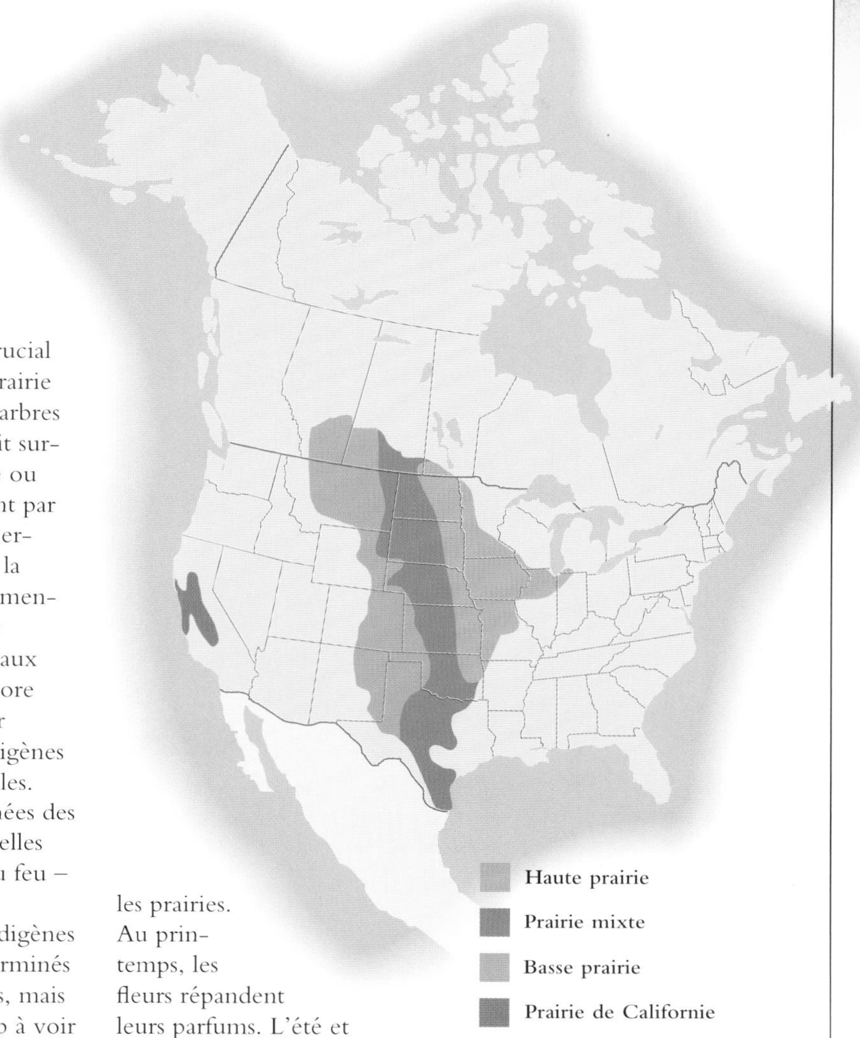

PRAIRIES ET FEU
Le feu a joué un rôle crucial
dans l'évolution de la prairie
en éliminant les jeunes arbres
et les arbustes. Il pouvait survenir de façon naturelle ou
être allumé délibérément par
les Amérindiens, qui cher-
chaient ainsi à favoriser la
croissance de plantes alimentaires et la formation de
pâturages pour les animaux
sauvages. Le feu est encore
utilisé de nos jours pour
restaurer les prairies indigènes
dans les réserves naturelles.
L'adaptation des graminées des
prairies fait en sorte qu'elles
résistent aux attaques du feu –
et des ruminants.

Bien des animaux indigènes
des prairies ont été exterminés
dans de vastes territoires, mais
il reste encore beaucoup à voir
et à explorer. Au fil des saisons, les animaux comme le
spermophile, la chevêche des
terriers, le coyote et le lézard-
fouet construisent leur nid ou
creusent leur terrier, se reproduisent et se nourrissent dans

les prairies.
Au prin-
temps, les
fleurs répandent
leurs parfums. L'été et
l'automne, le bruissement des
herbes se mêle aux appels des
oiseaux et au bourdonnement
des insectes. L'hiver, de forts
vents soufflent; promenez-
vous en raquettes pour observer les pistes des animaux.

Haute prairie
Prairie mixte
Basse prairie
Prairie de Californie

**FLORE ET FAUNE
DES PRAIRIES**

*Bison (ci-dessus) et
barbon de Gérard (ci-
contre), indigènes des
prairies. Haute prairie
(à gauche) dans une
réserve d'Oklahoma.*

Haute prairie

En marchant dans la haute prairie, vous remarquerez d'abord l'abondance de la flore. En aussi peu qu'un demi-hectare, vous pouvez rencontrer jusqu'à 300 espèces d'herbes et de plantes herbacées. La plus grande partie du sol est couverte de barbons de Gérard et d'autres graminées dominantes, comme le faux-sorgho jaune et le panic dressé. Des centaines de fleurs sauvages et d'autres plantes herbacées poussent à l'étroit entre les barbons de Gérard.

La hauteur des plantes n'est pas uniforme. Certaines, comme le faux-sorgho jaune, forment des peuplements de plus de 2 m de hauteur. D'autres, comme le fraisier des champs, croissent près du sol dans l'ombre et à l'abri des végétaux qui les entourent. La diversité des étages végétaux permet aux plantes de vivre tout près les unes des autres sans concurrence directe pour la satisfaction de leurs besoins

RENSEIGNEMENTS UTILES

■ *Du sud du Manitoba et de la Saskatchewan jusqu'en Oklahoma*

☀ *Printemps et fin de l'été pour les fleurs sauvages*

🐛 *Demeurer sur les sentiers l'été pour éviter les tiques*

🎵 *Chant des sauterelles et des grillons*

Syrphe

épi

tige ronde

Barbon de Gérard

paire d'épillets

vitaux. Dans la haute prairie, la sturnelle, le sphinx, le syrphe et le bourdon participent à la pollinisation des plantes et à la dissémination de leurs graines. La taupe, la souris sylvestre, le tamia et le lapin de même que le tétras des prairies, le tétras à queue fine et le colin de Virginie vivent parmi les graminées. Le blaireau d'Amérique, la belette, le renard roux, le coyote, la crécerelle d'Amérique, l'effraie des clochers, le busard Saint-Martin et la buse à queue rousse font partie de leurs prédateurs.

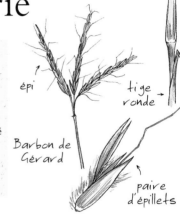

Sauterelle d'Amérique rose

Tétras des prairies

Fleurs sauvages des prairies

On compte environ 200 espèces de fleurs sauvages indigènes dans la haute prairie. Au printemps et l'été, elles transforment leur habitat en une mer de couleurs ondoyante. Les fleurs attirent les insectes et les oiseaux, comme le monarque et le colibri à gorge rubis.

De loin, les fleurs forment un kaléidoscope de couleurs. De près, elles sont une source de nourriture et un refuge pour les insectes, les araignées et les petits animaux. Parmi les plantes, vous verrez parfois des galeries de souris, des œufs d'insectes ou des toiles d'araignées. La présence ici et là de certaines plantes – quenouille, sagittaire – révèle que le degré d'humidité ou de sécheresse de la prairie est plus élevé qu'ailleurs.

Les légumineuses dominent la haute prairie. La tige grimpante de la vesce croît en enroulant ses vrilles autour des graminées et des autres plantes qui lui servent de suppport. Ses fleurs sont bleu violacé. Le lupin du Texas est une autre légumineuse qui, au printemps, remplit la prairie de bosquets de fleurs bleues.

Liatride à épis

Liatride des prairies

5-9 fleurons

feuille rubanée

Hélianthe, verge d'or, vergerette, échinacée pourpre, aster et liatride figurent parmi les fleurs répandues dans la haute prairie. Les espèces de la famille des composées, comme l'hélianthe, sont une source de nourriture pour de nombreux petits mammifères et oiseaux – tamia, écureuil, roselin et mésange ; cultivées jadis par les Amérindiens pour leurs graines et leurs racines, elles atteignent 3,5 m de hauteur et leurs fleurs peuvent avoir jusqu'à 35 cm de diamètre. La liatride à épis, qui fleurit de juillet à septembre, peut atteindre 1,8 m de haut.

Les Amérindiens et les colons européens utilisaient des fleurs sauvages pour se nourrir et se soigner. Ainsi, la gentiane, à fleurs pourpres, servait à traiter l'indigestion, et le latex de l'asclépiade à guérir les plaies. En outre, on brûlait la vergerette pour éloigner les insectes et on appliquait la racine de l'échinacée pourpre sur les morsures d'insectes.

Lupin du Texas

187

Prairie mixte

Zone de transition entre la haute prairie à l'est et la basse prairie à l'ouest, la prairie mixte présente des plantes qui ont de 60 cm à 1,2 m de hauteur. Elles sont plus basses que les plantes de la haute prairie parce que la prairie mixte, outre le fait qu'elle reçoit moins de précipitations, est exposée à des vents forts qui provoquent une évaporation rapide de l'eau de pluie.

Pendant la saison chaude qui va d'août à octobre, les tiges ocre jaunâtre du schizachyrium à balais apparaissent. Cette herbe forme un gazon dans les régions humides et pousse en touffes dans les régions sèches. Au cours des mois frais coïncidant avec la croissance des végétaux, le pâturin des prés abonde. L'agropyre de l'Ouest domine toutes les terres certaines années, délogeant alors le schizachyrium à

RENSEIGNEMENTS UTILES

■ *Du sud du Texas au centre de la Saskatchewan*

☀ *Tempêtes l'été ; froid parfois intense l'hiver dans le Nord*

🐍 *Son de crécelle du crotale des prairies*

👂 *Chant de la sturnelle, du dickcissel et du bruant noir et blanc*

épi

Schizachyrium à balais

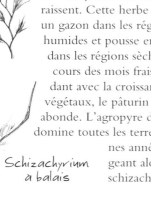

Serpent-jarretière des plaines

balais, moins résistant à la sécheresse, jusqu'à l'arrivée d'un printemps pluvieux.

La prairie mixte héberge certains représentants de la flore et de la faune de la haute et de la basse prairie : la marguerite jaune et l'oxytropis de Lambert, le blaireau d'Amérique et le cerf à queue noire. Vous apercevrez peut-être certains reptiles des prairies.

Le lézard des clôtures arbore une rayure latérale et le mâle porte des taches bleues sous la gorge et l'abdomen.

Dans les zones humides, vous verrez parfois un serpent-jarretière des plaines se chauffer au soleil ou chasser les grenouilles, ou bien vous repérerez un serpent-jarretière rayé. Le scinque des prairies, un gros lézard brun, peut être vu en train de creuser le sol à l'aube et au crépuscule. La tortue-boîte ornée aime se chauffer au soleil le matin sur les pierres et les arbres morts situés près de l'eau.

Oiseaux des prairies

En randonnée dans les prairies, vous remar-querez des volées d'oiseaux, y compris d'oiseaux chanteurs, comme l'alouette et le bruant. Pour se protéger dans cet habitat où ils sont à découvert, les oiseaux volent en groupes. Leur plumage tend à être plus terne que celui de leurs cousins arboricoles des forêts. Les oiseaux des prairies sont bien adaptés à la vie au sol ; leur aptitude à la marche est souvent supérieure à leur vol. Ayez l'œil ouvert ; bien que difficiles à repérer, les nids de plus de la moitié des oiseaux des prairies sont construits sur le sol ou, comme c'est le cas pour la chevêche des terriers, dans la terre.

Les oisillons apprennent tôt à courir et à voler pour échapper aux belettes, aux mouffettes et autres prédateurs : en effet, les grands espaces ouverts des prairies sont de bons territoires de chasse pour les oiseaux de proie. Outre le busard Saint-Martin et la buse à queue rousse, que l'on trouve presque partout en Amérique du Nord, la prairie mixte héberge la buse de Swainson. Brun chocolat sur le dessus et sur la poitrine, chamois ou blanc dessous, cet oiseau possède des ailes plus longues et plus pointues que

empale souvent ses proies sur des épines →

celles de la buse à queue rousse et est un peu plus petit que celle-ci.

Le magnifique aigle royal au plu-mage brun présente une tache dorée sur la nuque et mesure de 75 cm à 1 m de hauteur. Ses ailes font plus de 1,8 m d'envergure. Il plane sur les courants d'air ascendants avant de fondre sur sa proie (lapin ou gros rongeur) à ras du sol ; il se nourrit parfois sur les carcasses de bétail.

Si vous trouvez un petit oiseau, une souris ou un insecte mort empalé sur une épine ou une pointe de fil barbelé, il s'agit probablement de la réserve de nourriture d'une pie-grièche grise ou d'une pie-grièche migratrice.

En fin d'après-midi, cher-chez le petit hibou des marais, au plumage brun roux et aux yeux cerclés de noir.

Pie-grièche migratrice

Alouette hausse-col

189

Basse prairie

La basse prairie couvre les plaines arides situées juste à l'est des Rocheuses. Certaines parties de cette région ne reçoivent que 250 mm de pluie chaque année, habituellement entre mai et juillet, parfois sous forme de violentes averses de grêle. Lors d'une randonnée, vous devrez parfois vous protéger du chinook, un vent chaud et sec qui dévale en hurlant les versants des Rocheuses avant de traverser les plaines.

Certains des petits mammifères de la haute et de la moyenne prairie – blaireau d'Amérique, belette à longue queue, lièvre de Townsend – se retrouvent dans la basse prairie, qui héberge également bon nombre d'espèces de reptiles des autres prairies, comme le crotale des prairies et le serpent-jarretière. Vous apercevrez

RENSEIGNEMENTS UTILES
- Bande étroite à l'est des Rocheuses, du sud de l'Alberta au nord-ouest du Texas
- Mai-juillet pour les fleurs
- Graines à pointes de l'herbe à bison – porter un pantalon
- Chiens de prairie luttant ou se frottant le nez et les dents

probablement les signes de la présence de gros mammifères des prairies, sinon ces animaux eux-mêmes – coyote, bison, antilope d'Amérique, cerf à queue noire.

Deux types de graminées prédominent. La première, le boutéloua grêle, a des feuilles vert bleuâtre mesurant seulement de 7,5 à 13 cm de longueur et souvent bouclées pour combattre la déshydratation. Sa tige florale atteint de 15 à 50 cm de hauteur et ses grappes de fleurs pourpre pâle ont la forme d'une petite brosse. La seconde, l'herbe à bison, a de 10 à 30 cm de hauteur. En marchant, observez la dispersion de la plante en suivant ses stolons, tiges aériennes qui courent sur le sol et peuvent y croître de 5 cm par jour. Les stolons s'enracinent et forment ensuite de nouvelles touffes sur les sols dénudés. Les fleurs mâles poussent sur des tiges, et les fleurs femelles près du sol. Le bison disséminait jadis les graines, qui s'accrochaient à sa fourrure alors qu'il paissait.

fleuron
Boutéloua grêle

Herbe à bison
épillet
fleuron femelle

Chiens de prairie

Jeunes chiens de prairie à queue noire

Il y a deux espèces de chiens de prairie en Amérique du Nord : le chien de prairie à queue noire, qui vit à l'est des Rocheuses, et le chien de prairie à queue blanche, dont l'habitat va des Rocheuses au Grand Bassin.

Lors d'une randonnée dans la basse prairie, vous aurez peut-être l'occasion d'observer les nombreux terriers d'une colonie de chiens de prairie. Les chiens de prairie à queue noire sont grégaires ; ils forment des colonies comptant plusieurs milliers d'individus. L'entrée de leurs terriers est marquée par un monticule de terre pouvant atteindre 90 cm de hauteur, en

Pistes du chien de prairie

Coyote

forme de volcan. Les chiens de prairie les pressent de leur museau : vous y verrez peut-être leur empreinte. Les galeries peuvent avoir 25 m de longueur ; des galeries latérales allant dans toutes les directions y sont reliées. Vous trouverez parfois une sortie dérobée ici et là, sans monticule. Les chiens de prairie s'en servent pour fuir leur terrier s'ils y sont poursuivis par un prédateur.

Les chiens de prairie ne sont pas, à proprement parler, des chiens, mais des écureuils fouisseurs. Les chiens de prairie à queue noire adultes mesurent de 35 à 40 cm de long. Le bout de leur courte queue est noir. Toujours aux aguets, le chien de prairie s'assoit souvent bien droit et balaie les environs d'un regard perçant. S'il aperçoit ce qui pourrait être un prédateur, il émet un jappement pour alarmer ses semblables, qui se réfugient aussitôt dans leurs terriers. Une fois le danger passé, un autre type de jappement se fait entendre. Les chiens de prairie remontent alors à la surface pour reprendre leurs activités.

191

Prairies de Californie

Il y a deux types de prairies de Californie : la prairie côtière, ondoyante, où les températures et le vent sont doux, et la prairie alluviale, constituée de terres basses où la chaleur est parfois étouffante. Dans les deux types de prairies, les hivers sont peu rigoureux et humides, et les étés chauds et secs. Toutefois, les zones côtières peuvent recevoir jusqu'à 725 mm de pluie à l'automne, en hiver et au printemps, tandis que la région de la vallée centrale (Central Valley) peut n'en recevoir qu'à peine 150 mm. La prairie côtière est formée de parcelles éparses plutôt que d'un territoire continu.

Dans les deux régions, une nouvelle végétation verdoyante croît dès les premières pluies à la fin de l'automne. Mais les plantes poussent surtout quand le temps se réchauffe, au début du printemps. Elles sèchent durant l'été. La région de la vallée centrale était jadis une vaste étendue couverte de fleurs sauvages, où paissaient des hardes d'antilopes d'Amérique et de wapitis et où rodait le grizzli ; de nos jours, elle subit une exploitation agricole intense. Les prairies côtière et alluviale ont été envahies par quelque 400 espèces de plantes annuelles allogènes (introduites), et les bêtes à cornes ont chassé les gros herbivores indigènes de leur habitat. Mais la population des petits animaux sauvages – lièvre, campagnol, souris, spermophile – est florissante au sein des réserves naturelles.

RENSEIGNEMENTS UTILES

■ Moyenne altitude, de San Francisco jusqu'au sud de l'Oregon ; vallée centrale, Californie

☀ Février-mai pour les fleurs sauvages et les mares vernales

🌰 Éviter les chaleurs estivales dans la vallée centrale

▲ Odeur de soda au raisin du lupin

fleurs verticillées

villosités sur le dessus

fleur

Lupin miniature

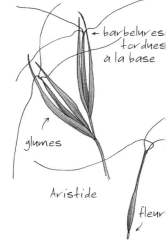

barbelures tordues à la base

glumes

Aristide

fleur

La faune trotte-menu

Bien que le grizzli soit aujourd'hui complètement [di]sparu en Californie et que les [h]ardes de wapitis se limitent à [qu]elques populations isolées, les [p]etits mammifères comme la [s]ouris et le campagnol arrivent [fo]rt bien à survivre en se nour[ri]ssant des plantes annuelles [al]logènes (introduites) qui ont [co]lonisé la région.

Les populations de rongeurs suivent des [cy]cles. Leur accroissement survient lorsque les [re]ssources sont abondantes ; à la longue, les ani[m]aux deviennent trop nombreux et meurent en [m]asse faute de ressources suffisantes. En période [d']équilibre démographique, les animaux con[so]mment juste assez de végétation pour exposer [la] terre au soleil, ce qui améliore la germination. [L]es rongeurs nourrissent les oiseaux de proie

Buse à queue rousse

comme la crécerelle d'Amérique et la buse à queue rousse.

Les petits rongeurs de Californie – rats, souris, gaufres, campagnols – sont actifs la nuit : recherchez des signes de leur présence. La souris des moissons fait des réserves de nourriture dans des caches souterraines. Les souris ne retirent pas toute l'écale des noix ou des graines ; elles se contentent d'y creuser de petits trous à coups d'incisives. La souris à abajoues et le rat kangourou s'apparentent au gaufre et au spermophile. Vous les verrez parfois si vous restez immobile près de leur terrier, surtout au crépuscule.

Signes de la présence
d'un petit mammifère

Souris à
abajoues de
San Joaquin

tronçon
d'os rongé

graine grugée

graines
accumulées

matériaux de nidification

pistes de
la souris à
sauterelles

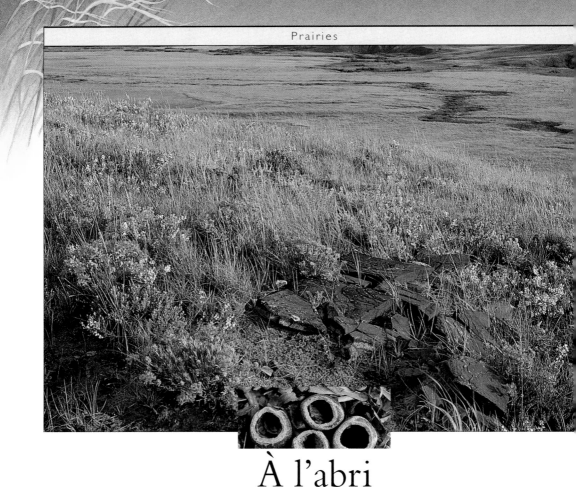

À l'abri

La prairie est d'une certaine manière comparable à un iceberg: 80 p. 100 de sa flore et une grande partie des animaux et des insectes qui y vivent ne sont pas visibles en surface.

L'exploration de la prairie permet de voir de près l'interaction de l'eau, du sol et de la végétation. Le sol de la haute prairie est très fertile parce qu'il est très densément végétalisé et qu'il dispose donc d'une bonne source d'humus (plantes et matières animales décomposées). L'humus enrichit le sol et favorise la rétention de l'eau. Dans la prairie mixte et dans la basse prairie, le sol sablonneux contient moins de matières organiques; le peu de pluie qui y tombe s'infiltre vite dans le sol.

En examinant une poignée de terre à la loupe ou au microscope,

RENSEIGNEMENTS UTILES
■ *Toutes les prairies; tourbe de la prairie mixte et de la haute prairie*
☀ *Tôt le matin, quand le sol est humide; printemps ou automne*
🔍 *Apporter une loupe pour examiner une poignée de terre*
✋ *Texture de la terre: sèche et sablonneuse, ou lourde et noire*

vous trouverez de petits champignons, des fragments de plantes ainsi que des insectes et leur larves. Les fourmis construisent leurs fourmilières sous terre pour élever leur progéniture, alors que les sauterelles et les grillons enfoncent leurs œufs dans le sol et laissent au soleil le soin de les incuber. Remettez toujours la terre où vous l'avez prise et replacez les pierres que vous retournez. Dans la haute prairie et la prairie mixte, vous aurez peut-être de la difficulté à prélever une poignée de terre parce que le sol est couvert d'une tourbe constituée d'herbes aux racines fibreuses, plus longues que leurs feuilles et pouvant descendre à 3,5 m de profondeur.

Spermophile de Richardson

Criquet

les masses d'œufs passent l'hiver dans le sol

Terriers des prairies

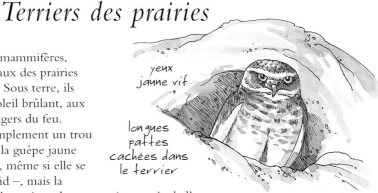

yeux jaune vif

longues pattes cachées dans le terrier

Chevêche des terriers dans le terrier d'un chien de prairie

Bon nombre de reptiles, de mammifères, d'insectes et même d'oiseaux des prairies ouvent refuge dans un terrier. Sous terre, ils chappent aux prédateurs, au soleil brûlant, aux ents violents et même aux dangers du feu.

Certains insectes creusent simplement un trou onnant sur une seule entrée – la guêpe jaune e creusera pas une autre sortie, même si elle se ouve emprisonnée dans son nid –, mais la upart des animaux disposent de terriers plus omplexes. C'est le cas, par exemple, des chiens e prairie. Le pieds-en-bêche des plaines, un rapaud, pénètre tout bonnement à reculons ans un sol meuble et sec en y creusant un trou l'aide des bêches arrondies de ses pieds posté-eurs. Les terriers demeurent ouverts ; leur ngueur va de quelques centimètres à plusieurs ètres. Le campagnol des champs vit souvent ans un terrier l'été, mais passe l'hiver dans n nid aménagé en surface. Il est fascinant de voir une plante disparaître lente-ment dans le sol à mesure qu'un campagnol la mange sous terre, en ommençant par les racines !

La chevêche des terriers se ent souvent sur le sol en plein

jour, près de l'en-trée de son terrier. Lorsqu'elle perçoit un danger qui s'approche, elle se balance sur ses longues pattes avant de plonger finalement dans son terrier, plutôt que de s'enfuir à tire d'ailes. La chevêche peut creuser son terrier, mais elle occupe d'ordinaire ceux que des chiens de prairie ou des gaufres bruns ont abandonnés.

Le gaufre brun est plus petit qu'un chien de prairie, sa lon-gueur variant de 18 à 35 cm. Fouisseur solitaire, il joue un rôle très important en aérant les sols secs où les lombrics se font rares.

Campagnol des champs

Les grandes hardes

L e temps où les grandes hardes parcouraient les prairies de l'Amérique du Nord à l'occasion de migrations massives est révolu, mais il est toujours possible d'observer le bison, le cerf à queue noire, le wapiti et l'antilope d'Amérique dans leur habitat naturel. Leurs populations sont particulièrement florissantes dans les parcs nationaux et les réserves fauniques. Au Canada, on peut voir des hardes de bisons en liberté dans le parc national Riding Mountain, au Manitoba.

Dans le National Elk Range, une réserve faunique du Wyoming, l'on trouve la plus grande harde hivernale de wapitis au monde : 10 000 individus s'y rassemblent de la mi-décembre à la fin mars.

Bien que différents à maints égards, le bison, le wapiti, l'antilope d'Amérique et le cerf à queue noire

RENSEIGNEMENTS UTILES

▪ *Parcs nationaux, réserves fauniques*

☀ *Printemps pour les jeunes, hardes à l'aube et au crépuscule*

◖ *Observer avec des jumelles*

👂 *Ébrouement du bison, brame du wapiti mâle*

▲ *Odeur musquée des hardes*

Wapiti mâle (bramant)

forment tous des hardes. En groupe, les animaux risquent moins d'être tués par un prédateur – coyote, cougar, loup. Les femelles et les jeunes trouvent protection au sein de la harde. La vie en harde permet aussi aux bêtes de se protéger des variations climatiques extrêmes.

Les gros mammifères des prairies ont les sens de l'odorat, de l'ouïe et de la vue très développés. Ils peuvent repérer un mouvement à 6 km à la ronde. De toutes les espèces des prairies, le bison est la seule qui ne présente pas une queue à dessous blanc dont le soulèvement lui permettrait d'alerter ses semblables de la présence d'un danger – comme le font le wapiti, le cerf à queue noire et l'antilope d'Amérique.

Les jeunes de la harde

Les jeunes ruminants des prairies doivent vite devenir autonomes pour survivre. Les bisonneaux sont sur leurs pattes quelques heures après leur naissance, tandis que le jeune wapiti peut se tenir debout et téter dans la demi-heure suivant la mise bas. Les mères des gros ruminants produisent un lait très riche, et leur progéniture se développe rapidement.

Cerf à queue noire (biche) et ses faons

Les faons du wapiti, du cerf à queue noire et de l'antilope d'Amérique passent les premiers jours de leur vie étendus sur le sol, immobiles sur des touffes d'herbes, attendant que leur mère revienne les allaiter. Une femelle qui a des jumeaux les cachera en des endroits différents de manière que l'un des deux puisse survivre si un prédateur s'attaque à l'autre. Contrairement à leurs parents, les faons nouveau-nés ne dégagent pas d'odeur et risquent ainsi moins les attaques des prédateurs lorsqu'ils sont seuls. Les faons du wapiti et du cerf présentent une livrée parsemée de taches pâles qui les aide à se fondre dans leur environnement. Une semaine environ après leur naissance, les faons de l'antilope d'Amérique et du wapiti rejoignent la harde, tandis que les faons du cerf à queue noire ne le font qu'un mois après avoir vu le jour.

Le bisonneau, par contre, intègre la harde un ou deux jours après qu'il est né. Il demeure sous la surveillance de sa mère de sa naissance jusqu'à la prochaine mise bas.

N'approchez jamais des rejetons des gros mammifères. Leurs cris auront tôt fait d'alerter la mère, qui viendra à leur rescousse en courant. Bien que paisibles et inoffensifs en apparence, les ruminants peuvent être dangereux.

Leurs cornes et leurs sabots sont acérés. De fait, plusieurs personnes meurent chaque année après s'en être trop approchées... Mieux vaut observer ces magnifiques animaux de loin !

Pistes du bison

197

Restauration de la prairie

Partout en Amérique du Nord, on met le feu à des lopins de terre, on laisse en jachère pendant des années des terres agricoles naguère productives ou on cesse d'enlever les mauvaises herbes. Ces pratiques volontaires ne sont pas de la négligence : elles s'inscrivent en réalité dans un mouvement visant à restaurer les prairies indigènes.

Les colons européens qui s'établirent dans les prairies y avaient été attirés par la richesse de la terre végétale, dont l'épaisseur atteignait plus de 60 cm par endroits. Ils occupèrent donc un coin de prairie, parquèrent leurs bêtes d'élevage près de leurs habitations et combattirent les feux qui assuraient le renouvellement des éléments nutritifs et brûlaient les arbustes et les jeunes arbres. Les pratiques agricoles des colons, contraires aux pratiques des Amérindiens des plaines qui vivaient dans les prairies depuis des milliers d'années, rompirent les cycles vitaux naturels des prairies. Cela même qui avait attiré les fermiers – la fertilité étonnante de la région – se trouvait compromis.

De nos jours, l'on s'efforce de restaurer l'écosystème complexe des prairies. Ainsi, les fermiers

RENSEIGNEMENTS UTILES

☀ Graminées l'hiver (couleurs et formes d'une subtile beauté)

🐛 Éviter de piétiner les jeunes plants

👁 Oiseaux de proie planant près d'une prairie en feu, prêts à fondre sur de petits animaux

▲ Terre brûlée, après l'incendie

Coccinelle à neuf points

expérimentent la culture de plantes indigènes et laissent une partie de leurs terres en friche. Certains tolèrent même la présence d'animaux – chiens de prairie, lièvres et coyotes – qu'ils chassaient naguère comme de la vermine. Les *ranchers* quant à eux laissent reposer les pâturages durant quelque temps pour que les plantes y repoussent. D'autres se sont mis à élever le bison qui était si bien adapté à la prairie.

Vestige de prairie, Michigan

Putois d'Amérique

Le cas du putois d'Amérique est un bon exemple de l'interaction des espèces au sein d'un écosystème donné. Il illustre comment en nuisant à une espèce on en affecte une autre. Quand il y avait des milliards de chiens de prairie, les putois d'Amérique, leurs prédateurs, étaient aussi abondants. L'être humain ayant décimé la population des chiens de prairie, le putois d'Amérique est maintenant l'un des mammifères les plus rares d'Amérique du Nord.

Pistes du putois d'Amérique

De nos jours, le putois d'Amérique se retrouve dans certaines régions du Montana, du Wyoming, du Dakota du Sud et du Colorado. C'est un animal au poil soyeux, qui ressemble à une grosse belette. Il mesure de 48 à 57 cm de long, a le pelage jaunâtre, les yeux cerclés d'un masque noir, les pattes noires et une longue queue à pointe noire. Comme cet animal est très rare et chasse habituellement la nuit, vous ne le verrez probablement pas le jour, mais vous trouverez parfois des signes de sa présence.

L'un de ces signes est l'accumulation de terre fraîchement remuée mais non tassée à l'entrée du terrier d'un chien de prairie – le putois d'Amérique chasse les chiens de prairie dans leur terrier et creuse la terre pour se frayer un chemin jusqu'à eux. Les excréments du putois ont environ 7 cm de longueur et contiennent souvent du poil.

Dans les années 80, alors qu'il restait moins de 100 putois d'Amérique vivant à l'état sauvage dans les prairies, les scientifiques en ont capturé quelques-uns pour les étudier. De nos jours, ceux qui naissent en captivité sont introduits dans la nature dans le but de former des populations viables. Les jeunes sont libérés près de colonies de chiens de prairie. Des cages placées à proximité leur offrent nourriture et protection alors qu'ils commencent à explorer leur territoire. Des colliers émetteurs conçus pour se rompre avec le temps permettent aux scientifiques de retracer les bêtes pendant des semaines.

Putois d'Amérique

Déserts

MARCHER DANS LE DÉSERT

Les déserts recèlent une variété surprenante de plantes et d'animaux.
Ils offrent au randonneur de superbes occasions d'observer les relations
complexes d'un habitat et de sa faune.

Pour bien des gens, les déserts sont des régions chaudes, sèches et stériles au sol sablonneux. Bien que cela soit parfois vrai, les déserts forment aussi l'habitat d'une faune et d'une flore très diversifiées, remarquablement bien adaptées à des conditions climatiques extrêmes. Peu d'habitats révèlent aussi clairement les interrelations de la faune et de son milieu.

La définition de ce que sont les déserts varie, mais le facteur important est la rareté de l'eau. Les températures tendent à être élevées, mais les déserts peuvent aussi être très froids la nuit, et même le jour durant l'hiver. Il y a quatre déserts en Amérique du Nord. Tous sont situés aux États-Unis, entre les Rocheuses et la Sierra Nevada. Les déserts de Chihuahua et de Sonora débordent sur le Mexique.

La sécheresse du désert Mojave et du désert du Grand Bassin est due à la présence de la chaîne montagneuse de la Sierra

FLORE DU DÉSERT *L'ocotillo (en haut) fleurit après la pluie durant la saison chaude. L'agave lecheguilla (à gauche) croît au Texas. Affleurements de grès en Arizona (ci-dessus).*

Nevada, qui bloque le passage de la pluie en provenance de l'ouest. La sécheresse des déserts de Sonora et de Chihuahua, plus au sud, est attribuable à leur latitude et à leur éloignement de la mer. Les limites des déserts sont imprécises et plusieurs habitats peuvent se chevaucher.

Outre les déserts véritables, on trouve aussi les régions de transition semi-arides formées par la steppe à armoise, partout dans la région du Grand Bassin, et le chaparral, au niveau des piémonts de la Sierra Nevada et de la chaîne des Cascades jusqu'en Colombie-Britannique. Des caractéristiques et des espèces des déserts avoisinants se retrouvent dans ces régions.

AU FIL DES SAISONS
Les périodes les plus propices à une randonnée dans les déserts sont le printemps, marqué par l'épanouissement spectaculaire des fleurs sauvages, ainsi que la fin de l'automne et l'hiver, alors que le

LE LÉZARD À COLLIERS *(à gauche) fréquente les régions arides et aime se chauffer au soleil sur les rochers.*

RÉGIONS ARIDES
*La plupart des déserts et
des zones semi-arides
d'Amérique du Nord se
trouvent entre les Rocheuses
et la Sierra Nevada.*

...emps est plus doux. Les températures de mi-journée durant le reste de l'année sont généralement supérieures à 8 °C. En toute saison, les soirées peuvent être fraîches, voire froides ; aussi faut-il s'habiller en « pelures d'oignon ». Des randonnées avec guide sont organisées en haute saison, mais il est possible d'effectuer des randonnées seul à longueur d'année : il suffit de se procurer les cartes nécessaires aux postes des gardes forestiers ou dans les centres de renseignements touristiques.

PRÉCAUTIONS
Soyez prudent si vous effectuez une randonnée durant le jour à cause de la déshydratation. Transportez toujours une bonne réserve d'eau – au moins 4 litres par personne – et buvez souvent, à petites gorgées, même si vous n'avez pas soif. Faites des haltes fréquentes à l'ombre. Portez un chapeau, des lunettes de soleil, un écran solaire et des chaussures résistantes garnies de bonnes semelles. Mieux vaut marcher tôt le matin, en fin d'après-midi ou le soir. Les températures sont plus fraîches, et vos chances d'observer des animaux bien meilleures. Apportez des jumelles : beaucoup d'animaux du désert ne se laissent pas approcher facilement. Renseignez-vous sur les espèces venimeuses.

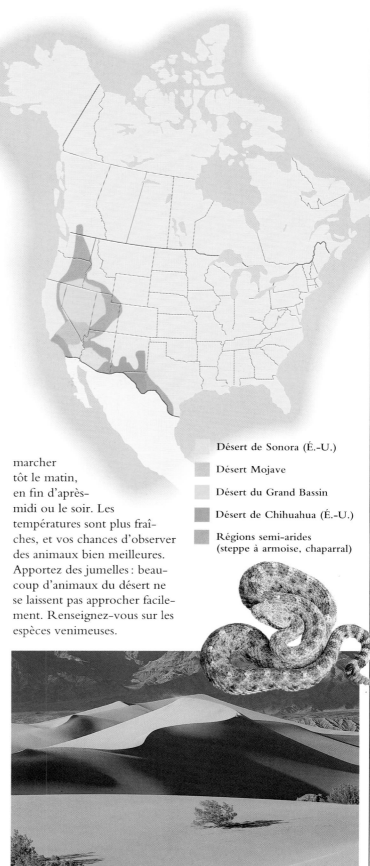

Désert de Sonora (É.-U.)

Désert Mojave

Désert du Grand Bassin

Désert de Chihuahua (É.-U.)

Régions semi-arides
(steppe à armoise, chaparral)

BIEN AU CHAUD *La vallée de la Mort, en Californie (ci-contre), est l'une des régions les plus chaudes au monde. Crotale cornu (à droite). Fleurs d'Echinocereus triglochidiatus (en haut).*

Désert de Sonora

Le désert de Sonora couvre un immense territoire d'environ 260 000 km². Des quatre déserts d'Amérique du Nord, c'est celui qui présente l'altitude moyenne la plus basse et la température moyenne la plus élevée. On y trouve plusieurs espèces de plantes et d'animaux également présentes dans le désert de Chihuahua, plus à l'est.

Les cactus et les légumineuses arborescentes dominent le désert de Sonora. Les végétaux les plus impressionnants sont le saguaro et le cardón, le plus gros cactus au monde. D'autres cactus, comme le cholla – que l'on dirait recouvert d'un duvet crépu – et le figuier de Barbarie, poussent bien dans le désert de Sonora.

Les légumineuses arborescentes les plus répandues sont le paloverdi bleu, le bois de fer et le prosopis « velouté ». Le tronc et les branches vertes du paloverdi bleu contiennent de la chlorophylle ; la photosynthèse s'y poursuit

RENSEIGNEMENTS UTILES

■ Sud-ouest de l'Arizona, sud-est de la Californie ; Basse Californie et Sonora au Mexique

☀ Pluies fines continues de décembre à mars

🥾 Éviter les lits des cours d'eau l'été lors des tempêtes de mousson

👂 Moqueur à bec courbe

Leptonyctère à long nez

même quand l'arbre ne peut porter de feuilles en raison de conditions climatiques trop rigoureuses. Tous ces végétaux produisent des graines qui nourrissent et désaltèrent la faune sauvage. Pour certains animaux, il s'agit de l'unique source d'eau accessible. Durant le jour, la plupart des bêtes du désert fuient la chaleur étouffante de leur habitat.

Les précipitations sont relativement abondantes dans le désert de Sonora, qui passe par deux saisons pluvieuses chaque année. Les tempêtes estivales peuvent même provoquer de soudaines inondations. Après la pluie, l'odeur du larréa tridenté humide embaume l'air, et lorsque suffisamment de pluie est tombée, le sol peut revêtir les couleurs de fleurs sauvages magnifiques pendant quatre semaines.

Écureuil-antilope de Harris

Faune des saguaros

Indigène uniquement dans le désert de Sonora, le cactus géant appelé saguaro est au début de sa vie une petite plante vulnérable qui pousse à l'ombre de « plantes nourricières » comme le larréa tridenté. Son rythme de croissance est étonnamment lent (moins de 30 cm au cours des 25 premières années) et sa longévité peut atteindre 200 ans. Les spécimens ne forment des colonnes latérales qu'à partir de 75 à 100 ans.

Le saguaro est une plante succulente ; un tronc côtelé et un système racinaire superficiel d'un diamètre pouvant atteindre presque 21 m qui permettent de conserver l'eau. Un seul saguaro peut contenir jusqu'à 7 tonnes d'eau. Cette incroyable capacité permet au saguaro de nourrir, d'héberger et de désaltérer une multitude d'animaux. Néanmoins, le poison contenu dans le suc de cette plante peut rendre l'eau mortelle pour les humains.

Pour de nombreux animaux du désert, le saguaro représente une aire de nidification attrayante, car sa température interne est plus basse l'été et plus élevée l'hiver que la température de l'air ambiant. Ainsi, le pic des saguaros et le pic à

moustaches rouges y creusent leur nid, qu'occupera rapidement la chouette des saguaros une fois qu'il aura été abandonné. La tourterelle à ailes blanches niche sur le haut des colonnes, tandis que la buse à queue rousse construit son nid dans les fourches. De son côté, le rat kangourou creuse son terrier au niveau du système racinaire.

fleur

fruit

bourgeon

Saguaro

En mai, chaque fleur du saguaro s'ouvre pendant 24 heures à peine, mais toutes les fleurs ne s'ouvrent pas en même temps et de nombreuses espèces animales assurent la pollinisation : le jour, les oiseaux, les abeilles, les papillons et les fourmis ; la nuit, c'est une chauve-souris, le leptonyctère à long nez, en venant boire le nectar. Au terme de la floraison se développent des fruits sucrés qui attireront le pécari à collier, le troglodyte des cactus, la tourterelle à ailes blanches, l'écureuil, le coyote et le néotome.

Troglodytes des cactus

205

Désert Mojave

On trouve dans le désert Mojave certains des lieux les plus chauds et les plus secs d'Amérique du Nord. Comme le désert de Chihuahua, qui présente un climat et une végétation semblables, le désert Mojave est considéré comme un désert de haute altitude. Mais en fait, son relief présente d'étonnantes variations. Ainsi le pic Telescope, où se trouve un observatoire astronomique, culmine à 3 370 m directement au-dessus de la vallée de la Mort, tandis que dans cette même vallée se trouve le point le plus bas, et souvent le plus chaud, de l'hémisphère occidental, à 86 m sous le niveau de la mer.

À basse altitude, le sol sablonneux du désert est parsemé de larréas tridentés odoriférants, dont l'espacement uniforme est remarquable. Les racines des larréas produisent une toxine qui empoisonne le sol autour d'elles, empêchant ainsi la croissance

RENSEIGNEMENTS UTILES

■ Est et sud de la Sierra Nevada en Californie et au Nevada

☀ Hiver et printemps

Chaleur extrême dans la vallée de la Mort ; neige l'hiver à haute altitude

Chouette des saguaros la nuit ; troglodyte des cactus

Chilopode géant du désert

d'autres plantes susceptibles de leur faire concurrence pour le peu d'eau qu'il y a dans le sol. La texture cireuse des feuilles des larréas favorise la rétention de l'eau.

Au-delà de 900 m d'altitude croissent les premières forêts de yuccas arborescents, de pins pignons et de genévriers. Les rares pluies sculptent des formes saisissantes sur les parois rocheuses. Tôt le matin, un grand géocoucou pourrait croiser votre chemin. Le soir, les tortues du désert émergent de leur terrier pour se nourrir d'herbes. Si vous voyez un gros chilopode, n'y touchez pas, ses crochets sont venimeux.

feuilles poussan- par paire

Larré triden

fleurs devenant des fruits velus

Tortue du désert

La vie autour d'un yucca arborescent

Le yucca arborescent ne pousse que dans le désert Mojave, généralement à plus de 900 m d'altitude. Comme sa hauteur peut atteindre 9 m, cet arbre forme l'espèce de yucca la plus imposante. Tous les yuccas se caractérisent par de longues feuilles pointues et de longs rameaux garnis de grappes de fleurs blanches à la fin du printemps. Le yucca arborescent, toutefois, produit rarement des fleurs. Sa floraison dépend des précipitations et des températures printanières. La partie occidentale du monument national Joshua Tree est un bon endroit pour observer ce yucca géant, parmi les ocotillos, les yuccas de Mojave et les chollas.

L'interrelation du yucca arborescent et de son seul pollinisateur, la femelle pronuba du yucca, est fascinante. La pronuba pond ses œufs dans une fleur du yucca ; ce faisant, elle la pollinise. En retour, les graines de yucca partiellement développées servent de nourriture aux larves à leur éclosion. Un nombre suffisant de graines arrivent tout de même à se développer, le vent assurant leur dissémination.

Maints oiseaux nichent dans le yucca arborescent. Le pic arlequin y perce des trous, dans lesquels niche parfois le petit duc maculé. L'oriole jaune verdâtre préfère nicher dans les groupes de feuilles. Habile grimpeur, il parvient à se frayer un chemin parmi les fleurs fragiles du yucca. De son côté, la pie-grièche migratrice repère les insectes depuis les hautes branches.

Une fois tombé au sol et sa décomposition amorcée, le yucca arborescent devient le refuge des lézards nocturnes du désert, des pentatomes et de la tarentule, qui peuvent être observés la nuit avec une lampe de poche. Malgré son apparence redoutable, la tarentule n'est pas belliqueuse, mais sa piqûre est comparable à celle d'une abeille.

fleur

capsule de graines

feuille

Yucca arborescent

Pronuba du yucca

Pic arlequin

207

Désert du Grand Bassin

Le désert du Grand Bassin compte environ 160 chaînes de montagnes et 150 bassins. Le fond des vallées se situe en moyenne à 1 200 m au-dessus de la mer, et les plus hauts sommets culminent à plus de 3 600 m d'altitude. Le désert du Grand Bassin possède bon nombre des caractéristiques du désert de haute altitude observables dans le désert Mojave, plus au sud, mais, contrairement à ce dernier, il forme un désert froid. Il y fait très froid en hiver ainsi que la nuit, et la plupart des précipitations se présentent sous forme de neige plutôt que de pluie. Malgré tout, les précipitations sont si peu abondantes que la sécheresse reste, comme dans les autres déserts, le principal défi à surmonter pour toute forme de vie, animale ou végétale.

RENSEIGNEMENTS UTILES

■ *Entre les Rocheuses et la Sierra Nevada*

☀ *Printemps et automne*

❅ *Très froid la nuit et l'hiver ; neige en hiver*

👁 *Couleurs changeantes des rochers dans Painted Desert, selon l'angle du soleil*

Oryzopsis

En haute altitude, le paysage est dominé par l'armoise tridentée et des graminées comme l'oryzopsis et l'agropyre à épis. L'antilope d'Amérique peut être aperçue alors qu'elle file dans les étendues broussailleuses à une vitesse atteignant parfois 100 km/h. À basse altitude, le pourpier de mer prédomine sur un sol devenu plus salin. C'est le territoire de l'aigle royal et de l'urubu.

On englobe parfois le plateau du Colorado et son Grand Canyon dans le désert du Grand Bassin, même si, techniquement, il forme un territoire semi-aride et beaucoup moins salin que le Grand Bassin.

Pourpier de mer

feuille

fruit à deux ailes

Antilope d'Amérique (mâle)

Mesas et buttes

Une mesa (« table », en espagnol) est un plateau aux parois abruptes qui s'élève au-dessus des canyons et peut s'étendre sur plusieurs kilomètres dans toutes les directions. Sa formation résulte habituellement de l'érosion graduelle des plateaux au cours de milliers d'années. Sur le plan géologique, la butte succède à la mesa après la lente érosion de celle-ci. Une butte peut aussi être le vestige d'intrusions volcaniques, comme la spectaculaire Devil's Tower, au Wyoming. Au fil du temps, la butte s'érode toujours plus jusqu'à devenir une flèche, puis un amas de pierres.

Des mesas et des buttes se dressent partout dans les régions arides de l'Ouest. Leur végétation varie en fonction de l'altitude et du degré d'humidité. À Grand Mesa, au Colorado, l'altitude moyenne est de 3 000 m ; des forêts de pins ponderosa croissent à ce niveau. La région est parsemée de lacs et de peuplements de peupliers faux-trembles. Au cours des heures précédant et suivant l'aube et le crépuscule, l'écureuil gris grignotte les graines de pin, le wapiti et le cerf se nourrissent de plantes dans la forêt et la mésange à tête noire fait entendre son chant.

Genévrier de l'Utah

baie

À Mesa Verde, toujours au Colorado, où le haut plateau s'élève à environ 480 m au-dessus du fond de la vallée, l'on trouve des forêts de pins pignons et des prairies où poussent des yuccas. L'automne, les genévriers de l'Utah vert jaunâtre portent des baies dont les oiseaux et d'autres animaux sont friands. Le dindon sauvage et le cerf à queue noire peuvent parfois être observés dans les forêts.

À plus basse altitude, sur les mesas et les buttes, la terre est aride, le vent érode le sol et les conditions climatiques sont extrêmes. Aussi plantes et animaux doivent-ils être résistants pour survivre dans ces régions. Parfois, seules l'armoise et des graminées arrivent à y pousser, et encore ne forment-elles qu'un couvert clairsemé. Les cactus y sont nains.

Pin pignon

cône

écaille du cône

pignon (graine)

209

La nuit dans le désert

Pour se faire une juste idée du désert, il faut y marcher la nuit. La chaleur étouffante qui règne le jour force la plupart des bêtes à se cacher dans leur nid ou leur terrier jusqu'après le crépuscule. Le soir venu, maints animaux émergent dans l'obscurité pour se nourrir.

Les serpents peuvent être aperçus la nuit le long des routes et des sentiers ou dans le lit des ruisseaux à sec ; mieux vaut les observer de loin avec des jumelles. Le serpent corail de l'Arizona, aux couleurs voyantes, sort souvent de son terrier après une pluie chaude. Ne cherchez pas à le toucher, il est extrêmement dangereux : s'il ne possède pas les longs crochets de la vipère, son venin n'en est pas moins plus toxique. Le crotale cornu, également venimeux, peut être vu en train de chasser de petits rongeurs. Ces serpents nocturnes ont des yeux à cristallin incolore facilitant la vision dans la pénombre.

RENSEIGNEMENTS UTILES

☀ Nuits en mai : lepto-nyctères à long nez ;

juin : floraison nocturne des Cereus

🦇 Demeurer sur les routes et les sentiers ; torche à lentille rouge

👂 Coassement du crapaud pieds-en-bêche après la pluie

▲ Parfum des Cereus

Serpent corail de l'Arizona

En étant attentif, vous verrez peut-être un gecko léopard traverser la route la nuit tombée. Ce lézard de taille moyenne vit dans les régions semi-arides du désert de Sonora et du désert Mojave. Au crépuscule, la tarentule du désert s'aventure hors de son terrier pour se reproduire ou pour chasser les insectes, les lézards et d'autres petits animaux. La nuit est aussi propice à l'observation du renard nain. Cet animal généralement nocturne se rencontre dans les quatre déserts d'Amérique du Nord. Il se nourrit d'oiseaux, de rongeurs et de scorpions. Il mesure environ 45 cm de long et a de grandes oreilles. C'est le plus petit et le plus rapide des renards. Écoutez tous les sons de la nuit.

Renard nain

Floraison nocturne

Contrairement aux animaux, les plantes ne peuvent échapper aux conditions climatiques extrêmes qui prévalent le jour dans le désert. Certaines plantes replient leurs feuilles pour réduire la déshydratation. Au crépuscule, les feuilles se déploient et les fleurs de certains cactus s'épanouissent. Bon nombre de ces fleurs ne s'ouvrent que durant une seule nuit au cours d'une même saison ; il est donc essentiel que la pollinisation ait lieu à ce moment-là et qu'elle soit assurée par autant d'espèces que possible. Une activité fébrile règne à proximité des fleurs alors que les leptonyctères – des chauve-souris –, les oiseaux, les papillons et divers insectes assument leur rôle vital de pollinisateurs.

La floraison nocturne du *Cereus* ne survient qu'une seule fois en juin. Le reste de l'année, ce cactus se présente sous la forme de branches sèches épineuses

Sphinx à lignes blanches

ses ailes bruissent comme celles du colibri !

Floraison nocturne d'un Cereus

Scorpion velu géant du désert

cachées sous des plantes de plus grande taille. Le *Cereus* pousse dans les déserts de Sonora et de Chihuahua, mais on peut mieux l'observer près de Tucson le long du lit de ruisseaux à sec.

Les fleurs blanches à centre jaune du saguaro commencent à s'épanouir en mai. Chacune s'ouvre après le crépuscule, puis se referme en moins de 24 heures. Vers minuit, le leptonyctère à long nez va boire le nectar des fleurs du saguaro, du cardón et du cierge marginé. Cette chauve-souris migre du Mexique vers le nord, jusqu'au désert de Sonora. Ce faisant, elle dissémine le pollen des fleurs. Comme elle se nourrit des fruits des cactus, elle en disperse aussi les graines lors de son retour vers le sud. Jetez aussi un coup d'œil dans les cactus et les arbres en décomposition pour les scorpions et les termites.

Lacs salés et sebkhas

Au cours de la dernière période glaciaire, une énorme masse d'eau de 300 m de profondeur, le lac Bonneville, recouvrait environ 52 000 km² du territoire qu'occupent l'Utah, l'Idaho et le Nevada. De nos jours, seuls les lacs salés, les sebkhas et les marques laissées par l'eau sur les montagnes témoignent de l'existence de ce lac. Les lacs salés sont des masses d'eau plus ou moins permanentes, alors que les sebkhas sont des plaines horizontales incrustées de sel que l'eau de pluie inonde de temps à autre. L'extrême salinité des lacs est le fruit d'un processus séculaire au cours duquel le rare ruissellement de l'eau de pluie a occasionné le lessivage du sel présent sur les versants rocheux. L'évaporation de l'eau de pluie donne naissance à une sebkha.

RENSEIGNEMENTS UTILES
- ■ *Partout dans les déserts du Grand Bassin et Mojave*
- ☀ *Éviter les sebkhas l'été*
- 🖐 *Apporter une boussole*
- 👁 *Pélicans d'Amérique en période nuptiale : leur bec arbore alors une protubérance*
- ▲ *Odeur d'iode des bassins alcalins*

Le Grand lac Salé, en Utah, est le plus grand du genre. La profondeur de l'eau y atteint environ 9 m. La salinité de ce lac étant en moyenne quatre fois supérieure à celle de l'océan, aucun poisson ne peut y vivre. La couleur de l'eau y varie du vert au bleu.

Dans le Grand Bassin, le randonneur peut explorer la sebkha du désert de Black Rock, où l'adénostome noir et le pourpier de mer se mêlent aux abords d'une vaste étendue blanche entourée de dunes, dans laquelle se reflètent les montagnes.

Dans la vallée de la Mort, des pierres poussées par les forts vents des tempêtes du désert laissent leur trace sur le sol nu et glissant d'une sebkha au nom évocateur : Race Track (« piste de courses ») !

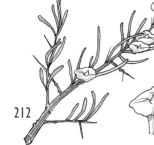

Adénostome noir

fleur

♀

Race Track, vallée de la Mort

Solution saline

L e simple fait de survivre est un défi pour la flore et la faune de la plupart des régions désertiques. Dans les lacs salés et les sebkhas, toute forme de vie doit être adaptée à la chaleur, à la sécheresse et aussi à la salinité.

Les plantes peuvent tolérer le sel de trois façons. Ainsi les plantes succulentes comme les cactus et la salicorne conservent l'eau dans leurs tiges et parviennent à diluer le sel. De toutes les espèces végétales d'Amérique du Nord, la salicorne est celle qui tolère le mieux le sel ; elle constitue la seule forme de végétation dans certaines sebkhas. Quelques autres plantes succulentes, comme le yucca glauque, poussent à l'état nain dans les régions salines. Par ailleurs, certains végétaux possèdent tout bonnement une grande tolérance au sel. Dans les lieux où l'eau stagne, on trouve parfois des plantes submergées, comme la zannichellie palustre et le potamot à feuilles de fenouil. Finalement, quelques plantes, comme l'atriplex, arrivent à excréter le sel par leurs feuilles.

Pélican d'Amérique

Potamot à feuilles de fenouil

Le pourpier de mer croît dans les quatre déserts d'Amérique du Nord. Entre mai et août, cet arbuste sempervirent ligneux de 1 à 1,8 m de haut porte des fleurs jaunes.

De nombreux lacs salés, comme la mer de Salton, en Californie, sont très propices à l'observation de volées d'oiseaux se nourrissant de potamots ou de petits animaux aquatiques. Le pélican et l'échasse d'Amérique peuvent y être aperçus. Les cours d'eau de la vallée de la Mort constituent l'habitat de diverses espèces de cyprinodons. L'une d'elles, qui atteint 5 cm de long, vit dans les ruisseaux salins.

Salicorne

pointe d'une branche

folioles

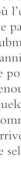

Cyprinodon du désert

213

Dunes des déserts

Soulevé par le vent du désert, le sable heurte les plantes et les pierres qu'il rencontre. Une partie de ce sable se dépose et s'accumule sous le vent, donnant ainsi naissance à des petits monticules qui, avec le temps, se transformeront en dunes. La forme des dunes (rides transversales, barkhanes, ghourds) varie suivant la direction du vent, l'orientation des collines de sable et le volume de sable déplacé. Les dunes semblent sèches en surface, mais en fait elles absorbent et retiennent l'eau comme des éponges. Des végétaux comme l'oryzopsis, l'hélianthe, l'abronie de sable et la primevère poussent sur les dunes.

L'on retrouve des dunes dans les quatre déserts d'Amérique du Nord. Les Great Sand Dunes du désert du Grand Bassin figurent parmi les plus hautes dunes du monde, atteignant 215 m.

Les dunes des déserts d'Amérique du Nord sont généralement formées de grains de silice,

RENSEIGNEMENTS UTILES
▓ *Déserts d'Amérique du Nord ; Great Sand Dunes en particulier*
☀ *Tôt le matin pour le temps plus frais et les pistes d'animaux*
▪ *Passer dans les cols des dunes ; ne pas aggraver l'érosion*
👁 *Pistes du rat kangourou ; pistes en J du crotale cornu*

Pistes du rat kangourou

parfois de grains de gypse, plus blancs et plus doux – comme au monument White Sands (des sables blancs) au Nouveau-Mexique.

Lors d'une randonnée sur les dunes, essayez d'atteindre le sommet le plus haut. Ne progressez pas en ligne droite ; vous faciliterez votre marche en passant d'abord dans le col de la dune, puis en longeant la crête jusqu'au sommet. Posez les pieds à plat, sans appuyer sur les talons, et ne vous hâtez pas : la marche dans le sable exige de l'effort. En effectuant votre randonnée tôt le matin, vous profiterez d'une température plus fraîche. Vous aurez aussi la chance de voir les pistes de bêtes comme le rat kangourou, le carabe pygmée et le crotale cornu – avant que le vent les ait effacées...

Carabe pygmée et ses pistes

La vie sur les dunes

Le déplacement du sable que provoque le vent donne naissance aux dunes, mais il menace aussi la survie des plantes, qui peuvent être ensevelies ou dont les racines risquent d'être découvertes et arrachées du sol. Le sable ne contient pas beaucoup d'éléments nutritifs, mais des plantes bien enracinées peuvent tout de même profiter de l'eau de pluie retenue par les dunes.

Les plantes dunaires font face aux défis de leur milieu de trois façons. Elles poussent rapidement, ce qui leur évite d'être ensevelies sous le sable ; elles exercent à longueur d'année une activité de photosynthèse leur assurant un rythme de croissance élevé, qui leur permet de demeurer hors du sable ; elles développent de longues racines horizontales qui les aident à demeurer en place. Si vous percevez des racines partiellement exposées, suivez-les. Elles vous mèneront probablement à un croton ou à un érigone des dunes, deux arbustes répandus. Les racines de certaines plantes sont si bien ancrées dans le sol dunaire qu'elles demeurent entourées de sable après

que les dunes ont été emportées par le vent. Les animaux se sont aussi adaptés à l'habitat des dunes. Dans les vastes étendues blanches de sable gypseux du Nouveau-Mexique, certains ont recours au camouflage pour échapper aux prédateurs. Ainsi, le lézard sans oreilles est si pâle qu'il est presque impossible de le repérer sur le sable.

Couleuvre à nez plaqué de l'Ouest

Comme la température au sol peut dépasser 65 °C l'été, la faune du désert doit savoir échapper à la chaleur ou composer avec elle. Maints mammifères se réfugient dans un terrier ou à l'ombre. La plupart des insectes creusent dans le sable un trou d'environ 30 cm ; à cette profondeur, la température peut être inférieure de 15 °C à la température ambiante qui règne à la surface des dunes.

Lézard dragon

Des serpents diurnes (à pupille jaune) et des serpents nocturnes (à pupille translucide) vivent sur les dunes, tout comme le lézard dragon qui, pour s'enfuir, court à toute vitesse sur les pattes postérieures.

215

Un long été chaud

Bien qu'il puisse faire froid dans les déserts la nuit, et même durant le jour en hiver, le temps y est en général extrêmement chaud et sec. L'été, les températures avoisinent les 50 °C, et, mis à part de violentes tempêtes survenant à l'occasion dans le désert de Sonora, il ne tombe pour ainsi dire pas de pluie.

Pour survivre dans ce milieu, les plantes doivent être bien adaptées à la chaleur torride et à la rareté de la pluie. Aussi possèdent-elles beaucoup plus de tissus souterrains que la majorité des autres plantes. Ce type de structure leur procure un large réservoir souterrain et rend compte du fait que tant de végétaux du désert sont bas et de petite taille. Les cactus, qui sont des plantes succulentes, peuvent conserver l'eau hors de terre et sous terre. Les plantes du désert doivent résister à de longues périodes de sécheresse et tirer profit des circonstances qui leur sont favorables. Les graines de certaines plantes peuvent donc passer par une période de latence dans le sol

Oponces

RENSEIGNEMENTS UTILES
☀ *Tôt le matin, fin d'après-midi*
🌶 *Gare à la chaleur extrême*
👁 *Lézard à colliers se chauffant au soleil sur une corniche ; vibration gutturale qu'émet, bec ouvert, le grand géocoucou*
▲ *Odeur du sable chaud transportée par une brise nocturne*

pendant plusieurs années, jusqu'à ce que des pluies suffisamment abondantes leur permettent de germer et d'amorcer un cycle complet de développement.

Étonnamment, maints animaux du désert supportent mal d'être exposés directement à la chaleur ; ils sortent la nuit, passent l'été sous terre ou migrent carrément. Les animaux qui affrontent le soleil d'été disposent de différents moyens d'adaptation : pelage isolant ralentissant l'évaporation ; livrée pâle réfléchissant la lumière ; conservation accrue de l'eau au niveau de certains organes internes. Les oiseaux et les renards abaissent leur température corporelle grâce à l'évaporation qui survient lorsqu'ils halètent.

Lièvre de Californie

Adaptation à la chaleur

À l'instar de nombreuses plantes du désert, l'ocotillo est aphylle (sans feuilles) une grande partie de l'année ; la photosynthèse se déroule au niveau des tiges et des branches vertes qu'il possède. La surface de la plante se trouve ainsi réduite, ce qui limite les pertes hydriques causées par la transpiration. Après la pluie, les feuilles se développent et demeurent sur la plante jusqu'à ce que le sol soit redevenu sec.

Peu d'animaux du désert sont actifs durant le jour, surtout l'été. Le lézard à colliers, qui vit dans les déserts de Sonora et de Chihuahua, constitue un cas d'exception. Ses écailles lui permettent de tolérer un large éventail de températures.

Le grand géocoucou est actif toute la journée, sauf durant les heures les plus chaudes, qu'il passe parfois dans son nid à l'ombre d'un cholla. Ses proies

Néotome à gorge blanche

– insectes, serpents et lézards – sont à la fois une source de nourriture et une source d'eau. Le grand géocoucou abaisse sa température corporelle par évaporation en produisant, bec ouvert, une vibration gutturale.

Les longues oreilles quasi translucides du lièvre de Californie lui permettent de libérer une partie de sa chaleur. Ce lièvre se réfugie sous des plantes ou un affleurement à l'abri du soleil, rabat les oreilles contre son corps et laisse le vent en rafraîchir la surface exposée. La tortue du désert dispose, sous sa carapace, de sacs lui servant à conserver l'eau. Très sensible à la chaleur, elle se retire dans un terrier peu profond durant l'été.

Le néotome à gorge blanche, un rat des bois, niche à la base des plantes ; les cactus et les prosopis dont il se nourrit sont sa source d'eau. Le rat kangourou ne quitte son terrier que durant quelques heures la nuit ; il peut se passer d'eau fraîche pendant de longues périodes.

Lézard à colliers

Ocotillo

tiges

fleur

Steppe à armoise

Dans la steppe à armoise, qui est une plaine semi-aride, les graminées marquent la transition entre le désert et la steppe. Les conditions climatiques y sont parfois extrêmes (neige en hiver) et la végétation s'avère moins diversifiée que dans les déserts. Néanmoins, il y a beaucoup à découvrir.

L'armoise tridentée peut avoir jusqu'à 4,5 m de haut, mais sa taille est de 1,8 m en moyenne. C'est une plante sempervirente au tronc défini portant des feuilles aromatiques vert grisâtre. Son système racinaire présente des racines superficielles étendues qui captent l'eau de pluie avant qu'elle s'évapore et des racines plus profondes qui détectent l'eau dans le sol. Des feuilles plus résistantes remplacent ses feuilles souples en période d'aridité accrue. L'armoise nourrit de

Gélinotte des armoises en parade

RENSEIGNEMENTS UTILES

■ Sud de la Colombie-Britannique ; Nevada et Idaho ; zones du désert du Grand Bassin et de l'est de la Californie

☀ Printemps et automne

👣 Neige l'hiver ; chaleur l'été

👂 Volées de bruants à gorge noire ou de geais des pinèdes

Lézard des armoises

nombreux animaux et leur sert aussi d'abri. Tôt le matin, vous pourriez voir un lapin ou un lièvre bondir hors des buissons ou encore un cerf à queue noire ou une antilope d'Amérique mastiquer bruyamment une armoise ou une graminée cespiteuse. Le campagnol des armoises, un petit rongeur gris observable à longueur d'année, se nourrit de graines l'été et d'écorce et de petites branches d'armoise l'hiver. En prêtant l'oreille, vous entendrez peut-être le *cloc-cloc-cloc* qu'émet la gélinotte des armoises lorsqu'elle est effrayée, ou encore le chant du moqueur des armoises.

Armoise

galle (causée par un insecte)

feuil

Ânes et chevaux sauvages

Il faut un peu de temps, un certain effort et de la préparation pour trouver les chevaux et les ânes sauvages qui vivent dans la steppe à armoise. Les chevaux sont particulièrement farouches et insaisissables. À proprement parler, tous ces animaux ne forment pas des espèces indigènes ; ils ne sont protégés que depuis l'entrée en vigueur du Wild Free-Roaming Horse and Burro Act en 1971.

Les ancêtres des chevaux étaient originaires d'Amérique du Nord. Ils sont disparus sur ce continent il y a environ 8 000 ans, peut-être après que les premiers chasseurs humains les eurent exterminés. Les chevaux sauvages que nous connaissons sont les descendants des chevaux domestiques amenés en Amérique par les conquistadors espagnols au XVIᵉ siècle. La population de chevaux sauvages, qui comptait jadis des millions de têtes, se trouve aujourd'hui réduite à quelques dizaines de milliers d'individus.

Les chevaux sauvages sont généralement bais ou bruns ; leur taille d'environ 1,5 m en fait des chevaux plus courts et plus petits que les pur-sang domestiques. Ils se sont bien adaptés aux conditions de vie difficiles de leur milieu et peuvent se passer d'eau fraîche pendant de longues périodes, se contentant alors de l'eau contenue dans les adventices et les feuilles d'arbustes dont ils se nourrissent. Ils se dirigeront toutefois vers les sources d'eau fraîche qu'ils pourront trouver ; aussi les points d'eau sont-ils de bons lieux d'observation pour le randonneur. Il convient d'approcher prudemment les chevaux sauvages et de ne pas se placer dos au vent. L'immobilité et la patience sont de mise, et l'utilisation de jumelles s'avère essentielle.

Les ânes sauvages, dont la taille atteint environ 1,2 m, sont les descendants des bêtes de somme que les prospecteurs d'or amenaient dans l'Ouest. Robustes, ils peuvent se passer d'eau pendant plusieurs jours à des températures de plus de 38 °C ; ils résistent également bien aux rigueurs de l'hiver. On peut en observer dans le parc national Death Valley, É.-U.

Âne sauvage

fleur

icule

Chaparral

RENSEIGNEMENTS UTILES
- Piémonts, de l'Oregon à la Basse Californie ; Arizona en altitude
- Éviter tout contact avec le sumac de l'Ouest, très vénéneux
- Fleurs sauvages après les incendies
- Feuilles coriaces et épaisses des adénostomes et d'autres arbustes

Dans les piémonts et les contreforts du sud-ouest des États-Unis, d'épais buissons enserrent un paysage de sécheresse et de pierre. Dans cette région appelée chaparral, où sévissent la sécheresse en été et la pluie en hiver, le sol mince et grossier ne retient que peu d'eau. Comme dans toutes les régions arides, la plupart des plantes possèdent un double système racinaire ainsi que de petites feuilles épaisses et coriaces favorisant la rétention d'eau. Le revêtement cireux des feuilles s'oppose aux pertes d'humidité et forme un isolant contre les températures extrêmes. Le chaparral est un habitat qui convient bien à l'adénostome, une plante à écorce rougeâtre et à tiges droites, portant une dense frondaison de très petites feuilles ainsi que, de février à juillet, de minuscules fleurs blanches.

Au printemps, le lilas de Californie prédomine, embaumant l'air du parfum de ses grappes de fleurs lavande, bleue ou blanches. La busserole manzanita porte des fleurs roses ou blanches en grelots, ainsi que de petits fruits rouges rappelant des pommes. Elle pousse souvent près du chêne vert à gros glands dont les feuilles brillantes sur le dessus sont pubescentes et pâles sur le dessous. Les feuilles du sumac de l'Ouest, une plante vénéneuse qui peut provoquer un rash (éruption cutanée), rougissent à l'automne.

Une fois l'été venu, bon nombre de plantes ont amorcé une période de latence et maints oiseaux ont migré. Aussi le printemps se prête-t-il mieux à une randonnée dans le chaparral. Après la pluie, le cerf à queue noire se nourrit de nouvelles pousses et de feuilles tendres. On observe souvent le passerin azuré chantant sur la cime des arbustes, et le geai à gorge blanche perché dans les chênes et poussant des cris rauques.

Glands du chêne à gros glands

Geai à gorge blanche

Conséquences écologiques des incendies

Le chaparral possède une végétation très inflammable. Or, les incendies périodiques profitent à cet écosystème. Sans eux, l'adénostome occupe si densément le sol qu'il étouffe les autres plantes et provoque ainsi un manque de nourriture tout en empêchant les gros animaux d'accéder au territoire.

Les animaux composent d'instinct avec la réalité inéluctable des incendies. Ainsi la période de reproduction se termine avant la saison des incendies d'automne de façon que les jeunes soient suffisamment forts pour se débrouiller seuls en cas d'urgence. Les petits animaux et les serpents se terrent, et les oiseaux s'envolent tout simplement vers un lieu plus sûr.

Les incendies éclaircissent le couvert végétal et exposent la terre au soleil ; ils libèrent l'espace nécessaire à la croissance de nouvelles végétations. Les éléments nutritifs retournent au sol appauvri du chaparral sous forme de cendres. Des graines qui sont passées par une période de latence de plusieurs années prennent soudainement vie, bon nombre d'entre elles devant être roussies pour que l'humidité puisse les pénétrer et provoquer leur germination. La busserole manzanita et le lilas de Californie sont issus de ce type de graines. Quant au toyon, il conserve l'eau dans son système racinaire de façon que de nouvelles pousses puissent en sortir peu après un incendie, même en l'absence de pluie.

Après un incendie, le chaparral se régénère par étapes. Les annuelles sont les premières à coloniser la terre brûlée. Des fleurs comme la mimule de Fremont, le pavot de Californie et la campanule émaillent alors le chaparral. Trois ans environ après l'incendie, les graminées supplantent les annuelles. Au bout de sept à neuf ans, des arbrisseaux comme la yerba santa cernent les graminées. Le couvert végétal évoluera pendant près de 20 ans avant que le chaparral ne soit à nouveau parvenu à maturité.

Pavot de Californie

Yerba santa

fleur pubescente

feuille à dessus poisseux et à dessous laineux

Terres humides

MARCHER EN TERRE HUMIDE

Du bassin près de chez vous aux Everglades, en Floride, les écosystèmes riches et fascinants des habitats aquatiques exercent une puissante attraction sur la faune sauvage.

L'EAU DOUCE *attire l'anhinga d'Amérique (à gauche) en Floride, l'orignal (ci-contre) à travers le Canada, et la grenouille verte (à droite) dans tout l'est du continent.*

Pour certains, l'idée d'une randonnée au sein des terres humides évoque les pieds mouillés et la boue dans laquelle on s'enfonce inexorablement au milieu d'une épaisse végétation infestée d'insectes piqueurs. On n'a d'ailleurs cessé de drainer et de remplir impunément les terres humides en Amérique du Nord depuis le début du XIXe siècle.

Dans les années 70, l'opinion publique a commencé à se modifier. L'on a alors pris conscience de la valeur des terres humides, du fait qu'elles filtrent la pollution, limitent les inondations, sont l'habitat d'oiseaux aquatiques et constituent des milieux hautement productifs sur les plans floristique et faunique. Les terres humides attirent une faune sauvage très variée et constituent d'excellents lieux pour observer les oiseaux.

Parcs et réserves — pensez au Cap-Tourmente, au Québec — assurent la mise en valeur des terres humides par le biais de trottoirs de bois, de passerelles et de sentiers d'interprétation. Enfin, même un bassin aménagé dans un parc urbain peut se prêter à l'observation d'invertébrés de même que de plantes aquatiques, de mammifères, d'amphibiens et de divers oiseaux.

TYPES DE TERRES HUMIDES

Les terres humides forment souvent des écotones, où l'eau s'accumule entre les hautes terres et la mer ou des lacs, à divers stades de la succession écologique (voir p. 34). Elles se caractérisent par une flore adaptée aux sols saturés d'eau et aux inondations — nénuphar, lentille d'eau, jonc saule, etc.

Les rivières et les ruisseaux ont un cours relativement rapide, mais leurs caractéristiques varient beaucoup selon leur débit. Au niveau du rhithron — leur tronçon supérieur où le courant est fort — ils sont beaucoup moins fertiles et hospitaliers qu'au

RÉSERVES *Le Great Swamp au New Jersey (à gauche) attire des milliers d'oiseaux, dont le troglodyte à bec cou (à l'avant-plan).*

Marcher en terre humide

HABITATS AQUATIQUES

(à droite) Fleuves et rivières, lacs et étangs, marais et tourbières sont répartis dans toute l'Amérique du Nord.

niveau du potamon – leur portion élargie au cours lent située dans les plaines.

Là où le cours des rivières et des ruisseaux ralentit, l'eau se fraye un chemin jusqu'aux lacs et aux étangs entourés de terres humides, comme les marais, les tourbières et les marécages. Lacs et étangs peu profonds sont graduellement envahis par la végétation palustre et peuvent, avec le temps, retenir assez de sédiments pour se transformer en un terrain sec.

Les marais se caractérisent par les quenouilles, les scirpes et les carex qui émergent de 15 cm à 1,8 m hors de l'eau.

Les tourbières, oligotrophes ou minérotrophes, sont des terrains saturés d'eau formés de matières végétales partiellement décomposées. Elles peuvent naître de marais où un sol tourbeux se forme par suite de l'accumulation de débris non décomposés et du retrait de l'eau.

La formation des marécages survient quand des plantes ligneuses prennent pied sur une terre humide (hormis les tourbières ; voir p. 234).

On retrouve des terres humides presque partout en Amérique du Nord. Au Canada et dans le nord-est des États-Unis, les tourbières oligotrophes – où prédominent l'épinette noire ou le

thuya occidental – sont répandues ; des milliers de marais, lacs et étangs d'eau douce sont aussi présents. Dans le sud des États-Unis, on rencontre des marais littoraux d'eau douce, de même que de vastes forêts marécageuses de feuillus et de cyprès bordant des rivières au cours lent. Les cuvettes des Prairies sont des habitats vitaux pour des milliers d'oiseaux aquatiques en migration, dont plus de

la moitié des canards du continent. Même les États arides du Sud-Ouest comptent des terres humides – des lacs et des marais de vallées (essentiels sur la voie migratoire du Pacifique des oiseaux aquatiques) aux cours d'eau intermittents et aux cuvettes saisonnières.

Îles Hawaii (pas à l'échelle)

⌇ **Principaux fleuves et rivières**
⌇ **Autres rivières**
■ **Très grands lacs**
■ **Principales terres humides**

EAU ET TERRE *La loutre de rivière (ci-dessus) peut s'aventurer loin de l'eau. L'amiral points-rouges (à gauche) vit près de l'eau.*

225

Rivières et ruisseaux

Majestueux ou éphémères, les cours d'eau attirent autant les êtres humains que les animaux sauvages.

En général, les cours d'eau des hautes terres, situés près de leurs sources, coulent plus rapidement et sont plus froids et plus oxygénés que les rivières au parcours sinueux plus en aval. En amont, les sédiments dans lesquels peuvent pousser les plantes sont peu abondants et presque tous les éléments nutritifs présents dans l'eau sont issus de la vie sur les berges.

Les pierres qui se trouvent dans les ruisseaux au cours rapide sont habituellement recouvertes d'algues vertes et peuvent être glissantes. Les larves des mouches noires s'y fixent et se

nourrissent des micro-organismes qui flottent dans l'eau. En retournant quelques pierres dans un ruisseau frais et limpide, vous découvrirez parfois des nymphes de perles ou d'éphémères. Ces insectes aquatiques qui se nourrissent de feuilles en

RENSEIGNEMENTS UTILES

■ Partout en Amérique du Nord

◗ Gare aux berges glissantes; inondations au printemps ou après les tempêtes

👁 Terriers de rat musqué, de loutre et de martin-pêcheur; moules

🎵 Cri du martin-pêcheur

▲ Vase séchant après les tempêtes

Éphémère commun adulte et larvaire

Mouche noire

Perle adulte et au stade larvaire

décomposition sont la principale source de nourriture de l'omble de fontaine.

Plus loin en aval, les arbres morts et les rochers créent des fosses froides et profondes. Dans ces eaux nagent la truite brune et des poissons qui, revenus de l'océan, migrent à contre-courant pour rejoindre leurs frayères (c'est le cas du saumon).

En aval, où l'eau est plus chaude et coule plus lentement, les dépôts de vase et les feuilles en décomposition forment un milieu fertile où croissent des plantes aquatiques qui fournissent nourriture et abri pour de nombreux animaux. Les plaines inondables adjacentes sont fertiles et souvent utilisées à des fins agricoles.

Habitants des berges

En approchant silencieusement de la berge d'une rivière, vous pourriez voir boire un orignal ou des ratons laveurs ou observer les loutres, les oiseaux et les tortues qui vivent là.

Dotée d'oreilles et de narines contractiles qui lui permettent d'empêcher l'eau d'y pénétrer ainsi que d'un corps au profil hydrodynamique, la loutre est une excellente nageuse. Qu'elle descende les rapides ou se laisse flotter sur le dos, elle peut dresser la tête hors de l'eau pour vous surveiller. La loutre de rivière étant active la nuit, cherchez-la au crépuscule ou à l'aube.

Vous entendrez peut-être le cri du martin-pêcheur, un bruit fort de crécelle. Cet oiseau de la taille d'un pigeon voltige au-dessus de l'eau à la recherche de poissons, de crabes, d'écrevisses, de lézards, de salamandres, de souris et d'insectes. Dans le sable des berges, vous pourriez remarquer des trous de 8 cm marqués de deux rainures. Les rainures sont les empreintes des pattes du martin-pêcheur; les trous donnent accès au tunnel de nidification de l'oiseau. Le cincle d'Amérique vit près

des cours d'eau de l'Ouest. Ce petit oiseau très actif volette près des berges et plonge dans les rapides peu profonds pour se nourrir d'insectes aquatiques. Lorsqu'il se tient dans l'eau, il soulève et abaisse constamment son corps de façon curieuse, apparemment pour voir au-delà des reflets.

De toutes les tortues d'Amérique du Nord, la tortue peinte est celle dont l'aire de distribution est la plus étendue (elle n'est rare que dans le Sud-Ouest). Les motifs de sa carapace varient d'une région à l'autre. La tortue peinte préfère les rivières et les ruisseaux au cours lent et au lit mou où elle peut hiverner. Carnivore au début de sa vie, elle devient herbivore une fois adulte.

Pour ceux qui croient que les tortues sont dociles, l'agressivité des tortues à carapace molle du Midwest a de quoi surprendre, tout autant que l'odeur nauséabonde que dégagent les tortues musquées des rivières vaseuses et peu profondes de l'Est quand on les dérange !

Tortue peinte

plastron

227

Lacs et étangs

Les milieux aquatiques que forment lacs et étangs peuvent avoir l'étendue des Grands Lacs ou encore celle d'étangs minuscules. Ce qui est considéré comme un étang en certains lieux sera vu comme un lac ailleurs. Quoi qu'il en soit, un lac occupe habituellement plus d'espace qu'un étang ; une moindre portion de sa surface est recouverte de végétation ; et son eau est trop profonde pour être réchauffée par le soleil jusqu'au lit. En outre, le milieu lacustre présente des biotopes et une faune plus variés. Le rivage d'un lac dessine différents habitats, des baies abritées où abonde la végétation palustre au sol pierreux battu par le vent et les vagues.

Contrairement aux rivières et aux ruisseaux, les lacs et les étangs forment des écosystèmes fermés où s'accumulent des éléments nutritifs endogènes (issus du lac lui-même) et exogènes (issus de lessivats – c'est-à-dire apportés par la

RENSEIGNEMENTS UTILES

■ *Partout en Amérique du Nord*

☀ *Brumes denses le matin*

🦗 *Berges marécageuses et sinueuses compliquant la marche*

👁 *Tritons au fond de l'eau et libellules et demoiselles durant la saison de reproduction*

▲ *Parfum du nénuphar blanc*

Triton à taches noires

pluie coulant le long des branches des arbres et sur les berges). En eau libre, les animaux aquatiques se nourrissent de la végétation disponible ; ailleurs, quenouilles et joncs servent d'abri et de couverts de nidification. Près des lacs plane parfois un aigle ou bien le balbuzard pêcheur, un oiseau dont le nid est fait d'un amas voyant de branches au sommet des arbres. Les oiseaux plongeurs comme le plongeon huard et les grèbes fréquentent aussi les lacs ; ils se reproduisent dans tout le Canada et hivernent dans le sud des États-Unis.

Sur les berges des petits étangs vivent des amphibiens comme la grenouille-léopard et les tritons ; des reptiles comme la tortue et la couleuvre d'eau ; des canards comme le canard colvert ; et des mammifères comme la chauve-souris et le castor. Certains étangs du Midwest et des Prairies hébergent entre autres la sarcelle cannelle et la grue du Canada.

Vie autour d'une feuille de nénuphar

Il y a plus de 100 espèces de nénuphars. Comme ces plantes poussent dans 1 à 1,8 m d'eau, vous ne pourrez probablement bien observer le milieu formé par leurs feuilles qu'à partir d'une passerelle, d'une avancée de terre ou d'un canot.

Les nénuphars constituent des microhabitats. Leurs feuilles amortissent les vagues et créent des poches d'eau calme. Leurs tiges et celles des autres plantes poussant dans le même milieu sont couvertes d'un limon formé par la superposition de périphytons, d'algues bleues et de protozoaires. Au regard de la productivité des étangs, ce limon est aussi important que les plantes. Des animaux comme les escargots, les insectes aquatiques et les tritons s'en nourrissent, avant de servir à leur tour de nourriture aux tortues, aux poissons et aux oiseaux plongeurs.

Outre le limon, vous trouverez parfois de plus grosses masses gélatineuses fixées aux tiges des plantes. Il s'agira probablement d'œufs d'amphibiens comme la salamandre et la grenouille. Prêtez l'oreille au *or-woum* du ouaouaron, au trille de la rainette crucifère et au *tong* de la grenouille verte.

En observant l'eau pendant environ 30 secondes, vous verrez peut-être de petites bulles remonter à la surface. Il s'agit des gaz libérés alors que des bactéries et des champignons dégradent les résidus organiques au fond de l'eau.

Des nuées d'insectes, comme l'éphémère, se rassemblent souvent au-dessus des feuilles de nénuphars pour se reproduire. Au crépuscule, on voit parfois des hirondelles ou des chauve-souris les chasser. Une chauve-souris peut dévorer de 300 à 600 insectes en une heure.

Libellule

Dytique

Gyrins

Œufs de la salamandre maculée

229

Marais d'eau douce

P armi les marais les plus
renommés d'Amérique du
Nord figurent les cuvettes
des Prairies et des Dakotas, les
marais côtiers des Grands Lacs,
comme ceux de la Pointe-Pelée
en Ontario, et les Everglades, en
Floride.

Les marais d'eau douce se caractérisent par des étendues d'eau
ouvertes relativement peu profondes d'où émergent
des plantes à tiges
aériennes très longues.
Du fait des crues et des
décrues, les marais font partie des lieux les plus productifs au monde. Les crues
assurent un apport d'eau et
d'éléments nutritifs aux
racines des plantes ;
les décrues, un
apport d'oxygène
et l'aération du sol.
L'eau, les éléments nutritifs et l'oxygène favorisent
la croissance des plantes,
qui sont efficacement recy-

Quenouille (hiver)

Acorus roseau (été)

spadice

Sparganium (hiver)

clées par les
invertébrés, les
amphibiens, les
oiseaux aquatiques
et les autres habi-
tants des marais.

Un marais a
plusieurs zones de
végétation distinctes. Près de la terre
ferme poussent les joncs, les carex et
les prêles. On observera parfois un
busard Saint-Martin planer silencieusement au-dessus de cette végétation. Plus avant dans le marais, là où la profondeur de l'eau va en augmentant jusqu'à
plusieurs dizaines de centimètres, les quenouilles
peuvent supplanter les joncs et les carex.

Les nénuphars croissent en eau plus profonde.
Autour d'eux, on pourra observer des canards
comme le colvert et le canard souchet, la tête
plongée dans l'eau et la queue en l'air, en quête
de tubercules de potamot pectiné. Les canards
écument aussi la surface de l'eau pour
se nourrir de la lentille d'eau, la plus
petite phanérogame au monde.

Temps de la nidification dans les marais

Une randonnée printanière dans les marais permet d'observer la nature alors qu'elle est au sommet de sa productivité.

Tôt au printemps, vous verrez le carouge à épaulettes mâle lancer son chant nuptial parmi les quenouilles, un *konk-la-rî* riche et musical. Plus tard au printemps, vous trouverez peut-être trois ou quatre œufs bleu ciel striés de bandes rouille dans le robuste nid que cet oiseau construit à l'aide de carex, de roseaux, d'herbe et de feuilles de quenouilles. Ne manipulez jamais un nid, car votre odeur pourrait attirer les prédateurs. En étant attentif, vous apercevrez peut-être la hutte d'un rat musqué. Le rat musqué se nourrit des tubercules de la quenouille, dont il utilise les tiges et les feuilles pour construire une hutte dotée de nombreuses entrées sous l'eau.

Hutte de rat musqué

Rat musqué

Dans un marais, le printemps s'accompagne du gloussement insistant du troglodyte des marais, l'un des rares oiseaux chanteurs qui fassent entendre un chant original, chaque fois différent du précédent. Le mâle tisse plusieurs nids qui semblent servir à courtiser les femelles. La femelle choisit un des nids déjà en place ou en construit un nouveau que le mâle termine.

Le grèbe construit un nid flottant à partir de plantes palustres et le fixe aux joncs ou aux roseaux. L'adulte nage souvent avec ses petits sur le dos, comme le plongeon huard.

Le grand héron est facile à repérer dans les marais alors que, du haut de ses 1,2 m, il se tient à l'affût sans bouger dans une posture rappelant un point d'interrogation. Il niche en différents lieux – sur un arbre ou un buisson, une corniche ou une falaise, ou au sol parmi la végétation.

Nid et œuf du carouge à épaulettes

231

Mouillères

Les mouillères (terres humides à rétention d'eau saisonnière) font partie des habitats les plus prolifiques parmi les écosystèmes aquatiques. On les trouve partout sur le continent : dans les cuvettes des Prairies, dans les zones désertiques de l'Ouest, et le long du lit de cours d'eau intermittents.

Le niveau des eaux variant, les plantes ont dû s'adapter à un milieu tantôt humide, tantôt sec. Les étangs vernaux, très répandus dans les États secs de l'Ouest, ne se remplissent que durant la période humide du printemps et se tarissent l'été. Bon nombre de fleurs sauvages printanières indigènes poussent sur les bords de ces étangs temporaires. Les mouillères for-

œufs sous l'eau

Salamandre maculée

Pieds-en-bêche (crapaud)

ment l'aire de reproduction de diverses espèces de salamandres. Par les nuits humides du début du printemps, une lampe de poche vous permettra de repérer la salamandre-tigre dans les étangs vernaux de l'Est.

Les cuvettes des Prairies – des dépressions glaciaires dont la superficie atteint jusqu'à 4 ha – s'étendent sur plus de 120 000 ha dans les États des Plaines et les provinces des Prairies. Bon nombre d'entre elles sont saisonnières (l'eau de pluie et de la fusion nivale s'y accumule au printemps, puis s'évapore l'été), mais certaines reçoivent suffisamment d'eau pour devenir permanentes. Les cuvettes sont généralement bordées de plantes palustres.

Le long des cours d'eau intermittents, les arbres sont plus gros que dans les hautes terres voisines en raison de l'humidité temporaire et de la fertilité du sol. Outre qu'ils contribuent à stabiliser les berges, ces arbres font obstacle au lessivage des sédiments et constituent un abri et une source de nourriture pour la faune sauvage.

Avifaune de la cuvette des Prairies

Au début du printemps, vous pouvez être témoin des premiers moments de l'une des grandes migrations de la planète. À cette période de l'année, le ciel des cuvettes des Prairies est sillonné par d'innombrables oiseaux de retour de leur aire d'hivernage d'Amérique centrale, du Mexique et de la côte du golfe du Mexique. Certains oiseaux demeurent dans la région pour se reproduire ; d'autres s'y reposent et s'y nourrissent avant de reprendre leur vol vers le nord du Canada et l'Alaska.

La liste des espèces de canards pouvant être observées est impressionnante. Le canard pilet, le canard colvert et le fuligule à dos blanc devancent les autres sur les petits étangs peu profonds dont les eaux sont les premières à dégeler au printemps. Suivent le canard d'Amérique, le canard souchet, le canard chipeau, le fuligule à tête rouge, les sarcelles à ailes bleues et à ailes vertes et le petit fuligule, accompagnés du carouge à épaulettes.

Vous pourrez aussi voir des milliers d'oies des neiges traverser l'azur en direction de leur aire de reproduction dans la toundra du Canada et de

Caneton

l'Alaska. L'arrivée de ces visiteuses au corps blanc et aux primaires noires survient habituellement en avril ; vers la même période, la grue du Canada est de retour et s'apprête à entamer les rituels de la reproduction. Comme le grand héron et les aigrettes, la grue du Canada est un échassier qui se tient à l'affût des poissons, des grenouilles et des escargots dans une immobilité totale. La danse nuptiale de cet oiseau gris est impressionnante.

De juin à août, les œufs des oiseaux nichant dans les cuvettes commencent à éclore. On aperçoit parfois les canetons, étroitement surveillés par leur mère jusqu'à ce qu'ils puissent voler. Serpents, coyotes et tempêtes menacent constamment leur vie. À l'automne, la plupart des oiseaux aquatiques quittent les cuvettes et migrent vers le sud. L'oie des neiges est l'une des dernières à partir.

Grue du Canada

danse nuptiale

233

Tourbières

Il existe deux grands types de tourbières. La tourbière *oligotrophe* (ou fondrière, ou muskeg) se forme sur des terrains très acides, où ne peuvent vivre les lombrics, les bactéries et les autres décomposeurs indispensables à la production d'un sol fertile. Pour cette raison, la partie immergée du sol se compose de tourbe (matières végétales en partie décomposées). La tourbière *minérotrophe* présente quant à elle une eau alcaline plutôt qu'acide ; elle occupe des terrains calcaires.

Les espèces végétales qui colonisent la tourbière oligotrophe doivent tolérer un milieu de vie pauvre en éléments nutritifs. La végétation pionnière consiste habituellement en des tapis de carex ; viennent ensuite la sphaigne, le cassandre caliculé, l'atoca et divers arbrisseaux assurant la cohésion des tapis végétaux flottants. À la longue, l'épinette ou le thuya occiden-

Jeune émyde de Muhlenberg

RENSEIGNEMENTS UTILES

■ Tourbières oligotrophes (Canada, États du nord des États-Unis, montagnes de l'Est et de l'Ouest) et minérotrophes (Midwest)

🐟 Bourbiers sous la végétation : sonder le terrain avec un bâton

👂 Grenouilles au printemps

▲ Odeur de la mousse de tourbe

Utriculaire

aspire sa proie ici →

tal prennent racine. Ces deux arbres sont dotés de systèmes racinaires superficiels laissant l'oxygène parvenir aux racines lors des inondations. Toutefois, une trop grande quantité d'eau, ou même le feu durant la saison sèche, peut provoquer la mort des arbres et faire en sorte que le processus de succession écologique recommence (voir p. 34).

Hormis les insectes, la plupart des animaux fréquentent les tourbières dans un but précis (alimentation ou reproduction par exemple), puis regagnent les hautes terres.

Vu le phénomène de lente décomposition qui les caractérise, les tourbières revêtent un intérêt scientifique. Une digue de castors en assez bon état découverte récemment dans une tourbière oligotrophe daterait d'environ 500 ans. Et le pollen préservé dans ce type de tourbière peut révéler 10 000 ans d'histoire naturelle...

Plantes insectivores

Au nombre des habitants les plus fascinants des tourbières figurent les plantes insectivores qui, pour compenser la pauvreté du sol, attirent et assimilent des insectes.

Le gobe-mouches est une plante d'intérieur bien connue, dont l'habitat naturel se limite aux régions côtières des Carolines. La sarracénie présente une aire de distribution plus large. Les couleurs vives à l'entrée des tubes verticaux formés par chacune de ses grandes feuilles, tout comme le nectar que ces dernières renferment, incitent les insectes à y pénétrer. Les feuilles tubuleuses étant intérieurement glissantes et tapissées de poils pointant vers le bas, les insectes qui s'y aventurent ne peuvent en ressortir et se noient souvent dans l'eau accumulée à la base. Des bactéries et des enzymes sécrétées par la plante décomposent les insectes, que les feuilles assimilent.

Certains animaux des tourbières oligotrophes se sont toutefois adaptés à la présence de la sarracénie. La chenille de l'exyria tend

l'insecte entre dans la feuille tubuleuse

Sarracénie pourpre

une toile à l'entrée d'une feuille tubuleuse tout en demeurant à l'intérieur de celle-ci de façon à se protéger contre les prédateurs. Les araignées tissent une toile à l'entrée des feuilles pour attraper les insectes qui y sont attirés. De minuscules rainettes peuvent se tenir sur le rebord des tubes, à l'affût d'une proie.

Le drosera est doté de feuilles couvertes de longs « tentacules » gluants qui retiennent les insectes. Quand une proie est prise au piège, une substance anesthésiante l'étourdit, puis des enzymes et des bactéries assurent son assimilation.

L'utriculaire n'a pas de système racinaire. Elle flotte librement sur l'eau ou bien s'accroche à des plantes plus grosses qu'elle. De minuscules outres lui permettent d'aspirer les invertébrés aquatiques qui la frôlent.

les pointes gluantes se referment par-dessus la proie

Drosera

Gobe-mouches

Marécages

Les marécages sont des terres humides que dominent arbres et arbustes. Ils diffèrent des tourbières oligotrophes boisées par leur sous-sol minéral, et se distinguent des boisés riverains du fait qu'ils subissent des inondations plus fréquentes. Les marécages constituent souvent des écotones, où deux types de terres humides se confondent.

Dans le Nord, les érables rouges dominent la plupart des marécages et les égaient à l'automne du rouge vif de leurs feuilles. À l'étage inférieur, le saule noir, l'érable argenté et le peuplier deltoïde se mêlent aux érables rouges et aux symplocarpes fétides (choux puants). Dans les marécages du Nord où aucune exploitation forestière ne se déroule, il est aussi possible de trouver d'autres espèces d'arbres, comme le chêne bicolore, le chêne palustre et le tupélo. Des fourrés d'aulnes croissent dans les marécages de l'Est et de l'Ouest.

Érable rouge

Les *pocosins* sont des marécages rappelant des tourbières, que l'on rencontre sur les côtes de la Virginie et des Carolines. Ils sont couverts de houx sempervirents et de lauriers ; des pins des marais y poussent çà et là.

Les marécages à cyprès chauves sont les marécages les plus répandus, et peut-être les plus renommés, en Amérique du Nord. L'eau dormante qui les baigne est sombre et recèle une riche vie organique. Les cyprès chauves drapés de tillandsie usnoïde (mousse espagnole – qui en réalité n'est pas une mousse, mais une plante phanérogame apparentée à l'ananas) y jettent le reflet de leurs culées gonflées, de leurs troncs imposants et de leurs protubérances en partie immergées.

Avant que n'interviennent les êtres humains, des incendies survenaient naturellement dans les marécages au cours des périodes de sécheresse, assurant ainsi le renouvellement du couvert végétal – thuyas et pins, en particulier.

Saule noir

Mœurs de l'alligator

De tous les animaux du Sud, l'alligator américain est peut-être le plus impressionnant. C'est le plus gros reptile d'Amérique du Nord ; sa longueur atteint de 2 à 6 m. Son habitat va de la Caroline du Nord à l'est du Texas.

Jeune alligator

On chassait jadis les alligators pour leur peau ; leur habitat marécageux était souvent drainé ou éliminé. De nos jours, la loi protège les populations d'alligators, et celles-ci s'accroissent. On apprécie maintenant le rôle qu'elles jouent au sein de l'écosystème des terres humides. Grâce aux trous profonds que les alligators creusent dans la boue au cours des périodes de sécheresse, les autres animaux sauvages peuvent avoir accès à l'eau dont dépend leur survie. Ces dépressions de 6 à 9 m deviennent des microhabitats, envahis par les nénuphars, les quenouilles et d'autres plantes aquatiques. Arbres et arbustes y poussent aux alentours, attirant oiseaux, lièvres et tortues.

Les alligators s'attaquent rarement aux êtres humains, mais n'en demeurent pas moins dangereux ; mieux vaut les observer à partir des passerelles aménagées au-dessus des marécages. D'avril à mai, période de reproduction, ils émergent des trous où ils ont hiberné. Écoutez le vagissement rugissant des mâles. En juin, les femelles construisent des nids avec de la boue et des plantes en décomposition de 2,4 m de haut sur 90 cm de large. Elles

Éclosion d'alligators

y pondent de 40 à 60 œufs. Neuf semaines plus tard, les jeunes non encore éclos appellent leur mère. Celle-ci éventre le nid où les jeunes alligators de 25 cm de long voient le jour.

Les alligators se nourrissent, la nuit, de poissons, de crabes, d'oiseaux aquatiques, de ratons laveurs et de rongeurs.

Tortue à ventre rouge sur un alligator

237

Boisés riverains

En milieu urbain, les boisés riverains échappent souvent au développement. Ce fait peut être attribuable à la forte dénivellation des berges, aux lois protégeant les terres humides ou au désir des communautés de créer des réserves naturelles. Outre qu'ils représentent de précieux vestiges d'un milieu naturel au cœur même des villes, ces boisés forment souvent pour la faune sauvage des corridors de passage entre les grandes forêts.

Hors des villes, ce qui constitue un boisé riverain va des forêts de feuillus des terres basses du Sud aux fourrés d'aulnes et d'érables du Nord et aux peuplements de peupliers deltoïdes du Sud-Ouest.

La végétation d'un boisé riverain témoigne dans une certaine mesure de l'évolution récente du cours d'eau qui le traverse, mais il faut se rappeler que les arbres

Canard branchu

RENSEIGNEMENTS UTILES

■ *Le long des ruisseaux et des rivières d'Amérique du Nord*

● *Gare à la grande ortie et aux sumacs vénéneux*

👁 *Signes de l'activité de castors : digues, huttes, sentiers, canaux*

▲ *Odeur épicée des feuilles du peuplier deltoïde et du saule*

croissent rapidement en raison de la fertilité des lieux. Lorsqu'une rivière dévie de son cours et inonde les terres, elle élimine le couvert végétal établi, mais elle dépose aussi un lit de sédiments que pourront ensuite coloniser de jeunes arbres. La présence d'érables et de peupliers deltoïdes plus développés à un niveau supérieur sur les berges indique que le cours de la rivière est probablement le même à cet endroit depuis que les arbres ont pris racine, de 100 à 200 ans plus tôt.

Les saules poussent fréquemment au bord de l'eau ; ils stabilisent les berges. Les aulnes et les bouleaux jouent un rôle de colonisation et de stabilisation semblable. Recherchez les chatons d'aulne et pincez-les : il en sortira un nuage de pollen jaune. Enfin, la productivité des boisés riverains attire la faune : le chêne d'eau, par exemple, porte près de 30 000 glands par an, dont 10 p. 100 servent de nourriture aux canards branchus et à d'autres migrateurs.

Chatons d'aulne

La vie laborieuse du castor

L e castor est répandu partout en Amérique du Nord, hormis la plupart des régions de la Floride, du Nevada et du sud de la Californie. Bien que son aire de distribution soit considérable, on ne peut généralement l'observer que dans les boisés riverains.

Le castor est un mammifère dont la longueur peut atteindre 1,2 m. Il présente diverses adaptations au milieu aquatique : paupières transparentes permettant de voir sous l'eau ; narines contractiles qui empêchent l'eau d'y pénétrer ; pieds postérieurs palmés facilitant la nage ; queue plate et nue servant de gouvernail et d'outil pour tasser la boue ; fourrure épaisse et huileuse conservant la chaleur corporelle en eau froide. La queue en forme de pagaie que possède le castor lui sert à produire des claquements forts à la surface de l'eau pour avertir ses semblables de la présence d'un danger.

Les pistes du castor sont faciles à voir sur la boue molle. Les pieds postérieurs palmés forment une empreinte en forme d'éventail de plus de 13 cm de largeur, deux fois plus longue que l'empreinte des pieds antérieurs. La trace

laissée par la queue traînant sur le sol est aussi facile à distinguer.

Le castor se nourrit de l'écorce intérieure des arbres ; il peut abattre un arbre de 15 cm de diamètre en 10 minutes. Les arbres abattus lui servent à ériger des barrages qui créent un environnement protégé, où il construit une hutte faite de branches entrelacées et de boue. Un certain nombre d'ouvertures ménagées sous l'eau donnent accès à la hutte.

Quand les arbres de petit ou de moyen diamètre viennent à manquer, le castor se déplace souvent en amont et y endigue à nouveau les berges. De ce fait, il ajoute divers habitats au cours d'eau en laissant derrière lui une suite d'étangs et de marais. Ces habitats peuvent faire obstacle aux inondations en contenant les flux d'eau et de sédiments lors des tempêtes et des crues.

Pistes du castor

Castor et son petit

239

Dans l'eau

En plongeant un bocal ou un filet à mailles fines dans l'eau lors d'une randonnée au sein des terres humides, vous capturerez probablement quelques invertébrés aquatiques. Il y a plus de 10 000 espèces d'invertébrés aquatiques en Amérique du Nord. Ces petits animaux sans colonne vertébrale sont des filtreurs, des brouteurs ou des prédateurs et jouent un rôle vital en décomposant la végétation ou en limitant les populations d'insectes. Ils servent aussi de nourriture aux grenouilles, aux tortues, aux canetons et à d'autres animaux sauvages, à commencer par les poissons.

Les filtreurs, comme le cyclope et le porte-bois (trichoptère), absorbent par filtration les détritus, les algues et les plantes en suspension dans l'eau. Le cyclope commun nage au moyen de cinq paires de pattes, qui lui servent

Gerris

Demoiselle

aussi à recueillir les minuscules particules de matière végétales dont il se nourrit. La plupart des cyclopes sont des femelles pouvant se reproduire rapidement sans fertilisation. Les mâles ne sont produits que lors des périodes de stress en vue de fertilise des œufs qui ont pu rester en dormance pendant plusieurs années – jusqu'à 20 ans.

La corise et l'escargot font partie des brouteurs. La corise s'accroche à mi-profondeur aux tiges submergées. Elle transporte une réserve d'air dans une bulle sous l'abdomen ou les ailes et nage au moyen d'appendices semblables à des rames. Les brouteurs servent de nourriture à des prédateurs comme la demoiselle et la libellule. La libellule possède une excellente vision, et la vitesse de son vol atteint 30 km/h.

Maints invertébrés aquatiques sont aisément observables à l'œil nu, mais une loupe ou un microscope permet de voir les minuscules appendices leur servant à nager et à se nourrir.

Invertébrés aquatiques

Les invertébrés aquatiques peuvent se trouver à la surface ou au fond de l'eau. On aperçoit parfois à la surface de l'eau d'importants groupes de gyrins. Ces coléoptères possèdent une paire d'yeux pour observer ce qui se passe au-dessus de la surface de l'eau, et une autre pour observer ce qui se passe sous l'eau. À votre approche, ils se sentiront menacés : certains plongeront sous l'eau, tandis que les autres fuiront dans tous les sens en nageant en surface.

Les gerris (ou patineurs) tirent profit de la transmissibilité des vibrations à la surface de l'eau pour envoyer des signaux nuptiaux et détecter la présence de proies. Si vous écrasez un moustique qui vous a piqué, jetez-le dans l'eau près d'un gerris et observez la réaction de ce dernier. Ne tentez toutefois pas de manipuler un gerris – il pourrait vous infliger une piqûre semblable à celle d'une abeille.

Au fond d'un étang ou d'un cours d'eau, vous verrez parfois de minuscules morceaux de bois ou de gravier en mouvement. Le porte-bois (trichoptère) s'abrite dans un fourreau formé de grains de sable, de ramilles ou de feuilles pour se protéger contre les prédateurs et les courants

rapides. Il se nourrit de mousses, d'algues et de feuilles mortes. Ses déplacements constants assurent la circulation d'eau fraîche dans le fourreau.

L'écrevisse est un crustacé omnivore des fonds. Elle est dotée d'yeux protubérants et d'antennes olfactives. Comme elle mue, vous pourrez parfois trouver sa coquille vide.

Le tubifex est un ver limivore qui vit tête en bas dans un anneau muqueux. Sa queue s'étend vers la surface et oscille de manière à faire circuler l'oxygène et à créer un courant alimentaire. Contrairement à la plupart des invertébrés, le tubifex dispose d'hémoglobine, ce qui lui permet de capter l'oxygène et de survivre au fond des eaux polluées ou pauvres en oxygène.

Porte-bois émergeant de son fourreau

Corise

Tubifex

241

De l'eau à la terre

L es habitats aquatiques sont avantageux à maints égards pour les animaux. L'eau est à la fois un refuge contre les prédateurs et les températures extrêmes, et une aire de reproduction et d'alimentation. En outre, elle renferme de l'oxygène dissous permettant à des reptiles comme la tortue de respirer en plongée.

RENSEIGNEMENTS UTILES
- Abords des rivières, des marais et des lacs d'Amérique du Nord
- Gare aux berges glissantes ou instables
- Larves et masses d'œufs dans l'eau ; grenouilles, salamandres et tortues dans l'eau ou hors de l'eau ; pistes de mammifères

Crapaud à moignon caudal

(la femelle n'a pas de moignon)

L'eau vive constitue un milieu particulièrement difficile. Le porte-bois (trichoptère) se loge dans un fourreau de graviers et de débris de feuilles, tandis que la larve plate au profil hydrodynamique de la perle adhère au lit des cours d'eau et s'y nourrit des organismes qui passent. Les masses d'œufs de grenouille et de salamandre sont fixées à la végétation aquatique, comme les nids flottants d'oiseaux tels que le grèbe.

Certains animaux ne passent qu'une partie de leur vie dans l'eau. La grenouille et la salamandre se reproduisent dans l'eau, mais elles vivent la plupart du temps sur terre et s'y nourrissent d'insectes terrestres. La tortue adopte le comportement opposé : elle se reproduit sur terre et vit le reste du temps dans l'eau. Le castor se nourrit de l'abondante végétation des boisés riverains, mais il construit sa hutte dans l'eau.

Au sein des terres humides, maints oiseaux nichent et élèvent leurs petits à l'abri du danger. Le vison et le raton laveur mangent poissons, grenouilles et serpents d'eau ; l'orignal et le cerf se régalent de plantes aquatiques en été.

Serpent-jarretière rayé dans l'eau

La vie dans l'eau et hors de l'eau

De nombreux amphibiens et reptiles tirent profit à la fois des habitats aquatiques et des habitats terrestres. Ainsi, la tortue reconstitue sa réserve d'oxygène alors qu'elle se chauffe au soleil sur le rivage. Sous l'eau, elle produit de l'oxygène en remuant les pattes et le cou. Grâce à des cellules spéciales situées dans la gorge, elle peut absorber l'oxygène dissous dans l'eau et rester immergée pendant qu'elle se repose ou qu'elle hiberne dans la boue. La femelle pond des œufs l'été dans des trous qu'elle creuse sur les rivages et qu'elle couvre d'une mince couche de boue après la ponte. Le soleil garde ensuite les œufs au chaud. Quand elles éclosent, les tortues se trouvent généralement près de l'eau et peuvent se nourrir d'insectes et de larves aquatiques.

Le crapaud et la grenouille s'aventurent souvent loin de l'eau pour se nourrir et s'abriter, mais ils y retournent pour s'accoupler et pondre. La phase larvaire aquatique dure de quelques semaines à deux ans selon les espèces. La masse d'œufs que déposent la plupart des grenouilles et des salamandres femelles est enveloppée d'un mucilage qui protège les têtards et les jeunes

Éclosion d'une tortue conchoïde des rivières

salamandres quand ils éclosent dans leur habitat aquatique.

Le triton, un type de salamandre, remonte régulièrement à la surface de l'eau pour aspirer de l'air par la gueule et absorber de l'oxygène par la peau et les muqueuses. La plupart des salamandres ont des branchies pendant le stade larvaire, qui se déroule entièrement dans l'eau, mais elles les perdent une fois adultes lorsqu'elles parviennent au stade terrestre. Certaines espèces les conservent toutefois et passent leur vie dans l'eau.

Grenouille, salamandre et tortue hivernent dans la boue.

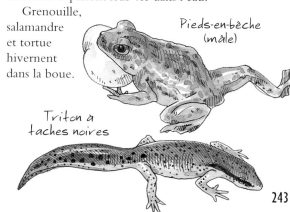

Pieds-en-bêche (mâle)

Triton à taches noires

243

Terres humides restaurées

Les terres humides occupent souvent des terrains plats, où leurs sédiments donnent naissance à un sol riche et fertile. Aussi n'est-il pas surprenant qu'en Amérique du Nord plus de la moitié d'entre elles aient été drainées et converties en terres agricoles. Partout sur le continent, l'on constate la disparition de ces terres, qui jouent un rôle vital : elles forment l'habitat d'oiseaux aquatiques, filtrent la pollution et limitent les inondations. Dans plusieurs États américains, dont la Californie et des États du Midwest, il reste moins de 20 p. 100 des terres humides naturelles.

Certaines terres humides ont été restaurées. Divers signes en témoignent : arbres plantés aux abords des cours d'eau en vue d'ombrer et de stabiliser les berges ; quenouilles, joncs et carex transplantés afin de renouveler la végétation palustre ; digues pour rétablir le régime hydrologique naturel.

Nichoir de canard branchu

RENSEIGNEMENTS UTILES

■ *Partout en Amérique du Nord; consulter les groupes de conservation*

Éviter d'endommager les jeunes plantes ou les structures de restauration

Canard colvert, pluvier kildir; expansion des plantes indigènes

Cri de la marouette de Caroline

Le rétablissement des processus hydrologiques – c'est-à-dire la circulation de l'eau depuis les embouchures jusqu'aux décharges des terres humides, et l'alternance naturelle des inondations et des périodes de sécheresse – est peut-être l'aspect le plus important des efforts de restauration. Bon nombre de terres humides furent dégradées après qu'on eut dévié les cours d'eau qui les traversaient ; une fois rétabli le cycle des inondations et des exondations, la végétation repousse, avec ou sans intervention humaine. La modification du niveau de l'eau détermine l'aération du sol ainsi que l'apport d'éléments nutritifs nouveaux. Peu après la régénération du couvert végétal, la faune sauvage réintègre les terres humides. Au Canada, l'organisme Canards illimités s'occupe de restaurer dans tout le pays des sites pour la sauvagine et d'en préserver qui sont menacés.

Scirpe fluviatile

Scirpe vert foncé

Gestes concrets

Alors que l'on prend de plus en plus conscience de l'importance des terres humides, l'État, les propriétaires fonciers et les citoyens unissent leurs efforts en vue de restaurer quelques-unes des zones dégradées du continent nord-américain. De nombreux groupes rassemblent des volontaires dans le cadre de programmes de restauration.

Familiarisez-vous avec les terres humides de votre région. Recherchez les embouchures et les décharges. Si les terres humides ont été drainées, faites-vous une idée de leur étendue originale en vérifiant la hauteur des digues et des vannes de décharge. L'eau en provenance des villes ou des terres agricoles peut contenir des polluants issus des eaux usées et des surplus de fertilisants, deux sources d'eutrophisation. Divers moyens permettent de lutter contre cette pollution, comme la construction d'usines de filtration plus efficaces ou l'aménagement de nouvelles terres humides en vue de diluer les surplus d'éléments nutritifs.

La plantation de saules et d'aulnes sur les berges dégradées est une forme de restauration populaire et pratique. Ces feuillus à croissance

Enlèvement de jacinthes d'eau

rapide ombrent et stabilisent les berges quelques années seulement après qu'ils ont été plantés. À défaut d'intervention humaine, certaines plantes émergentes salutaires, comme le scirpe, ont peu de chances de recoloniser les marais restaurés.

La jacinthe d'eau a envahi bon nombre de cours d'eau du sud-est des États-Unis au détriment des plantes indigènes et de la faune sauvage. L'enlèvement des plantes exotiques de ce genre permet bien de réduire temporairement leur nombre, mais un suivi s'impose.

Au sein des terres humides dégradées où il n'y a pas de vieux arbres propices à la nidification, l'installation de nichoirs peut favoriser le retour d'insectivores utiles (chauve-souris) et de beaux oiseaux (hirondelle bicolore, merle-bleu de l'Est, canard branchu...).

Jacinthe d'eau

245

Littoraux

MARCHER SUR LE LITTORAL

Les côtes de l'Amérique du Nord s'étirent sur des milliers de kilomètres.
Le randonneur attentif y trouvera des trésors d'information
sur les littoraux, leur flore et leur faune.

Les littoraux sont le point de convergence de l'eau, du ciel et de la terre. Le randonneur y trouve d'excellentes occasions d'observer la flore et la faune de chacun de ces royaumes. En Amérique du Nord, les structures géologiques variées et les différences de température de l'eau et de l'air donnent naissance à de nombreux types de littoraux.

L'on trouve des plages sur toutes les côtes d'Amérique du Nord ; elles s'étirent presque sans interruption le long des côtes de l'Atlantique. Galets, coraux ou coquillages effrités, lave morcelée, sable grossier ou fin coloré par des minéraux : leur composition varie. Quand le sable est fin et les conditions éoliennes appropriées, des dunes se développent derrière les plages.

Les rivages rocheux caractérisent l'ensemble de la côte de l'Atlantique Nord et la plus

PÉLICANS BRUNS *(ci-dessous) Menacés d'extinction au début des années 70, ils vivent sur les côtes du Pacifique et du sud-est de l'Amérique du Nord.*

LA FORCE DES VAGUES *La côte du Pacifique (ci-dessous) présente des plages sablonneuses et des affleurements spectaculaires. Avec le temps, vagues et marées sculptent le bois de grève (à droite), le verre, les galets...*

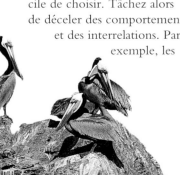

grande partie de la côte du Pacifique. La roche dure, comme le granite et le basalte, forme des falaises saisissantes, des péninsules longues et étroites et des récifs-pinacles. Dans la roche sédimentaire, plus tendre, les vagues sculptent des falaises criblées de grottes, des arches marines et des îlots rocheux appelés aiguilles.

Sur les rivages rocheux, la zone intertidale – couverte puis découverte par les marées quotidiennes

– foisonne de vie. Vous découvrirez des fissures où vivent des littorines et d'autre mollusques, des crabes, des oursins ainsi que des anémones et des étoiles de mer. Au large, vous verrez des oiseaux et des mammifères marins se reposant sur des affleurements rocheux et des récifs-pinacles.

OÙ ET QUOI REGARDER
Certains jours, il y a tellement de choses à voir qu'il est difficile de choisir. Tâchez alors de déceler des comportement et des interrelations. Par exemple, les

LE LONG DU RIVAGE

Les plages sablonneuses et les marais salés prédominent dans l'Est et le Sud-Est, tandis que la côte du Pacifique est en grande partie rocheuse.

crabes se trouvant dans une bâche (mare d'estran) marchent-ils tous dans la même direction ? S'acheminent-ils vers une source de nourriture ou bien fuient-ils un prédateur ? Les goélands qui crient sont-ils regroupés en un seul point ? Utilisez des jumelles pour savoir ce qui les y attire. Des oiseaux de tailles différentes adoptent-ils le même comportement ?

USER DE TOUS SES SENS

Certains autres jours, rien ne semble digne d'intérêt : la mer étale reflète un ciel vide et gris ; la marée haute ne laisse plus apercevoir les mares d'estran ; les oiseaux et les mammifères marins semblent avoir disparu. En pareille circonstance, concentrez-vous sur les impressions de vos autres sens. Prélevez une poignée de sable pour connaître sa texture. Écoutez le

OCÉAN PACIFIQUE

Baie d'Hudson

OCÉAN ATLANTIQUE

Golfe du Mexique

Îles Hawaii (pas à l'échelle)

■ Plages
■ Rivages rocheux
■ Marais salés
■ Récifs coralliens

bruit des vagues qui se brisent sur le rivage, portez attention à leur fréquence. En humant l'air, essayez de déterminer si la brise vient du large ou de la terre ferme.

Chaque type de rivage est riche d'un enseignement différent, mais tous les rivages offrent le spectacle d'une évolution constante : le mouvement régulier des marées ; les variations de température, qui

d'heure en heure peuvent se traduire par de la brume ou du vent ; les modifications de l'apparence ou du comportement des animaux au fil des saisons ; les migrations saisonnières des poissons, des oiseaux et des mammifères marins.

ARMI LES ROCHERS

toile de mer ocrée (ci-dessus) ur les rivages rocheux du acifique découverts par les arées. L'aire de distribution e la langouste (à droite) va e la Caroline du Nord au olfe du Mexique.

PHOQUE COMMUN *(ci-dessus) Il passe une grande partie de la journée à se chauffer au soleil sur les rivages.*

Observation de l'océan

S i les océans, qui recouvrent plus de 70 % de la surface terrestre, s'asséchaient, les plus hautes montagnes et les plus profonds canyons de la planète deviendraient visibles. Mais leur assèchement mettrait par ailleurs fin à toute vie, car les océans, principale source d'eau sur Terre, assurent la régulation des températures et forment l'habitat des algues qui produisent une grande partie de l'oxygène que nous respirons. On pense que les océans sont le berceau de la vie et que la majeure partie de l'évolution des êtres vivants s'y est déroulée.

Le plus petit et le plus simple organisme vivant, l'algue bleu-vert, vit dans l'océan. Tout comme le rorqual bleu, le plus gros des animaux connus. Ces deux extrêmes font partie d'un vaste écosystème dont seule une partie est visible de la terre ferme.

L'océan Atlantique est moins vaste et

RENSEIGNEMENTS UTILES

■ *Océan Atlantique à l'est ; golfe du Mexique au sud ; océan Pacifique à l'ouest*

☀ *Toute l'année*

Éviter les bords des falaises ; ne pas déranger les animaux

👁 *Phoques et lions de mer dans les vagues ; volées d'oiseaux au large*

Goéland bourgmestre et sa proie

moins profond que l'océan Pacifique, mais il est plus chaud que celui-ci en raison d'un courant qui, parti de l'équateur, remonte la côte Est. Le golfe du Mexique est peu profond, chaud et relativement à l'abri du vent qui provoque le déferlement des vagues sur les côtes plus exposées de l'Atlantique, à l'est, et du Pacifique, à l'ouest.

Près des côtes, les grands courants sont neutralisés par les courants des marées, le vent et les formations rocheuses sous-marines. L'océan peut passer du bleu clair au vert et au brun opaque lorsque le vent et les courants soulèvent la vase, le sable et les détritus.

Goéland brun et étoile de mer

Phoque commun

Observation d'oiseaux et de mammifères marins

En observant l'océan, vous verrez presque à coup sûr des oiseaux survoler les vagues ou flotter sur l'eau. Vous apercevrez peut-être aussi des mammifères marins.

Le rassemblement de nombreux oiseaux plongeant dans les vagues du haut des airs révèle habituellement la présence d'un gros banc de petits poissons. Plutôt que de pêcher eux-mêmes ainsi, les goélands harcèlent les autres oiseaux, même plus gros qu'eux, pour les forcer à lâcher leur proie. Le cormoran, un gros oiseau noir, chasse sous l'eau, comme le fait le pélican blanc. Le uffin, un oiseau de la taille d'une corneille, vole au ras des vagues ; une volée peut compter des milliers d'individus. Le pélican run vole à environ 6 m de l'eau lorsqu'il chasse : il aperçoit une proie, il replie les ailes et se laisse omber tête première dans es flots.

Les rochers qui émergent la surface de l'eau sont des aires de repos pour les oiseaux marins. Les plus fréquentés sont blanchis de guano (excréments d'oiseaux de mer). Les cormorans, par exemple, s'y reposent ailes déployées pour les sécher au soleil et au vent.

Les pinnipèdes – le phoque et le lion de mer – chassent près de la terre ferme et se hissent sur les rochers pour s'y reposer. Le phoque commun s'observe le long des deux côtes. Le lion de mer, plus gros et plus bruyant que le phoque, est présent le long de la côte du Pacifique.

On peut apercevoir les baleines nageant parallèlement à la côte lors de leur migration. La vapeur d'eau qu'elles expirent par leur évent quand elles font surface permet de les repérer. Ces énormes animaux sautent parfois complètement hors de l'eau.

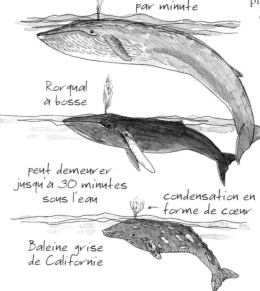

Rorqual bleu — expire de 5 à 12 fois par minute

Rorqual à bosse

peut demeurer jusqu'à 30 minutes sous l'eau

condensation en forme de cœur

Baleine grise de Californie

Plages

La plupart des habitants des plages se réfugient dans un terrier pour ne pas être emportés ou mis à découvert par les vagues de ressac. Ces fouisseurs peuvent être difficiles à repérer, mais la présence d'oiseaux qui creusent le sol révèle l'existence d'une riche vie souterraine.

Les côtes de l'Atlantique et du golfe du Mexique sont en grande partie bordées de sable, formé il y a des milliers d'années par la pulvérisation du granite qui se trouvait sous les glaciers à l'intérieur des terres. Les rivières glaciaires déposèrent les sédiments granitiques sur les bords du continent, où leur mouvance se poursuit sous l'impulsion des marées, des tempêtes, des courants et du vent. Ces plages (et les plages sablonneuses de la côte du Pacifique) subissent de profondes modifications au cours d'une année. L'été, elles s'aplanissent et s'élargissent, tandis que l'hiver

RENSEIGNEMENTS UTILES

■ Toutes les côtes, surtout celles de l'Atlantique et du golfe du Mexique

☀ Toute l'année

🦪 Ne pas ramasser les coquillages ; éviter la zone de déferlement par gros temps

👁 Oiseaux marins près de l'eau

✋ Différents sables

Crabes fouisseurs

vue latérale

elles rétrécissent et deviennent plus pentues sous l'effet de vagues plus érosives.

Dans le sud de la Floride, les plages sont plus larges, plus blanches et plus planes qu'ailleurs. Leur sable soyeux et poudreux est constitué de grains calcaires. Ces grains sont habituellement plus gros que les grains de sable provenant de roches pulvérisées et ils opposent une résistance plus grande aux mouvements des vagues déferlantes ; les plages qu'ils forment demeurent donc larges et planes le plus clair de l'année.

Les plages peuvent aussi se composer de graviers ou de galets. On en trouve des exemples le long des côtes du Pacifique Nord et de l'Atlantique Nord. La répartition naturelle des pierres, des fragments de coquilles et des grains de sable est fonction de leur taille, les plus petits étant charriés plus avant sur les plages.

siphon

Sous le sable

En général, la survie des animaux vivant sur les plages dépend de leur capacité de s'enfouir pour se protéger contre les prédateurs et les éléments. Toutes les plages ne conviennent pas au creusage de terriers, mais bon nombre d'entre elles sont des habitats idéaux pour les fouisseurs.

Le crabe fouisseur vit sur les plages de l'Atlantique et du Pacifique. Ce crustacé ovale de 4 cm de long dont la couleur pâle se confond avec celle du sable parvient à s'enfouir sous le sable en un peu plus d'une seconde. De temps à autre, de grands groupes de crabes fouisseurs émergent du sable parmi les vagues et forment une boule compacte qui roule vers un nouvel emplacement où chaque crabe creuse un nouveau terrier. Par la suite, les crabes déploient des antennes plumeuses qui leur servent à absorber par filtration le plancton et les détritus charriés par les vagues qui passent au-dessus de leur tête.

Puces de mer

pied rose carné

Couteau

La puce de mer (3 cm) vit aussi sur les deux côtes. La nuit, une lampe de poche permet d'en apercevoir des centaines. Elle se nourrit d'algues et de débris organiques rejetés sur le rivage. Ses antennes sont plus longues que son corps et elle peut faire des bonds de 30 cm.

Les coquinas – des myes colorées mesurant moins de 2 cm de long – vivent juste sous la surface du sable le long des côtes de l'Atlantique et du golfe du Mexique. À marée montante, elles émergent du sable quand des vibrations annoncent la venue d'une vague. Entraînées vers un autre lieu, elles y creusent un terrier, puis déploient deux siphons leur servant à aspirer et à refouler l'eau pour se nourrir.

Coquina

Le couteau de l'Atlantique, une autre mye, a une étroite coquille allongée. Il fiche son pied dans le sable, puis s'y enfouit rapidement par une série de contractions musculaires.

253

Entre les laisses de marées

Dans leur alternance continuelle, les marées laissent sur les plages un fouillis d'os de poissons, de plumes d'oiseaux, de plantes mortes, de coquillages et d'artéfacts. Ces épaves qui s'accumulent entre les laisses de marées en disent long sur la diversité et la persévérance de la vie le long des littoraux.

Certaines plages sont exposées à des vagues si puissantes qu'aucun débris ne peut s'y déposer. En revanche, les conditions qui prévalent sur d'autres plages font en sorte que des coquillages, des oursins, des dollars de sable, des capsules d'œufs et d'autres structures fragiles y sont rejetés intacts.

Dollar de sable

Sous l'action du vent et des courants, des animaux et des artéfacts aboutissent sur des plages situées à des kilomètres de leur environnement normal. Les objets qui ont flotté à la dérive pendant quelques jours à peine témoignent de

RENSEIGNEMENTS UTILES
- Plages abritées (toutes les côtes)
- À marée basse, surtout après une tempête ou une marée très haute
- Gare aux tessons de bouteilles et aux méduses
- Bois de grève couvert de balanes ; capsules d'œufs

l'abondance et de l'adaptabilité des organismes marins. Les balanes, qui flottent sous forme larvaire à la surface de l'océan, colonisent tout substrat dur se trouvant sur leur chemin. En général, plus il y en a, plus le substrat a dérivé longtemps.

Les vagues poussent les objets toujours plus avant sur la plage à chaque marée haute, jusqu'à ce qu'ils échouent dans le varech. Elles mettent également au jour des articles ensevelis depuis longtemps et en couvrent d'autres de sable frais.

La vie continue dans le varech. Les mouches bourdonnent et pondent dans les carcasses d'animaux ; les bernard-l'ermite et les forficules creusent le sol à la recherche de nourriture ; les goélands se disputent bruyamment les restes qu'ils trouvent, et des corneilles ainsi que des corbeaux peuvent se poser. Parfois, quelques poissons morts échoués attireront vautours et pygargues à tête blanche, venus là pour se nourrir.

Capsule d'œuf de requin

Rejetés par l'océan…

L'observation des objets rejetés par l'océan peut être riche en enseignements de toutes sortes, mais l'on doit s'efforcer de laisser les choses dans l'état où elles sont – le fait de déplacer des objets, même les plus insignifiants en apparence, peut se traduire par un bouleversement de l'équilibre naturel d'un écosystème.

On trouve parfois des capsules d'œufs sur les plages. Certains escargots, comme la natice, logent leurs œufs dans une feuille de mucus auquel le sable adhère de telle façon qu'il lui donne l'apparence d'un boudin de papier abrasif. La capsule d'œuf de la raie, appelée « bourse de sirène », est plate, noire et rectangulaire. Faite d'un matériau corné, elle présente des vrilles bouclées aux coins et est souvent rejetée sur les rivages après l'éclosion du poisson.

Même sur les plages les plus exposées aux vagues, l'on peut être assuré de trouver des coquillages, dont la forme et l'épaisseur révèlent le mode de vie de l'animal qui les habitaient. Les acmées possèdent une coquille conique simple qui résiste au pilonnage des déferlantes. Lorsqu'elle s'exerce suivant un angle approprié, la pression de l'eau fait en sorte que les acmées adhèrent plus fermement aux rochers. Les chitons, des mollusques longs et plats, sont dotés de six valves distinctes en forme de papillon. Chez le chiton vivant, les valves sont reliées par la ceinture et forment une « épine dorsale » souple qui permet à l'animal d'épouser les surfaces inégales.

La nuit, le long des côtes de l'Atlantique et du golfe du Mexique, vous verrez parfois un crabe quadrangulaire – s'il ne vous voit pas en premier ! Cet animal nécrophage de 5 cm de large vit dans des terriers ouverts à l'étage supralittoral.

Dans le varech

chiton granuleux

carapace de crabe

chiton abeille

chiton commun des Antilles (valve)

chiton Katy noir (dessous et valve)

chiton géant du Pacifique (valve)

chiton commun de l'Est (valve)

capsule d'œuf de raie

Dunes littorales

L'on trouve des dunes partout où il y a du sable fin et un vent assez fort pour le soulever. Les dunes littorales possèdent maintes caractéristiques des dunes de désert, mais elles reçoivent en général plus de pluie. Les dunes des côtes arides peuvent présenter une flore et une faune identiques à celles des dunes de désert.

Le vent soulève de petits grains de sable sec sur les plages et les transporte à l'intérieur des terres. Quand le vent rencontre un brin d'herbe ou un morceau de bois de grève, le sable tombe au sol. Peu à peu, il s'accumule à cet endroit et des plantes commencent à y pousser ; au bout d'un certain temps, l'accumulation incessante de sable donnera naissance à une dune.

Du côté exposé au vent, la dune présente une pente douce jusqu'à sa crête. Les grains de sable

RENSEIGNEMENTS UTILES
- Côte du golfe du Mexique ; sud de la Nouvelle-Angleterre ; sud de l'État de Washington
- ☀ Matin et soir
- Rester sur les allées – les dunes sont très fragiles
- Pistes d'animaux le matin
- Feuilles cireuses

qui sont continuellement poussés vers le haut de cette pente douce passent par-dessus la crête, puis tombent du côté de l'abrupt d'éboulement, plus pentu. Peu à peu, la dune s'avance en ensevelissant tout ce qui se trouve sur son passage.

Les plantes pionnières qui contribuent à la formation et à la stabilisation des dunes ne sont pas très hautes. Bon nombre d'entre elles sont rampantes ou dotées d'un réseau racinaire superficiel assurant la cohésion du sable. À mesure que d'autres plantes prennent racine, la dune devient plus stable et son avancée tend généralement à s'interrompre. Plus tard, la dune peut être recouverte par la végétation pionnière, que supplanteront des buissons, des arbustes et, avec le temps, des arbres.

Le milieu dunaire s'avère fragile ; de légers changements peuvent déstabiliser le couvert végétal et relancer l'avancée des dunes. Faites attention en marchant à ne pas y briser de plantes.

Pistes du raton laveur

fleur

feuille palmée

Lupin jaune

Vie sur les dunes littorales

Les conditions de vie peuvent être difficiles sur les dunes littorales. Des vents furieux y soufflent parfois, soulevant un sable aussi abrasif que du papier de verre. L'été, les rayons solaires réfléchis par le sable peuvent être aveuglants, et il arrive que la température s'élève subitement. La nuit et l'hiver, le givre et la neige peuvent recouvrir le sol. Les tempêtes s'accompagnent de vents salins venus du large ; une fois l'eau évaporée, une croûte de sel subsiste.

Les plantes se sont adaptées au milieu dunaire de bien des façons. Comme l'eau de pluie qui tombe sur le sable y pénètre rapidement, la plupart des végétaux possèdent pour la recueillir des racines superficielles qui s'étendent sur une distance de 1 m ou plus. Les feuilles des graminées des plages s'enroulent par temps chaud et sec de façon à conserver leur humidité ; elles se déroulent pour recevoir l'eau des brouillards et l'eau de pluie. La forme de leurs feuilles permettent aux lupins de capter l'eau et de la diriger vers leur base. D'autres plantes possèdent des feuilles coriaces et cireuses qui limitent l'évaporation. Les plantes succulentes comme la ficoïde glaciale, répandue sur les dunes de la côte Ouest, et le coquillier édentulé, qui pousse sur les côtes Est et Ouest, emmagasinent l'eau dans leurs feuilles charnues.

Les dunes littorales constituent un milieu très hospitalier pour la faune sauvage, car les précipitations et la végétation y sont plus abondantes que sur les dunes de désert. Leur surface meuble convient particulièrement à des fouisseurs comme les serpents. Là où des arbustes et des arbres sont parvenus à prendre racine, les petits mammifères peuvent s'abriter, les gros mammifères chasser et les oiseaux se nourrir de baies et d'insectes. Bon nombre de ces animaux sont farouches ou bien ne sortent que la nuit ; en explorant les dunes tôt le matin, vous découvrirez parfois leurs pistes sur le sable couvert de rosée.

fleur minuscule

capsule de graines

Coquillier édentulé

Tortue gaufre

257

Rivages rocheux

Sur tous les rivages rocheux, l'action des marées et des vagues ainsi que la concurrence territoriale sont les forces dominantes à l'œuvre.

La zone intertidale, située entre les limites des marées, se rencontre tout le long des côtes, mais son exploration s'avère plus intéressante sur les rivages rocheux. Elle se divise en ceintures parallèles au rivage, chacune étant exposée à l'eau et à l'air dans des proportions qui lui sont propres. Ces ceintures ne sont pas nettement définies et varient suivant le lieu.

Au niveau le plus élevé se trouve l'étage supralittoral, où les embruns ne se font sentir qu'à marée haute par gros temps. Les rochers qui sont là présentent une vie clairsemée comparativement à ceux situés plus près de l'eau. Les organismes qu'on y observe sont habituellement secs ; les espèces terrestres sont rares, sinon absentes. En général, des littorines peuvent y être vues en train de brouter des algues brunes.

En deçà de l'étage supralittoral, l'on trouve des plan-tes qui supportent une certaine exposition au soleil et à l'air, et des animaux qui peuvent soit tolérer ce genre d'exposition, soit faire en sorte de demeurer humides et au frais (c'est le cas, par exemple, des balanes – qui ferment le haut de leur coquille – et des acmées – qui gardent de l'eau à l'intérieur).

Sous la zone intertidale, l'étage infralittoral est en général couvert d'eau ; son émersion complète ne survient qu'à l'occasion des marées les plus basses. Les organismes qui y vivent ne peuvent rester longtemps exposés au soleil et à l'air. À marée basse, beaucoup se rassemblent dans les mares d'estran. Les espèces en présence doivent résister au pilonnage des vagues.

RENSEIGNEMENTS UTILES

■ Côte Ouest ; côte est du Canada jusqu'en Nouvelle-Angleterre

☀ À marée basse de préférence

Porter des chaussures pour ne pas se blesser sur les rochers ; gare à la marée montante et aux vagues

👁 Littorines, balanes, moules

▲ Odeur du varech qui sèche

Fucus vésiculeux

Littorines

Ah! la belle étoile!

On trouve les étoiles de mer le long des côtes rocheuses d'Amérique du Nord dans les mares d'estran : elles sont fixées à des rochers complètement émergés, cachées sous les plantes marines mouillées, ou dans des crevasses ou de minuscules grottes. Certaines se déplacent avec une étonnante rapidité, d'autres avec la grâce de ballerines ; quelques-unes rampent si lentement qu'elles paraissent immobiles. Leurs couleurs et leurs formes varient. Il y a des étoiles de mer de toutes les tailles – des bébés microscopiques au solaster de plus de 60 cm de diamètre.

Les étoiles de mer présentent habituellement cinq bras rayonnant d'un disque central, mais ce nombre est variable d'une espèce à l'autre. Ainsi, le solaster géant possède 24 bras. L'étoile du genre *Linckia*, qui vit sur les côtes Est et Ouest, possède la capacité remarquable de se régénérer en une étoile en forme de comète à partir d'un bras autotomisé, ce dernier formant la « queue » de la comète.

Le disque central de l'étoile de mer comporte une ouverture sur le dessus, par laquelle l'animal puise l'eau. L'eau descend dans les bras en passant dans un circuit hydraulique se ramifiant en des centaines d'ambulacres. Les ambulacres sont des organes à ventouses activés indépendamment que l'étoile de mer utilise pour se déplacer.

Une étoile de mer peut saisir à deux bras chacune des valves d'un bivalve, puis les disjoindre en s'y agrippant à l'aide des ambulacres. Une fois la coquille ouverte, l'étoile dévagine son estomac qui se trouve sous le disque central et le place entre les valves pour digérer le bivalve.

Les animaux apparentés à l'étoile de mer – oursin, holothurie – ont aussi des ambulacres. L'oursin les rétracte hors de l'eau. En examinant cet animal dans l'eau, vous verrez que les ambulacres sortent de trous percés dans le test (plaques dermiques de l'oursin).

Étoile de mer ouvrant une moule

Mares d'estran

À mesure que la marée descend et que les rivages rocheux émergent, des trous dans les roches demeurent remplis d'eau. Ces trous, appelés bâches ou mares d'estran, sont comme des aquariums naturels permettant d'observer de près le monde sous-marin.

L'eau des bâches les plus riches est renouvelée à chaque marée, ce qui assure la décharge des détritus dans l'océan et un apport de nourriture, d'oxygène et d'humidité. Les zones intertidales exposées à une forte action des vagues sont plus productives que celles où les marées sont faibles. Plus l'action des vagues est forte, plus l'eau salée jaillit loin sur le rivage, rendant ainsi possible la survie de la faune intertidale. Néanmoins, les vagues représentent aussi une menace pour les habitants de la zone, qu'elles peuvent emporter au large

RENSEIGNEMENTS UTILES

■ Sur les rivages rocheux

☀ Marée basse

👟 Gare à la marée montante ; ne pas déranger la faune sauvage

👁 Étoiles de mer, oursins, acmées, moules, crabes

✋ Lames caoutchouteuses du varech

Anatife

ou ensevelir sous le sable. Des organes de fixation puissants, des coquilles hydrodynamiques et des pédoncules ou des tiges souples sont autant d'adaptations à la force des vagues.

Lors de vos randonnées sur les rivages rocheux, surtout si vous explorez les mares d'estran près des vagues déferlantes, méfiez-vous des éléments. Explorez les plus riches à marée basse, mais n'oubliez pas que la marée monte vite. Et si elle monte, ne contournez un promontoire rocheux que si vous disposez de suffisamment de temps pour revenir à votre point de départ.

Finalement, laissez les animaux où ils sont. Leur survie est déjà bien assez menacée par leur milieu naturel.

pédoncule caoutchouteux

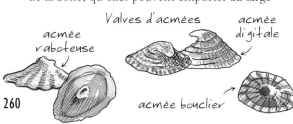

Valves d'acmées

acmée raboteuse

acmée digitale

acmée bouclier

Nudibranche

Vie dans une mare d'estran

Bon nombre de plantes et d'animaux prolifèrent au sein du milieu en constante mutation que forme une mare d'estran. En y regardant de près, vous découvrirez des animaux qui se déplacent librement, comme le bernard-l'ermite et les petits poissons ; des animaux et des plantes fixés sur les roches, comme l'anémone de mer, les algues coralliennes et les balanes ; et des animaux fouisseurs, comme l'oursin. Tous doivent composer avec un cycle quotidien d'inondation et d'exondation.

Postelsie à palmes

Les habitants des mares d'estran doivent se protéger contre une myriade de dangers : le pilonnage des vagues déferlantes ; le dessèchement résultant de l'exposition à l'air et au soleil ; les prédateurs – leurs voisins immédiats, les poissons amenés par la marée montante, ou les oiseaux et les mammifères nécrophages actifs à marée basse. Pour faire échec aux prédateurs, l'étoile de mer coriace exsude un mucus dégageant une odeur d'ail. Certaines holothuries possèdent l'étonnante capacité de rejeter tout le contenu de leur tube digestif pour distraire les prédateurs et leur échapper. Le nudibranche, une limace d'eau salée, est à la fois vivement

coloré et toxique – une association que les prédateurs mettent peu de temps à reconnaître. Le chabot, un petit poisson, se confond avec son environnement par homochromie afin de tromper la vigilance des prédateurs... et de ses proies. Certains invertébrés aquatiques se servent d'animaux plus menaçants qu'eux pour se protéger : ils se massent sur des roches près des oursins ou des anémones de mer.

L'espace est une ressource précieuse dans une mare d'estran. Faute de place sur les rochers, il arrive qu'un organisme voyage sur le dos d'un autre. C'est ce que fait parfois la postelsie à palmes en se fixant sur le dos d'une moule.

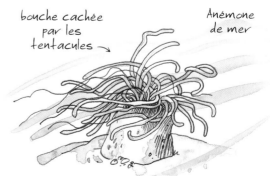

bouche cachée par les tentacules →

Anémone de mer

261

Falaises littorales

L es vagues qui creusent les grottes, sculptent les arches et élargissent les fissures le long des côtes donnent naissance aux falaises. L'affaiblissement structurel résultant de cette érosion provoque des effondrements qui favorisent l'avancée de l'océan vers l'intérieur des terres.

Les falaises constituées de matériaux sédimentaires friables – comme le grès, le schiste, l'argile ou le calcaire – tendent à être peu élevées. Leur front est pentu sans être abrupt, et souvent criblé de grottes et d'arches ; les couches de roche plus dures peuvent y former des surplombs ou des affleurements et devenir avec le temps des aiguilles (piliers de roche isolés du continent). Parfois, chaque strate a une couleur différente.

Les falaises constituées de roches plus dures – basalte ou granite, ou roches métamorphiques (roches sédimentaires

RENSEIGNEMENTS UTILES

▪ *Le long des côtes du Pacifique et de l'Atlantique Nord*

☀ *Vents froids l'hiver*

Rester loin des bords des falaises, qui peuvent s'effondrer

👁 *Courants et contre-courants (eaux de couleurs différentes)*

👂 *Cris des oiseaux marins*

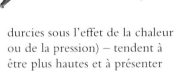

Pélican brun

durcies sous l'effet de la chaleur ou de la pression) – tendent à être plus hautes et à présenter un front à pic. Elles s'érodent plus lentement, mais les vagues de tempête qui s'abattent sur elles peuvent exercer une pression atteignant jusqu'à 30 tonnes au mètre carré et de ce fait les réduire à la longue en un amas de blocs rocheux, de gravier et de sable.

Les falaises littorales sont un milieu difficile pour la vie végétale. Sur la roche tendre, des plantes rustiques peuvent prendre racine là où l'eau douce provenant de sources a filtré. Mais comme l'érosion de la roche tendre est rapide et entraîne parfois des glissements soudains, la vie des plantes se révèle toujours précaire.

Mimule jaune

Macareux moine

Observation des oiseaux des falaises littorales

Les falaises constituent des plates-formes bien adaptées à l'observation de l'océan et de ses habitants. Même les falaises peu élevées offrent une bonne vue sur le large. Des hauteurs, vous pouvez voir des bancs de brouillard se former et se diriger vers la terre ferme, ou bien admirer les couleurs changeantes de l'eau à mesure que le soleil traverse le ciel. Les courants littoraux étalant la vase des fleuves dans l'océan sont parfois visibles.

Bihoreau gris

Un fort courant d'air ascendant prévaut d'ordinaire sur le front des falaises, et maints oiseaux en profitent. Souvent, ils planeront le long des falaises en passant tout près de vous.

De nombreux oiseaux marins nichent sur les falaises littorales, où ils sont en sûreté. La chance aidant, vous apercevrez peut-être des macareux moines posés sur les corniches, près de l'entrée des terriers où ils nichent, dans les régions reculées de la côte Ouest et de l'Atlantique Nord. En suivant les falaises littorales au crépuscule, vous pourrez voir des goélands portés par les courants ascendants. Le long des côtes du Pacifique et de l'Atlantique Nord, un couple de corbeaux en parade effectuant des plongées spectaculaires pourrait attirer votre attention. Plus au sud, le long de ces deux côtes, des pélicans bruns alignés avec une précision militaire planent dans l'azur tels des visiteurs préhistoriques. Ces oiseaux volent souvent au ras des vagues en s'aidant des courants ascendants de la houle.

Vues du haut des falaises, les mares d'estran peuvent offrir un spectacle fascinant. Les huîtriers d'Amérique en quête de nourriture y explorent les fissures des roches. Les grands hérons se nourrissent dans les mares d'estran à marée basse, puis s'envolent au crépuscule vers l'arbre où se trouve leur nid. Comme pour un relais, les bihoreaux s'envolent tout à tour des arbres et descendent vers les mares d'estran en planant pour aller y capturer de petits poissons.

Grand héron

263

Estuaires

C'est au sein de baies protégées à l'embouchure des fleuves que se forment les estuaires. Ils peuvent être immenses – l'estuaire du Saint-Laurent fait 372 km de long et, entre Matane et Baie-Comeau, 70 km de large – ou petits. À leurs abords se trouvent parfois battures, marais salés, chenaux de marée, mangroves et vasières.

Les flux d'eau sont la principale caractéristique d'un estuaire. La profondeur et la salinité des eaux estuariennes changent constamment sous l'effet des marées, auquel s'ajoutent les arrivées soudaines et irrégulières d'eau douce fluviale survenant après la pluie. Bon nombre

RENSEIGNEMENTS UTILES

■ *Côtes de l'Atlantique et du golfe du Mexique ; côte du Pacifique*

Emprunter les promenades ; utiliser un bateau en eau profonde

Mélange d'eaux (se jetant dans l'océan après une forte pluie)

Cri rauque du bihoreau

▲ *Odeur de vase de l'eau fluviale*

d'animaux se sont néanmoins adaptés à ce milieu de vie changeant. Ainsi, les moules ferment leur coquille quand la salinité devient trop élevée ou trop faible, alors que les myes s'enfouissent dans la vase au fond des estuaires, où le sel lourd se concentre. Quant aux poissons, ils nagent dans les baies vers le large ou remontent les fleuves selon qu'un milieu plus salin ou dulçaquicole leur convient. Enfin, les oiseaux marins excrètent le sel par des glandes spéciales.

L'habitat estuarien attire maints oiseaux en migration l'automne, mais relativement peu d'espèces d'oiseaux y vivent toute l'année ; le râle et plusieurs espèces de hérons font partie de l'avifaune permanente des estuaires.

Râle gris (à gauche)

Aigrette bleue tenant une crevette

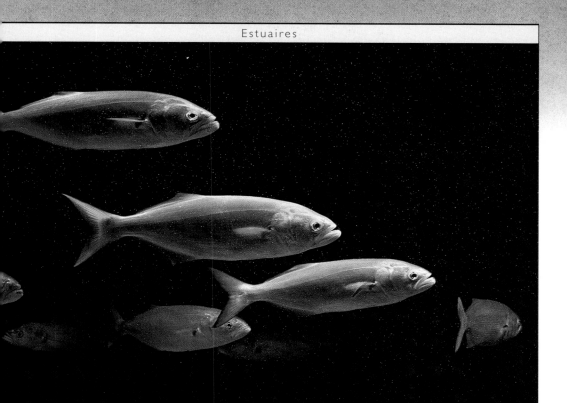

Zones d'un estuaire

Les trois grandes zones de salinité estuariennes sont situées dans les fleuves (eau douce), dans les estuaires en tant que tels (eau saumâtre) et près de l'embouchure des fleuves (eau salée). À marée haute ou par gros temps sur l'océan, l'eau saumâtre et l'eau douce peuvent être refoulées en amont par suite de l'afflux d'eau salée océanique. Lors d'une crue éclair, la salinité des estuaires et des baies baisse du fait d'une arrivée subite d'eau douce. En marchant le long d'un estuaire ou sur un pont qui le traverse, vous pourriez voir les eaux se mélanger. L'eau du fleuve sera pleine de sédiments et donc plus trouble que l'eau salée.

L'huître est un animal euryhalin (adapté aux variations de salinité) ; les gisements d'huîtres sont présents dans de nombreux estuaires. Après avoir été libérés par une huître femelle, les naissains nagent et dérivent dans l'estuaire au gré des marées pendant deux semaines. Ceux qui survivent se posent au fond de l'estuaire, où ils se fixent sur un substrat dur et commencent à construire leur coquille. Les huîtres demeurent au même endroit toute leur vie.

Le point de fixation d'une huître influe sur son sort. Si ce point se situe dans l'eau salée près de l'océan, l'huître risque fort d'être la proie d'une étoile de mer ou d'un perceur de l'Atlantique – l'étoile de mer peut ouvrir une huître à l'aide de ses bras puissants ; le perceur de l'Atlantique perfore la coquille des huîtres au moyen de la radula (une râpe) dont il est doté et d'une substance chimique qu'il sécrète. En revanche, si son point de fixation se trouve plus en amont, l'huître sera hors de la portée de ces deux prédateurs.

Perceur de l'Atlantique

Huître américaine

Les différentes zones de salinité conviennent aussi à plusieurs espèces de poissons, comme l'alose, qui éclôt en eau douce et vit par la suite en eau salée, le tassergal, qui éclôt et grandit dans l'océan, mais vit dans les estuaires une fois adulte, et le baret, qui reste toute sa vie dans les estuaires. La crevette et le crabe royal passent une partie de leur vie dans les estuaires. Le saumon y transite.

265

Marais salés et mangroves

Marais salés (ou marais littoraux) et mangroves se forment en bordure des estuaires – reliés à l'océan mais protégés des vagues et des vents puissants qui y prévalent. Les estuaires et les terres humides salines se confondent souvent, et il est malaisé d'en fixer les limites entre eux.

Ces deux types de terres humides salines hébergent des communautés d'animaux terrestres et d'animaux marins qui se chevauchent ; ils font partie des écosystèmes les plus productifs sur la Terre. Lors de vos explorations, écoutez les cris des oiseaux, le murmure des animaux, des insectes et de l'eau des criques et des chenaux, les clapotements des oiseaux et des poissons qu'ils chassent, et les bruits secs produits par les animaux qui ouvrent ou ferment leurs terriers sur les berges vaseuses.

Les marais salés émergent en pente douce de l'océan. Par conséquent, leur partie inférieure est submergée deux fois par jour à marée haute, alors que leur partie supérieure n'est parfois couverte d'eau que quelques heures chaque mois. Les marais ressemblent à des prairies. Deux types de spartines y prédominent : la spartine alterniflore, qui pousse près de l'océan, et la spartine étalée, que l'on trouve sur les sols situés plus en hauteur. Dans les mangroves, le palétuvier rouge pousse près de l'océan, le palétuvier noir un peu plus en hauteur.

Les spartines et les palétuviers sont très bien adaptés à l'eau salée. Leurs systèmes racinaires filtrent en grande partie le sel de l'eau de mer qu'ils assimilent. Le sel qui passe dans la sève de ces plantes en dépit du processus de filtration est excrété par des stomates.

RENSEIGNEMENTS UTILES

▓ *Marais : estuaire du Saint-Laurent, côte Est, baie de San Francisco ; mangroves : Floride*

Rester sur les sentiers ou les promenades ; kayak à marée haute

Efflorescences sur les feuilles et les brins d'herbe

Chevalier semipalmé et courlis

fruit
Palétuvier noir
fleurs

fruit
fleurs
Palétuvier rouge
tube apical

Vie dans un chenal de marée

Les chenaux de marée – qui traversent les marais salés – sont le berceau de nombreux organismes marins. En étant attentif, vous verrez peut-être flotter à la surface de l'eau des crevettes, des poissons et des larves de crabes minuscules ou bien vous apercevrez de gros poissons, comme la plie, le bar rayé et l'alose savoureuse, parvenus dans les chenaux profonds à la faveur de la marée haute.

Quand la marée descend, le pygargue à tête blanche et le balbuzard pêcheur vont se nourrir de poissons morts ou faibles dans les chenaux profonds. Ces oiseaux construisent des nids énormes dans les arbres situés aux limites des marais. Le grand héron dresse parfois sa haute silhouette dans les chenaux, immobile jusqu'à ce qu'il plonge vivement le bec dans l'eau pour y capturer un poisson. À l'automne, les canards, les oies et les cygnes en migration se rassemblent en nombre dans les chenaux de marée pour se reposer et se nourrir.

Le râle de Virginie et le râle gris se déplacent furtivement dans les marais pour y attraper insectes, petits poissons, crevettes, escargots et crabes violonistes. On les entend plus souvent qu'on ne les voit. Ils communiquent avec leurs semblables en lançant un *kik-kik-kik* distinctif.

Taon

À marée basse, des centaines de trous deviennent visibles sur les berges. Ce sont les terriers que creusent dans la boue les crabes violonistes. Les mâles présentent une pince plus développée que l'autre et se déplacent latéralement. À l'approche de la marée montante, les crabes violonistes se précipitent vers leurs terriers, dont ils bouchent l'entrée avec de la boue.

Parmi les racines des spartines près des berges se trouvent parfois des moules et des balanes, qui ouvrent leur coquille à marée haute pour se nourrir de plancton.

Lors de vos excursions, portez des vêtements qui vous protégeront contre les piqûres des moustiques et des taons – insectes dont la présence ne passe pas inaperçue...

Crabe violoniste

pince plus développée du mâle

267

Vasières

yeux pédon-culés

Bernard-l'ermite

Les vasières sont des étendues planes où se dépose la vase charriée par l'eau lente des estuaires. Situées en général près de l'océan, elles ne sont exposées à l'air libre qu'à marée basse.

De loin, les vasières peuvent sembler inintéressantes. Planes et et criblées de trous, elles ont l'apparence d'un paysage lunaire spongieux ; leur surface lisse et vaseuse ne peut être colonisée par les plantes. Et pourtant, la vie est là, dans des terriers et des galeries qui courent partout sous la vase. La spongiosité du sol, qui peut rendre la marche difficile, est très attrayante pour de nombreux animaux fouisseurs. Vers, crabes et mollusques seraient emportés par les vagues s'ils ne pouvaient creuser des trous pour s'abriter.

En explorant les vasières, vous sentirez peut-être l'odeur d'œufs pourris du sulfure d'hydrogène produit par des bactéries vivant à quelques centimètres de profondeur sous la vase, là où l'oxygène ne peut pénétrer. L'odeur est faible dans les régions saines, mais elle peut être suffocante dans les vasières ou

les marais salés avoisinant qui ont été altérés par l'activité humaine.

Dans la boue des vasières abondent les restes décomposés de plantes et d'animaux morts au sein des marais. La majorité des organismes vivant dans le milieu estuarien se nourrit de ces détritus organiques riches. Certains animaux, comme le crabe violoniste vivant en eau saumâtre, absorbent carrément la vase, dont ils tirent tous les éléments nutritifs qui leur sont nécessaires.

La mouffette, le vison, le raton laveur et les oiseaux chassent dans les vasières à marée basse. On trouve parfois des traces de leur passage.

Vison

Signes dans la vase

À marée basse, les vasières exposées à l'air libre peuvent paraître stériles. Pourtant, vous remarquerez que leur surface est criblée de trous. Ces trous forment les entrées de galeries et de terriers, autour desquels certains animaux érigent diverses structures. La diopatra, qui vit dans la région de Cape Cod, dissimule l'entrée conique de sa galerie sous des fragments de coquillages, d'algues et de galets. L'arénicole crée une galerie en U; elle vit dans la partie courbe, emprunte un tube pour aller se nourrir et excrète ses tortillons d'excréments par l'autre tube. Le chétoptère luisant crée aussi une galerie en U, qu'il tapisse d'un matériau résistant, papyracé, saillant de chaque tube telle une paille à boire.

Le crabe pourpre à pattes nues creuse aussi un terrier dans la boue des vasières; il construit souvent un « porche » de vase pour en protéger l'entrée. L'ouverture donnant accès au terrier du crabe violoniste des eaux saumâtres consiste en un simple trou dans la vase.

Le bernard-l'ermite et les escargots ne creusent pas de terrier puisqu'ils s'abritent dans la coquille qu'ils ont sur le dos. On peut les voir parcourir les vasières en quête de carcasses d'animaux. Le bernard-l'ermite peut aussi être à la recherche d'une nouvelle coquille, car il grossit sans cesse et doit fréquemment « déménager ».

Si de l'eau jaillit d'un trou à votre passage, vous êtes probablement tombé sur le terrier d'une mye. Profondément ensevelie sous la vase, la mye possède un siphon à deux conduits saillant dans l'eau à marée haute. L'un des conduits sert à l'ingestion d'eau et de nourriture; l'autre, à la déjection. À marée basse, la mye rentre son siphon. Quand elle perçoit des vibrations, elle ferme ses valves et rentre davantage son siphon, ce qui provoque un jaillissement d'eau par le trou creusé dans la vase.

Mye

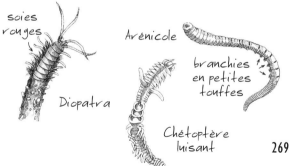

soies rouges

Diopatra

Arénicole

branchies en petites touffes

Chétoptère luisant

269

Récifs frangeants coralliens

C'est il y a environ 10 000 ans, durant la glaciation wisconsienne, que la croissance des récifs coralliens de Floride a débuté. Partout sur Terre, des glaciers retinrent beaucoup d'eau, ce qui fit baisser le niveau des océans. Les coraux exposés à l'air libre moururent et formèrent ce qui constitue les cayes (ou Keys) de l'est de la Floride. De nos jours, la plupart des coraux des cayes de l'Est sont fossilisés, mais leur forme est si bien préservée que les espèces peuvent être identifiées.

Les récifs coralliens de la Floride sont l'habitat de nombreuses espèces marines et le berceau de poissons et d'invertébrés pas encore matures. Le jour, la température s'élève considérablement dans la zone intertidale quand la marée basse l'expose à l'air libre. Quand la marée monte, l'eau charrie un sédiment blanc, sem-

> ### RENSEIGNEMENTS UTILES
> ▨ Les polypes coralliens vivent en eau très chaude – on ne les trouve qu'à Hawaii et en Floride (cayes)
> ☀ Toute l'année
> 🪸 Coraux parfois tranchants et même vénéneux ; éviter de les briser
> 👁🐟 Poissons tropicaux de récifs (poisson-perroquet, labre, etc.)

blable à de la vase, qui se dépose au fond et recouvre tout ce qui s'y trouve. C'est pourquoi la zone intertidale forme un habitat faiblement colonisé, mais quelques espèces ont pu s'y adapter. On y trouve la bouteille de mer, un type d'algue, et le vermet, une sorte d'escargot en forme de ver qui vit dans des tubes de calcium qu'il a sécrété.

Les îles Hawaii sont d'origine volcanique. Les coraux se fixent directement aux formations de lave sous-marines. Parfois, ils forment un mur sous l'eau autour d'une île, créant ainsi un atoll ou des havres naturels. Les eaux hawaiiennes sont très claires ; certaines formations coralliennes se trouvant à faible profondeur sont facilement observables à partir du rivage. Des poissons tropicaux aux couleurs vives les fréquentent.

Gorgone fouet-de-mer rouge

Corail en doigts

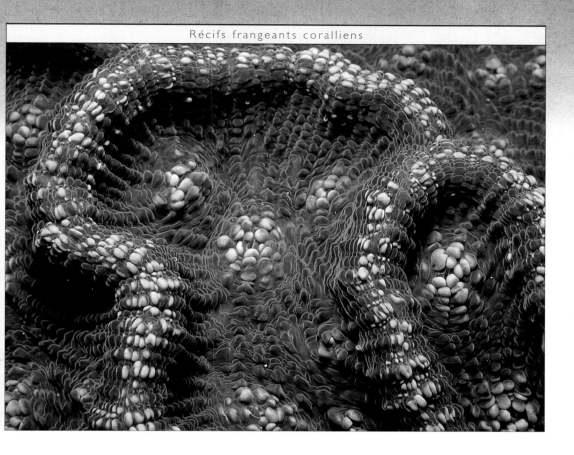

Le polype corallien

L e polype corallien est à l'origine de tous les récifs coralliens. Semblable à une anémone
de mer miniature, ce petit animal
sédentaire possède un corps char-
nu cylindrique et de nombreux
tentacules à cellules urticantes
péribuccaux au moyen desquels il
capture des proies minuscules, les
« pique » pour les neutraliser, puis les porte à la
bouche pour les assimiler. Il existe de nombreux
genres de polypes coralliens, tous petits – leur
largeur varie de 6 à 10 mm.

Corail-champignon

Le polype corallien est colonial. Chaque
colonie descend d'un ovule fécondé qui se
dépose au fond de l'océan et qui se reproduit de
façon asexuée par bourgeonnement. Le polype
corallien présente un ectoderme semblable à
celui d'un mollusque ; il habite une cupule qu'il
façonne en sécrétant du calcaire. Les colonies
de polypes sont compactes. L'élaboration
des cupules se fait au rythme d'environ
12 mm par année. Au cours d'une période couvrant des millions d'années,
les polypes arrivent à édifier des récifs
et des îles entières.

L'ectoderme de chaque espèce de
corail présente un motif différent constitué de plis longitudinaux qui
vont de la bouche à la base.
Le calcaire des cupules dessine
ces plis et prend en se solidifiant
des formes qui varient selon
l'espèce – éventail, bloc rocheux, arbre, bol, croûte plate
sur substrats. Les polypes se nourrissent de petits organismes en fil-
trant l'eau. Pour cette raison, seule la partie
externe de la structure corallienne est vivante.

Les couleurs des structures coralliennes vivan-
tes sont dues à des zooxanthelles (cellules
d'algues) qui vivent dans les tissus mous des
polypes. Par symbiose, les algues fournissent
de l'oxygène au corail, et le corail fournit aux
algues du dioxyde de carbone. Quand les
polypes meurent, les algues meurent aussi, et
la couleur du corail perd son éclat.

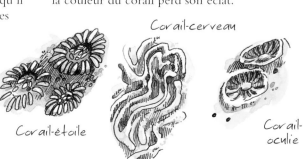

Corail-cerveau

Corail-étoile

Corail-
oculie

271

Les fruits sont à tous, et la terre n'est à personne

Discours sur l'origine et les fondements de l'inégalité parmi les hommes
JEAN-JACQUES ROUSSEAU (1712-1778), écrivain français

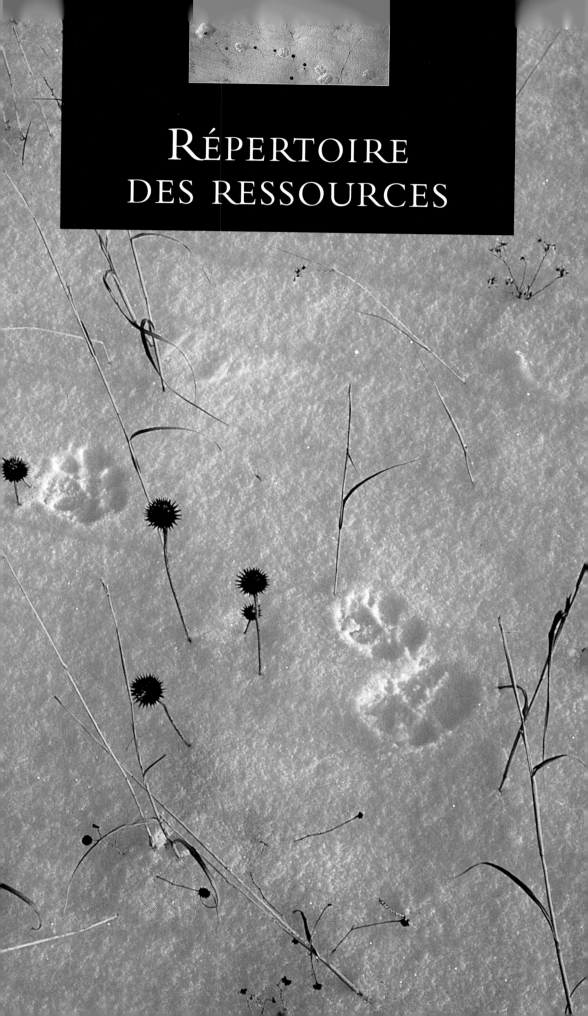

RÉPERTOIRE
DES RESSOURCES

POUR EN SAVOIR PLUS LONG

LIVRES
GÉNÉRAL ET LITTÉRAIRE
Français

Le Guide du naturaliste, par Gérald Durrell. Nouv. éd. Bordas, 1993.

Jean-Luc Grondin, par Pierre H. Savignac. Éditions Marcel Broquet, 1992, 175 p. L'œuvre du célèbre peintre animalier québécois.

Journaux et récits, par John James Audubon. Traduit de l'anglais sous la direction de Patrick Couton. Atalante : Bibliothèque municipale, Nantes, 1992.

Lumière des oiseaux, par Pierre Morency. Éditions Boréal et Seuil, 1992.

L'Œil américain, par Pierre Morency. Éditions Boréal et Seuil, 1989.

Nos animaux : tous les secrets de leurs comportements, par Donald W. et Lillian Stokes. Éditions de l'Homme, 1989.

Nos oiseaux : tous les secrets de leurs comportements, par Donald W. et Lillian Stokes. Tomes I, II et III. 1re éd. Éditions de l'Homme, 1989-1990.

La vie entière, histoires naturelles du Nouveau Monde, par Pierre Morency. Éditions Boréal, 1996.

Anglais

Ancient Forest, par David Middleton. Chronicle Books, 1992.

Autumn Across America, par Edwin Way Teale. Dodd Mead, 1956.

The Edge of the Sea, par Rachel Carson. Houghton Mifflin, 1955.

The Immense Journey, par Loren Eiseley. Random House, 1957. Récits de la découverte de fossiles dans la Prairie américaine et réflexions sur l'évolution.

The Natural History Essays, par Henry David Thoreau. Gibbs Smith, 1980.

Run, River, Run: A Naturalist's Journey Down One of the Great Rivers of the West, par Ann H. Swinger. Harper & Row, 1975.

A Sand County Almanac, par Aldo Leopold. Oxford University Press, 1948.

Walking, par Henry David Thoreau. The Nature Company, 1993. Une version illustrée de ce classique.

GUIDES D'IDENTIFICATION ET HISTOIRE NATURELLE
Astronomie et météorologie

Astronomie, par Jay M. Pasachoff. Éditions Marcel Broquet, 1990. Format pratique dans la série des « Petits Guides Peterson ». Guide simplifié des étoiles, des planètes et du ciel.

L'Atmosphère, par Vincent J. Schaefer et John A. Day. Éditions Marcel Broquet, 1996. Format de poche dans la série des « Guides d'identification Peterson ». Porte sur l'interprétation des phénomènes atmosphériques, nuages, pluie, neige et tempêtes, et sur la façon de les prévoir.

Guide pratique de la météorologie, Sélection du Reader's Digest, 1996. Introduction pratique et complète aux phénomènes météorologiques.

Champignons

Champignons du Québec et de l'est du Canada, par Denis Lebrun et Anne-Marie Guérineau. Éditions Nuit Blanche, 1988.

250 champignons du Québec et de l'est du Canada, par Maurice Thibeault. Éditions du Trécarré, 1989.

Flore des champignons au Québec, par René Pomerleau. Éditions La Presse, 1980. Ouvrage de référence complet.

Guide pratique des principaux champignons du Québec, par René Pomerleau. Éditions La Presse, 1982. Grand format avec nombreuses photographies en couleurs facilitant l'identification.

Initiation aux champignons, par Yvon Leclerc. Éditions Marcel Broquet, 1995. Une façon nouvelle et originale de s'initier au monde des champignons.

Coquillages

Guide des coquillages de l'Amérique du Nord, par R. Tucker Abbott et George F. Sandstrom. Éditions Marcel Broquet, 1982.

Insectes

Insectes, par Christopher Leahy. Éditions Marcel Broquet, 1990. Guide simplifié, format de poche dans la série des « Petits Guides Peterson ».

Insectes de l'Amérique du Nord, au nord du Mexique, par Donald J. Borror et Richard E. White. Éditions Marcel Broquet, 1991. Format de poche dans la série des « Guides d'identification Peterson ».

Insectes nuisibles des forêts de l'est du Canada, par René Martineau. Éditions Marcel Broquet, 1985.

Papillons et chenilles du Québec et de l'est du Canada, par Jean-Paul Laplante. Éditions France-Amérique, 1985. Ouvrage de référence avec photographies en couleurs.

Principaux insectes défoliateurs des arbres du Québec, Gouvernement du Québec, ministère de l'Énergie et des Ressour-

ces, Service d'entomologie et de pathologie, 1979. Format de poche avec photographies en couleurs.

Mammifères

Écureuils du Canada, par S.E. Woods Jr. Musées nationaux du Canada, 1980.

Mammifères de l'Amérique du Nord, par William H. Burt et Richard P. Grossen-heider. Éditions Marcel Broquet, 1992. Format de poche dans la série des « Guides d'identification Peterson ».

Mammifères du Canada, par A.W.F. Banfield. Presse de l'Université Laval, 1977. Ouvrage de référence (épuisé).

Mammifères de chez nous, par Angèle Delaunois. Éditions Héritage, 1991. Sélection d'espèces couvrant l'ensemble du Canada ; ouvrage approprié pour initier les jeunes lecteurs.

Mammifères du Québec, par Jean Piérard. Éditions Marcel Broquet, 1983. Traité de mammalogie pour en savoir davantage sur la biologie et les mœurs de ces animaux.

Mammifères du Québec et de l'est du Canada, par Jacques Prescott et Pierre Richard. Éditions Michel Quintin, 1996. Présente en un seul volume de format pratique tous les mammifères depuis la musaraigne jusqu'au rorqual bleu en passant par l'orignal.

Traces d'animaux, par Olaus J. Murie. Éditions Marcel Broquet, 1989. Format de poche dans la série des « Guides d'identification Peterson ». Pour déceler la présence d'animaux après leur passage en forêt.

Traité des mammifères du Canada. Tome I : « Les marsupiaux et les insectivores », par Van Zyll de Jong C.G. Musées nationaux du Canada, 1983.

Traité des mammifères du Canada. Tome II : « Les chauves-souris », par Van Zyll de Jong C.G. Musées nationaux du Canada, 1985.

Wild Cats: Lynx, Bobcats, Mountain Lions, par Candace Savage (en anglais). Sierra Club Books, 1994.

Oiseaux

Atlas des oiseaux nicheurs du Québec méridional, par Jean Gauthier et Yves Aubry. Association québécoise des groupes d'ornithologues, Montréal, 1995. Un ouvrage de référence très complet sur la biologie des espèces et leur répartition sur le territoire québécois.

Guide d'identification des oiseaux de l'Amérique du Nord. National Geographic Society. Éditions Marcel Broquet, 1987. Excellent guide d'identification qui regroupe en un seul volume toutes les espèces d'Amérique du Nord ; illustre de nombreux plumages juvéniles.

Guide illustré des oiseaux d'Amérique du Nord, Sélection du Reader's Digest, 1re éd. Montréal. Sélection du Reader's Digest, 1992.

Guide d'observation des oiseaux, par Joseph Forshaw et coll. Sélection du Reader's Digest, 1996. Guide pratique couvrant tous les aspects de l'initiation à l'ornithologie.

Guide des oiseaux de l'est de l'Amérique du Nord, par Donald et Lillian Stokes. Éditions Broquet, 1997. Guide très complet s'adressant à des ornithologues expérimentés.

Oiseaux, « Petits Guides Peterson », par Roger Tory Peterson. Éditions Broquet, 1990. Guide simplifié, format de poche permettant l'identification sur le terrain.

Oiseaux aquatiques du Québec, de l'Ontario et des Maritimes, par Marc Surprenant. Éditions Michel Quintin, 1993.

Oiseaux de l'est de l'Amérique du Nord, par Roger Tory Peterson. 4e éd. Éditions Marcel Broquet, 1994. Format de poche, série des « Guides d'identification Peterson ».

Secrets d'oiseaux, par Pierre Gingras. Éditions du Jour (Sogides), 1995. Recueil d'anecdotes et de faits surprenants concernant le monde des oiseaux.

Plantes

Arbres du Canada, par Jean Lauriault. Éditions Marcel Broquet et Musées nationaux du Canada, 1987. Guide d'identification illustré de dessins monochromes.

Arbres du Canada, par John Laird Farrar. Éditions Fides et le Service canadien des forêts, 1996. Ouvrage de référence comportant d'excellents dessins et des photographies en couleurs.

L'Érablière apprivoisée, par Estelle Lacoursière et Julie Thérien. Éditions Marcel Broquet, 1996. Guide d'initiation aux sciences naturelles pour les jeunes.

Faune et flore de l'Amérique du Nord, Sélection du Reader's Digest, 1995. Présente une vue d'ensemble des différents habitats naturels du continent et identifie les animaux et les plantes qu'on y trouve.

Fleurs sauvages, « Petits Guides Peterson », par Roger Tory Peterson. Éditions Marcel Broquet, 1990. Guide simplifié, format de poche.

Flore laurentienne, par Frère Marie-Victorin, Presse de l'Université de Montréal, 3e éd. 1995. Ouvrage de référence.

Fruits et noix sauvages comestibles du Canada, par Nancy J. Turner et Adam F. Szczawinski. Musées nationaux du Canada, 1979. No de cat. NM 95-40-3F.

Guide des fleurs sauvages de l'est de l'Amérique du Nord, par Lawrence Newcomb et Gordon Morisson. Nouv. éd. Éditions Marcel Broquet,

1996. Guide de format pratique présentant une façon simple d'identifier les fleurs sauvages avec un minimum de connaissances en botanique.

Guides Fleurbec. Série de huit guides pratiques en format de poche pour identifier les plantes, illustrés de photographies en couleurs et rédigés par le groupe Fleurbec sous la direction de Gisèle Lamoureux : *Fougères, prêles et lycopodes,* Éditions Fleurbec, 1993. *Plantes sauvages du bord de la mer,* Éditions Fleurbec, 1985. *Plantes sauvages comestibles,* Éditions Fleurbec, 1981. *Plantes sauvages des lacs, rivières et tourbières,* Éditions Fleurbec, 1987. *Plantes sauvages au menu,* guide culinaire, Éditions Fleurbec, 1981. *Plantes sauvages printanières,* Éditions France-Amérique, 1975. *Plantes sauvages des villes, des champs,* tome I. Éditions Fides et Éditeur officiel du Québec, 1977. *Plantes sauvages des villes, des champs et en bordure des chemins,* tome II. Éditions Fleurbec et Québec Science, 1983.

Légumes sauvages du Canada, par Nancy J. Turner et Adam F. Szczawinski. Musées nationaux du Canada, 1980. Nº de cat. NM 95-40-4F.

Petite Flore forestière du Québec, Publications du Québec, 1990.

Plantes rares de l'archipel de Mingan, par Line Couillard. Environnement Canada, 1987. Illustré par Denise Pelletier.

Plantes rares du parc national Forillon, Parcs Canada, 1983. Illustré par Ghislain Lefebvre.

Plantes toxiques du Canada, par Gérald A. Mulligan et Derek B. Munro. Agriculture Canada, 1990. Nº de cat. 1842F.

Poissons

Guide des poissons d'eau douce du Québec et leur distribution dans l'est du Canada, par Louis Bernatchez et Marie Giroux. Éditions Marcel Broquet, 1991.

Reptiles et amphibiens

Guide des reptiles de l'Amérique du Nord, par Hobard M. Smith et Edmund D. Brodie, Jr.

Éditions Marcel Broquet, 1992.

Introduction aux amphibiens et reptiles du Canada, par Francis R. Cook. Musée national des sciences naturelles du Canada, 1984. Nº de cat. NM 92-91-1984F. Excellent guide d'initiation en format pratique.

Roches et minéraux

Guide pratique des roches et minéraux, Sélection du Reader's Digest, 1997.

Varia

Audubon Society Field Guides, Knopf : Chanticleer Press. Ces guides, disponibles en anglais seulement, couvrent tous les sujets ci-dessus.

Audubon Society Nature Guides, Knopf : Chanticleer Press. Ces guides, disponibles en anglais seulement, décrivent un grand nombre d'habitats de l'Amérique du Nord.

PRÉPARATION ET ÉQUIPEMENT
Français

Partir du bon pied, un guide d'introduction à la marche pour conseiller les randonneurs de différents niveaux. Publié par la Fédération québécoise de la marche (voir Bonnes adresses, p. 278).

Anglais

The Art of Photographing Nature, par Martha Hill et Art Wolfe. Crown Publishers, Inc., 201 East 50th Street, New York 10022. Sans doute le meilleur ouvrage sur le sujet actuellement disponible.

The Cordes/Lafontaine Guide to Outdoor Photography, par Mary Mather. Graycliff Publishing, 1994.

The Essential Guide to Hiking in the United States, par Charles Cook. Michael Kesend Publishing, 1992.

Land Navigation Handbook: The Sierra Club Guide to Map and Compass, par W. S. Kals. Sierra Club Books, 1994.

Lost in the Woods: Child Survival

for Parents and Teachers, par Coleen Politano. ICS Books, 1370E, 86th Place, Merrillville, Ind. 46441.

Photographing Wildflowers, par Craig and Nadine Blacklock. Voyageur Press, 123 North Second Street, Stillwater, Minn. 55082. Un petit bijou, simple et complet.

Photography of Natural Things, par Freeman Patterson. Sierra Club Books, 1990.

The Sierra Club Guide to Sketching in Nature, par Cathy Johnson. Sierra Club Books, 1990.

The Sierra Club Guide to 35 mm Landscape Photography, par Tim Fitzharris. Sierra Club Books, 1994.

Walking Softly in the Wilderness: The Sierra Club Guide to Backpacking, par John Hart. Sierra Club Books, 1994.

Wilderness Basics: The Complete Handbook for Hikers and Backpackers, 2ᵉ éd. The Mountaineers, 1993. Un classique sur le sujet.

PRÉSERVATION DE L'ENVIRONNEMENT

Les Animaux malades de l'homme, par Claude Villeneuve. Québec Science Éditeur, 1983. Pour en savoir plus long sur les écosystèmes québécois et leur fragilité.

Forêt verte, planète bleue. Musée de la civilisation. Fides, 1994. Collectif de sept auteurs qui partagent leurs réflexions sur les ressources forestières de notre planète : Pierre Dansereau, Marie-Charlotte De Koninck, Jules Dufour, Pierre Dugas, Jocelyn Létourneau, Fabrice Montal, Claude Villeneuve.

John Muir and His Legacy: The American Conservation Movement, par Stephen Fox. Little Brown, 1981. Les efforts de conservation de l'époque de Muir jusqu'en 1970.

La Nature aux abois, par James A. Burnett, Charles T. Dauphiné Jr., Sheila H. McCrindle,

Ted Mosquin. Environnement Canada et Éditions Marcel Broquet, 1990.

The Practice of the Wild, par Gary Snyder. North Point Press, 1990.

Rediscovering America: John Muir in His Time and Ours, par Frederick Turner. Viking, 1985.

Silent Spring, par Rachel Carson. Houghton Mifflin, 1962. Un cri sur les effets menaçants des pesticides. Un classique.

SURVIE EN FORÊT

Guide des animaux dangereux de l'Amérique du Nord, par Charles K. Levy et L.L. Meszoly. Éditions Marcel Broquet, 1985.

Guide de survie de l'armée américaine, traduit par Léandre Michaud. Éditions de l'Homme, 1981. Excellent pour les rudiments de survie et de sauvetage en forêt.

Guide de survie en forêt, par Alan Fry. Éditions du Trécarré, 1988.

Guide de survie en forêt canadienne, par Jean-Georges Descheneaux. Éditions de l'Homme, 1990.

BROCHURES
GUIDES RÉGIONAUX

Anticosti, guide écotouristique, par Louis Gagnon et José Schell. Éditions Marcel Broquet, 1994.

Atlas saisonnier des oiseaux du Québec, par André Cyr et Jacques Larivée. Société de loisir ornithologique de l'Estrie, 1995.

Chronobiologie des oiseaux du Bas-Saint-Laurent : migration et reproduction, par Jacques Larivée. Club des ornithologues du Bas-Saint-Laurent, 1993. 160 p.

Guide des parcs nationaux du Canada, par Marylee Stephenson. Éditions du Trécarré, 1992.

Guide des sites de la Côte-Nord, Club d'ornithologie de la Manicouagan. Baie-Comeau, Club d'ornithologie de la Manicouagan, éditeur, 1992.

Guide des sites ornithologiques de la grande région de Québec, par Pierre Otis, Louis Messely et Denis Talbot. Club des ornithologues de Québec, 1993. 304 p.

Itinéraire ornithologique de la Gaspésie, par Sylvie Girard. Club des ornithologues de la Gaspésie, 1988.

Liste annotée des oiseaux du Saguenay–Lac-Saint-Jean, par Germain Savard et Claudette Cormier. Club des ornithologues amateurs du Saguenay–Lac-Saint-Jean, 1995. 176 p.

Les Meilleurs Sites d'observation des oiseaux au Québec, par Normand David. Presses de l'Université du Québec et Québec Science, 1990.

Montréal, guide écotouristique, par Michel Julien et Jean-Louis Marcoux. Éditions Marcel Broquet, 1995.

L'observation des oiseaux en Estrie, par Denis Lepage. Société de loisir ornithologique de l'Estrie, 1993. 290 p.

L'observation des oiseaux au lac Saint-Pierre, Société d'ornithologie du Centre du Québec. Drummondville. Édition Métropole Litho, 1988. 246 p.

Les oiseaux des Îles-de-la-Madeleine : populations et sites d'observation, par Pierre Fradette. Attention Frag'Îles, Mouvement pour la valorisation du patrimoine naturel des îles, 1992. 292 p.

Où et quand observer les oiseaux dans la région de Montréal, par Pierre Bannon. Société québécoise de protection des oiseaux et Centre de conservation de la faune ailée de Montréal, 1991. 364 p.

Répertoire des lieux de marche au Québec. Publié par la Fédération québécoise de la marche, aux Éditions Bipède, Montréal, 1996. 346 p. Plus de 400 lieux de marche y sont répertoriés au Québec.

REVUES

Biosphère, revue publiée cinq fois par an par la Fédération canadienne de la faune. Éditions Malcolm inc., 11450, boul. Albert-Hudon, Montréal-Nord, H1G 3J9.

Francvert, revue mensuelle publiée par l'Union québécoise pour la conservation de la nature, 690, Grande-Allée est, Québec, G1R 2K5. Vulgarisation des connaissances scientifiques et techniques sur la nature et l'environnement.

Marche, revue trimestrielle publiée par la Fédération québécoise de la marche, 4545, avenue Pierre-de-Coubertin, C.P. 1000, Succ. M, Montréal, H1V 3R2. Couvre les domaines de la randonnée pédestre, de la marche santé, de la marche rapide et de la raquette.

Photo Sélection, revue spécialisée en photographie publiée huit fois par an par les Éditions Carni Ltée, 850, boul. Pierre-Bertrand, bureau 440, Ville de Vanier, G1M 3K8.

Quatre-temps, revue trimestrielle spécialisée en botanique, publiée par Les amis du Jardin botanique de Montréal, 4110, rue Sherbrooke est, Montréal, H1X 2B2.

Québec Oiseaux, revue trimestrielle publiée par l'Association québécoise des groupes d'ornithologues, C.P. 514, Drummondville, J2B 6W4.

DISQUES ET CASSETTES AUDIO

Bird Song, Eastern and Central, Cornell Laboratory of Ornithology. Livret et disque compact reproduisant les chants de 267 espèces d'oiseaux de l'est et du centre de l'Amérique du Nord. Les chants suivent fidèlement les oiseaux illustrés dans le guide d'identification *Field Guide to the Birds* de Roger Tory Peterson.

Guide sonore et visuel des insectes chanteurs du Québec et de l'est de l'Amérique du Nord, par Georges Pelletier. Éditions Marcel Broquet, 1995. Disque laser ou cassette.

Les oiseaux de nos jardins, par Elliott Lang. Centre de conservation de la faune ailée de Montréal, 1992. Livret et disque compact reproduisant les chants de 51 espèces d'oiseaux des jardins et des campagnes du Québec.

Les Sons de nos forêts, par Elliott Lang et Ted Mack. Centre de conservation de la faune ailée de Montréal, 1991. Livret et disque compact reproduisant les chants de 93 espèces d'oiseaux des forêts du Québec.

BONNES ADRESSES

QUÉBEC
Organismes
Fédération québécoise de la marche. Cet organisme s'occupe de promouvoir et de développer la randonnée pédestre, la marche de santé, la marche rapide et la raquette. Il distribue les publications suivantes :
Partir du bon pied, un guide d'introduction à la marche ;
Marche, revue trimensuelle (disponible en kiosque) ;
l'*Annuaire des organisations affiliées*, qui répertorie une cinquantaine de clubs de marche du Québec ;
Répertoire des lieux de marche (disponible en librairie et dans les boutiques de plein-air), qui donne l'adresse de plus de 400 sentiers et centres d'interprétation pouvant intéresser le randonneur au Québec ;
cartes topographiques et dépliants sur les sentiers de marche du Québec.
On peut se procurer toutes ces publications à l'adresse suivante :
4545, avenue Pierre-de-Coubertin
C.P. 1000, Succ. M
Montréal, H1V 3R2
Téléphone : (514) 252-3157
Télécopieur : (514) 254-1363

Kino-Québec. Il s'agit d'un programme du ministère des Affaires municipales, du ministère de la Santé et des Services sociaux, et des régies régionales de la Santé et des Services sociaux, ayant pour mission de promouvoir un mode de vie physiquement actif pour contribuer au mieux-être de la population québécoise. Kino-Québec a fait de la marche une cible promotionnelle de premier choix. Pour obtenir le dépliant de votre région, communiez avec la direction de santé publique de votre région ou téléphonez au bureau provincial :
(418) 691-2077.

Parcs nationaux et Lieux historiques du Canada
3, passage du Chien-d'Or
C.P. 6060 (Haute-Ville)
Québec, G1R 4V7
Téléphone : (418) 648-4177 ou 1 800 663-6769
Télécopieur : (418) 649-6140

Parcs provinciaux québécois
Région de Québec :
(418) 643-3127
Ailleurs au Québec :
1 800 561-1616
Télécopieur : (418) 646-5974
Internet : http/www.gouv.qc.ca/mef

CAMPS DE VACANCES
Le lecteur peut se procurer gratuitement dans les centres locaux de services communautaires (CLSC) un répertoire publié par l'Association des camps du Québec. Bien qu'un grand nombre parmi les 111 camps de vacances accrédités abordent les sciences de la nature, certains sont axés tout particulièrement sur l'initiation aux sciences naturelles et de l'environnement (ornithologie, botanique, écologie aquatique, entomologie, géologie, astronomie, etc.). Voici les principaux :

Camp d'écologie Saint-Viateur : 18, chemin du Quai, Saint-Fidèle, comté de Charlevoix, G0T 1T0. Groupe d'âge : de 11 à 16 ans.

Camp Tékakwitha : R.R. 2, (P.O. Box 2735), Leeds, Maine, 04263, U.S.A. Camp québécois francophone situé au cœur de l'État du Maine, reconnu pour ses activités d'initiation à la randonnée pédestre dans les Appalaches. Groupe d'âge : adolescents de 14 à 17 ans.

Camp Trois-Saumons : R.R. 1, Saint-Aubert, comté de l'Islet, G0R 2R0. Groupe d'âge : de 5 à 16 ans.

Centre écologique de Port-au-Saumon : 337, route 138, Saint-Fidèle, comté de Charlevoix, G0T 1T0. Groupes d'âge : de 9 à 14 ans, 16 et 17 ans.

CAMPS DE JOUR
Pour les petits citadins, des camps de jour d'une durée de 9 à 10 jours sont offerts au Biodôme de Montréal *et au* Jardin botanique de Montréal. *Les jeunes y sont initiés à l'écologie, à la botanique, à l'entomologie, à la géologie, etc. Groupes d'âge : de 7 à 15 ans au Biodôme ; de 9 à 14 ans au Jardin botanique.*

Canada
Parcs nationaux et Lieux historiques nationaux du Canada

Alberta
220, 4ᵉ Avenue S.-E., bureau 552, Calgary, Alb. T2G 4X3
Téléphone : (403) 292-4401
1 800 748-7275
Télécopieur : (403) 292-6004

Colombie-Britannique/ Yukon
300-300, rue Georgia ouest
Vancouver, C.-B. V6B 6C6
Téléphone : (604) 666-0176
Télécopieur : (604) 666-3508

Ontario
5160, rue Yonge, bureau 500
North York, Ont. M2N 6L9
Téléphone : (416) 954-9243 ou 1 800 839-8221
Télécopieur : (416) 973-6891

Prairies et Territoires du Nord-Ouest
457, rue Main, 1er étage
Winnipeg, Man. R3B 3E8
Téléphone : (204) 983-2290
ou 1 800 250-4567
Télécopieur : (204) 984-6996

Churchill : (204) 675-8863

Provinces atlantiques
Historic Properties
1869, rue Upper
Halifax, N.-É. B3J 1S9
Téléphone : (902) 426-3436
ou 1 800 213-7275
Télécopieur : (902) 426-6881

Autres
Association québécoise des
groupes d'ornithologues
C.P. 514
Drummondville, J2B 6W4

Club des Mycologues
Jardin botanique de Montréal
4110, rue Sherbrooke est
Montréal, H1X 2B2

Fédération québécoise
de la faune Inc.
6780, 1re Avenue, Charlesbourg
(418) 626-6858

Fédération québécoise de
naturisme
4545, rue Pierre-de-
Coubertin, Montréal
C.P. 1000, Succ. M,
Montréal, H1V 3R2
(514) 252-3014

Union québécoise pour la
conservation de la nature
690, Grande-Allée est
Québec, G1R 2K5

Boutiques spécialisées
Pour se procurer de l'équipement spécialisé et de la littérature concernant la randonnée pédestre, consulter les Pages jaunes sous la rubrique « Sport–Articles–Détaillants ». Voici néanmoins quelques adresses :

Estrie
Le Bivouak
210, rue Principale
Granby
(514) 777-7949

Boutique Plein Air Le Huard
294, rue Queen
Lennoxville
(819) 569-3403

La Randonnée
292, rue King ouest
Sherbrooke
(819) 566-8882

Montréal et région
Black Camping International
3525, chemin Queen Mary
Montréal
(514) 739-4451

1101, rue Laurier ouest
Montréal
(514) 271-1314

Boutique Courir Montréal
4425, rue Saint-Denis
Montréal
(514) 499-9600

1745, chemin de Chambly
Longueuil
(514) 674-4436

2524, boul. Daniel-Johnson
Chomedey
(514) 987-9822

La Cordée Plein-Air
2159, rue Sainte-Catherine est
Montréal
(514) 524-1106

Montérégie
Miteq
88, rue Saint-Jacques
Saint-Jean-sur-Richelieu
(514) 347-2020

Ottawa
Boutique de plein-air Cadence
225, boulevard de la Gappe
Gatineau
(613) 243-8683

Québec
L'Aventurier
710, rue Bouvier
(418) 624-9088

Boutique Taïga
3184, chemin Sainte-Foy
(418) 658-2742

La Vie Sportive
600, rue Bouvier
(418) 623-8368

INDEX

Les renvois aux pages en caractères gras indiquent que le sujet y est traité de façon approfondie. Les références en italique indiquent la présence de photos ou d'illustrations.

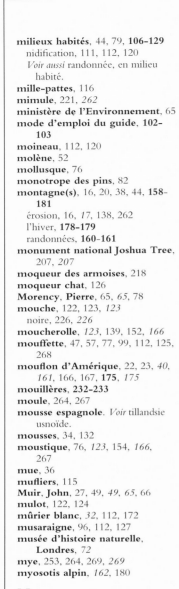

LÉGENDES DES OUVERTURES DE CHAPITRE

Page 1 : Sentier dans une forêt de conifères.

Page 2 : Réserve naturelle Paria Canyon, Utah.

Page 3 : Galets sur la plage.

Pages 4-5 : Bihoreau sur un nénuphar.

Pages 6-7 : Réserve naturelle Boulder River.

Pages 8-9 : Écureuil roux.

Pages 10-11 : Anolis.

Pages 12-13 : Pistes d'oiseau sur de la boue fendillée.

Pages 24-25 : Toile d'araignée orbitèle couverte de rosée, à l'aurore.

Pages 50-51 : Pika faisant provision de nourriture en prévision de l'hiver.

Pages 70-71 : Renard gris dans un arbre.

Pages 100-101 : Grand héron, feuilles de nénuphar et reflet d'une forêt caducifoliée à l'automne.

Pages 106-107 : Vieille maison de ferme, Alberta.

Page 107 (médaillon du haut) : Vue de l'angle sud-est de Central Park, New York.

Page 107 (médaillon du bas) : Paysage agricole à la fin de l'été, région des Finger Lakes, New York.

Pages 130-131 : Écorce d'un arbousier Madrono.

Page 131 (médaillon du haut) : Cours d'eau et feuilles d'automne, Michigan.

Page 131 (médaillon du bas) : Russule.

Pages 158–159 : Bois de caribou et bleuets dans la toundra.

Page 159 (médaillon du haut) : Parc national Banff, Alberta.

Page 159 (médaillon du bas) : Renoncules.

Pages 182-183 : Graminées des prairies.

Page 183 (médaillon du haut) : Centaurées bleues et castilléjies au printemps.

Page 183 (médaillon du bas) : Pin ponderosa dans une prairie au crépuscule.

Pages 200-201 : Rides sur des dunes, parc national de la Vallée de la Mort, Californie.

Page 201 (médaillon du haut) : *Echinocereus triglochidiatus.*

Page 201 (médaillon du bas) : Mosaïque de cactus, Californie.

Pages 224-225 : Reflet de nuages dans une tourbière minérotrophe.

Page 225 (médaillon du haut) : Nénuphar.

Page 225 (médaillon du bas) : Quenouilles à l'automne.

Pages 246-247 : Ascophylle noueuse, Bar Harbor, Maine.

Page 247 (médaillon du haut) : Étoiles de mer et anémones.

Page 247 (médaillon du bas) : Détroit de Juan de Fuca.

Pages 272-273 : Pistes de coyote sur la neige, prairie d'herbes hautes.

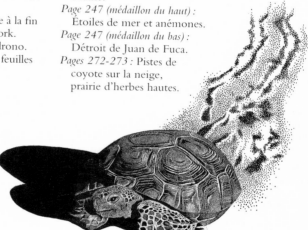

REMERCIEMENTS

L'éditeur tient à remercier Richard Caron pour avoir permis la reproduction de son carnet d'observation en page 64.

CRÉDITS DES PHOTOS ET ILLUSTRATIONS

Clara Calhoun/BCL; cg Denis Faucher; bd Martin Miller/PI 65hg Claire Dufour; hd Andrew J Martinez/PR; cg Holt-Atherton Department of Special Collections, University of Pacific Libraries; b NW 66tl The Granger Collection; hd New York Public Library; bd Ben Davidson 67hg British Museum; c AR; bg and bd Ann H Zwinger 70–71 Leonard Lee Rue III/AA/ES 72hg Runk/Schoenberger/GHP; hd Stephen J Krasemann/DRK; bg The Natural History Museum, London; bd Barbara Gerlach/DRK 73 h Sharon Gerig/TS; c Thomas Kitchin/TS; b Gary R Zahm/DRK 74h Leonard Lee Rue/BCL; b AH Tolhurst 74–75 Uwe Walz/BCL 75 hg Runk/Schoenberger/GHP; hd Leonard Lee Rue/BCL; c John Gerlach/AA/ES 76hg Joe McDonald/BCI; cd Kim Taylor/BCL; bg Erwin and Peggy Bauer/BCL; bc Robert A Lubeck/AA/ES 77hg Tom et Pat Leeson/DRK; hd CC Lockwood/ DRK; b George J Sanker/ DRK 78h Alan D Briere/NS; bg Greg Vaughn/ TS; bc Larry Brock/TS 79h Denis Faucher; hd John Shaw/A 80hg Steve Alden/BCL; d Jeff Foott/A; bg Gene Boaz/Nature's Images 82hg John Gerlach/TS; c et cd Larry Ulrich/DRK; bg D Cavagnaro/DRK; bc D Wilder/TS 83h Larry Ulrich/DRK; b Pat O'Hara; cd AH Tolhurst; bg Breck P Kent/AA/ES 85hc Joanne Lotter/TS; hd Spencer Swanger/TS; bg William M Smithey/PE; bc Pat O'Hara 86hg AH Tolhurst; c John Cancalosi/A; b Breck P Kent/AA/ES 87hg Dr. Frieder Sauer/BCL; hd Scott Camazine/OSF; b John Gerlach/AA/ES 88hg Brian Kenney/PE; hd John Shaw/A; cg London Scientific Films/OSF; b(g à d) Rod Planck/ TS, John Shaw/TS, John Shaw/TS, John Shaw/TS 89h Dr Eckart Pott/ BCL; c Brian Kenney/NS; b Patti Murray/AA/ES 90h Jack Dermid/ OSF; c Jeff Foott Productions/BCL; b Alvin E Staffan/PR 91g Joe Mc Donald/AA/ES; d S Nielsen/BCL 92h Thomas Kitchin/TS; c Alvin E Staffan; b Frans Lanting/BCL 93h Gerry Ellis; bg Frank Oberle; bd Alan G Nelson/Regon/ AA/ES 94hg Marie Read/BCL; cd Gerry Ellis; bc John Shaw/BCL 95g Bettman/APL; d AR 96h Steven M Rollman/NS; b Robert P Carr/BCL 97hg John Shaw/A; hd Gerry Ellis; cg Wayne Lankinen/BCL; cd John Shaw/ A; b Erwin and Peggy Bauer/A 98hg Darrell Gulin/NS; bg The Granger Collection 98–99 Charlie Ott/BCL 99hg Stephen J Krasemann/BCL; hc Erwin and Peggy Bauer/A; hd John Shaw/NHPA 100–101 John Eastcott/Yva Momatiuk/PE 104h Dick Canby/DRK; b Laura Riley/BCI 105 John Cancalosi/A 106–107 G Ziesler/BCL 107hm Rafael Macia/PR; bm Marie Read/BCL 108hg Eric Soder/NHPA; hc Hans Reinhard/BCL; cd Scott Camazine/PR; bc Jim W Grace/PR; bd Grant Heilman/GHP 109h John Downer/OSF; bd Dan Guravich/PR; bm Press-Tige Pictures/OSF 110h Rafael Macia/PR; m Renee Lynn/PR 111h Wendy Shattil et Bob Rozinski/OSF; c Hans Reinhard/Audubon Magazine/BCI 112h Andy Levin/PR; m John Gerlach/AA/ES 113h William H Mullins/PR; b John Shaw/NHPA 114h et m Lefever/Grushow/GHP 115h Mary Clay/TS; b Wayne Lankinen/DRK 116h Alastair Shay/OSF; m Donald Specker/ AA/ES 117h Jean-Paul Ferrero/A; c Barbara Gerlach/DRK 118h Press-Tige Pictures/OSF; m Patti Murray/AA/ES 119h Robert Noonan; cg CE Mohr/PR; cd Wayne Lankinen/DRK 120h G Ziesler/BCL; m Ted Cutter/PR; b Gerard Lacz/AA/ES 121h T Kitchin et V Hurst/NHPA; c Claude Steelman/NS 122h Joe McDonald/AA/ES; m Larry Ulrich/ DRK; b Nancy Adams/TS 123h Bob Pool/TS; c Konrad Whote/BCL 124h Larry Ulrich/DRK; m Patti Murray/AA/ES; b Doug Wechsler/ AA/ES 125 Patti Murray/AA/ES 126h Grant Heilman/GHP; m David Cavagnaro/DRK 127h Joe McDonald/NS; b Robert P Carr/BCL 128h Jeff Lepore/PR; m Cosmos Blank/National Audubon Society/PR 129h John Shaw/BCL; b JH Robinson/PR 130–131 David J Boyle/AA/ES 131hm John Shaw/BCL; bm Stephen J Krasemann/DRK 132hg John Shaw/ TS; hc John Shaw/BCL; cd Pat O'Hara; b Jeff Gnass 133h Breck P Kent/AA/ES; bg Daniel J Cox/DJC; bd Bob Gurr/DRK 134h Jeff Gnass; m John M Burnley/BCI; b Wayne Lankinen/DRK 135h Stephen J Krasemann/BCL; c Scott Camazine/OSF 136h Fred Hirschmann; m Jeff Gnass 137 Alan Nelson/AA/ES 138h Jim Nilsen/TS; m Pat O'Hara; b Alan G Nelson/Regon/AA/ES 139h Gerry Ellis; b Zig Leszczynski/AA/ ES 140h Jeff Gnass; m Pat O'Hara; b Robert Erwin/AA/ES 141h Gerry Ellis; b Bob et Clara Calhoun/BCL 142h Tom Bean/DRK; m Ann Duncan/AA/ES 143h John Shaw/TS; c Marcia W Griffen/AA/ES 144h et m Pat O'Hara; b Robert Maier/AA/ES 145 Erwin and Peggy Bauer/NS 146h Tom Bean/DRK; m Stephen J Krasemann/DRK; b Daniel J Cox/ DJC 147 D Robert Franz/PE 148h John Eastcott/Yva Momatiuk/PE; m Richard Shiell/A 149h Alvin E Staffan; c ER Degginger/AA/ES 150h Fred Hirschmann; m S Nielsen/BCL 151t Stephen G Maka; b W Gregory Brown/AA/ES 152h Pat O'Hara; m Dr Scott Nielsen/BCL; b Marie Read/BCL 153h Pat O'Hara; c John Shaw/BCL 154h et m Larry Ulrich/Tony Stone World-wide/PLS; cd Stephen Dalton/NHPA; b Brian Kenney/PE 155 Daniel J Cox/DJC 156h Greg Vaughn; m Tom Till/DRK; bg et bd Glen Keator/TS 157 Jack Wilburn/AA/ES 158–159 John Shaw/NHPA 159hm Thomas Kitchin/FL; bm Mary Clay/PE 160hg Lon Lauber/OSF; hc B et C Calhoun/BCL; hd Greg Vaughn/TS; bg Joanne Lotter/TS; bd Jeff Foott/A 161bg Pat O'Hara; bd Leonard Lee Rue III/BCL 162h Stan Osolinski/OSF; m Jeff Foott/BCL; b GC Kelley/ TS 163h Jeff Gnass; c Mary Clay/PLS 164h Joanne Lotter/TS; m Larry Ulrich/Tony Stone Worldwide/PLS 165h Gerry Ellis 166h Pat O'Hara; m Tom Till/A; b Erwin et Peggy Bauer/A 167t Erwin et Peggy Bauer/A; c Michael Fogden/DRK 168h Pat O'Hara; m Stephen J Krasemann/ DRK 169 John Shaw/A 170h Jeff Gnass; m Frans Lanting/MP; b David B Fleetham/OSF 171h Frans Lanting/MP; b David Olsen/Tony Stone Worldwide/PLS 172h John Shaw/BCL; m Steven Kaufman/BCL; b Alvin E Staffan 173h Emily Harste/BCI; c Erwin and Peggy Bauer/BCL 174h John Shaw/A; m Wayne Lankinen/BCL 175h Alan Lane/OSF; b Stephen J Krasemann/BCL 176h Fred Hirschmann; m Pat O'Hara; b Joanne Lotter/TS 177h Pat O'Hara; c Mary Clay/PE 178t Daniel J Cox/ DJC; m Stephen J Krasemann/DRK; b John Shaw/NHPA 179h T Kit-

chin et V Hurst/NHPA; b Thomas Kitchin/TS 180h et m Pat O'Hara; b John Shaw/A 181h Michio Hoshino/MP; b John Shaw/ NHPA 182–183 Jim Brandenburg/MP 183m John Shaw/TS 184hd Frank Oberle; cd Ken Cole/AA/ES; bg Tom Bean/DRK; bm John Shaw 185bg Harvey Payne; bc Ted Levin; bd Brian Parker/TS 186h et bd Harvey Payne; m John Gerlach/TS; b Frank Oberle 187 Fred Hirschmann 188h Grant Heilman/GHP; m Fred Hirschmann; b Elizabeth S Burgess/ Ardea 189h Robert Comport/AA/ES; b Darrell Gulin/Dembinsky Photo Association 190h Breck P Kent/AA/ES; m S Nielsen/DRK 191h Brian Parker/TS; c Ray Richardson/AA/ES 192h Larry Ulrich/DRK; m John Shaw/BCL 193h Wendy Shattil/Bob Rozinski/TS; c Gerry Ellis 194h Brian Milne/AA/ES; m Dr Frieder Sauer/BCL; b Mary Clay/PE 195h Jack Dermid/OSF; b Dave Spier/NS 196h Stefan Meyers/AA/ES; m John Pontier/AA/ES; b Tom and Pat Leeson/DRK 197h Jim Brandenburg/ MP; c Mary Clay/TS 198h et m Jim Brandenburg/MP; b Stephen J Krasemann/Nature Conservancy/BCL 199 Stephen J Krasemann/DRK 200–201 Jeff Gnass 201hi Rod Planck/TS; bm Jeff Gnass 202hd Jeff Foott/ A; cg Mary Clay/PE; cd Jeff Foott Productions/BCL; b John Cancalosi/A 203h John Cancalosi/A; cd John Cancalosi/BCL; bd Ronald Toms/OSF 204h David Middleton/NHPA; m Milton Rand/TS; b John Cancalosi/ BCL 205 Jen et Des Bartlett/ BCL 206h Terry Donnelly/TS; m Jeff Gnass; cd Marty Cordano/DRK; b Edward Monnelly 207h François Gohier/A; b Jeff Foott Productions/BCL 208h Hardie Truesdale; m François Gohier/A; b Brian Parker/TS 209 Mark Newman/ A 210h Jack W Dykinga; m David Miller; cd Paul Freed/AA/ES 211h Merlin D Tuttle/PR; b Chris Huxley/PE 212h Francois Gohier/A; m Pat O'Hara; b Dick Durrance/Drinker Durrance Graphics 213h William Smithey/PE; b Jeff Foott/BCL 214h John Shaw/TS; m Rich Buzzelli/TS; b William M Smithey/PE 215 Terry Donnelly/TS 216h Terry Donnelly/TS; m MA Chappell/AA/ES; b George Bingham/BCL 217h Charlie Ott/BCL; c Marty Cordano/DRK; b Zig Leszczynski/AA/ES 218h Jon Gnass; m Gerry Ellis; b Diana L Stratton/TS 219 Inga Spence/TS 220h Dr Nigel Smith/AA/ES; m Kenneth W Fink/BCI; b B Randall/Vireo 221 Frank S Balthis 222–223 Milton Rand/TS 223 hm Runk/Schoenberger/GHP; bm Robert Winslow/TS 224h John Shaw/A; bd John Shaw/BCL; bg Jeff Gnass; bc Francis Lepine/AA/ES 225hg S Nielsen/BCL; bc Runk/ Schoenberger/GHP; bd Brian Parker/TS 226h John Shaw/NHPA; m Breck P Kent/AA/ES; b James H Robinson/OSF 227 Wayne Lankinen/ BCL 228h Barbara Gerlach/DRK; m John Eastcott/Yva Momatiuk/ DRK; b Daniel J Cox/DJC 229h Robert A Lubeck/AA/ES; b Ted Levin 230h Richard Herrmann; m Rod Planck/TS 231h Marie Read/ BCL; c Cliff Riedinger/NS 232h et m Frank Oberle; b Zig Leszczynski/ AA/ES 233h John Cancalosi/BCL; c Jane Burton/BCL 234h Jeff Gnass; m Rod Planck/TS; b Zig Leszczynski/AA/ES 235h John Gerlach/DRK; b JAL Cooke/ OSF 236h Larry Lefever/GHP; m Larry Ulrich/DRK 237h Stan Osolinski/ OSF; bg James Robinson/OSF; bd BCL 238h Larry Ulrich/DRK; m Dan Griggs/NHPA; b S Nielsen/BCL 239 Pat O'Hara 240h Felix Labhardt/ BCL; m Zig Leszczynski/AA/ES; b Rod Planck/ NHPA 241 ER Degginger/ AA/ES 242h Stephen Dalton/NHPA; m David M Dennis/TS; b Joe McDonald/TS 243 Zig Leszczynski/AA/ES 244h Greg Vaughn/TS; c Zig Leszczynski/AA/ES; b Wendy Neefus/AA /ES 245 John et Karen Hollingsworth 246–247 Lefever/Grushow/GHP 247hm Pat O'Hara; bm Milton Rand/TS 248hd Jules Cowan/BCL; c Ben Davidson; b F Gohier/Ardea 249bg Pat O'Hara; bc Larry Lipsky/TS; bd F Gohier/PR 250h S Roberts/Ardea; m John Eastcott/Yva Moma- tiuk; b Richard Herrmann/OSF 251 Gregory G Dimijian/PR 252h Jon Gnass; m Stephen J Krasemann/DRK; b John Netherton/OSF 253h Jack Dermid /PR; b Harry Rogers/PR 254h Fred Whitehead/AA/ES; m Pat O'Hara; bg David Hughes/BCL; bd Tom McHugh/Steinhart Aquarium/ PR 255 Francois Gohier/PR 256h Jack Dermid/OSF; m Stan Osolinski/ OSF; b David Wrigglesworth/OSF 257h Jeff Foott/DRK; b Fred White- head/AA/ES 258h Terry Donnelly/TS; m Randy Morse/TS 259h Mark Newman /PR; b Runk/Schoenberger/GHP 260h Larry Lefever/GHP; m Randy Morse/TS; b William E Townsend Jr./PR 261h Runk/Schoen- berger/GHP; c Lysbeth Corsi/TS 262h Jeff Gnass; m Larry Ulrich/DRK; cd Francois Gohier/Ardea; b John Shaw/A 263 Stan Osolinski/OSF 264h et bd Gerry Ellis; m Andrew J Martinez/PR; bg Tim Davis/PR 265 Tom McHugh/Steinhart Aquarium/PR 266h John Shaw /BCL; m John Bova; b Kenneth W Fink/Ardea 267h Jim Zipp/PR; c Jeff Lepore/PR 268h Gerry Ellis; m L West/PR; b Wayne Lankinen/ BCL 269h Stephen J Krasemann /BCL; c Robert Dunne/PR 270h David B Fleetham/TS; m et bd Brian Parker/TS; bg Randy Morse/TS 271h Brian Parker/TS; c David B Fleetham/OSF 272–273 Frank Oberle Pontier/AA/ES; b Tom Bean/DRK 34 Colin McRae Photography

Illustrations : **Cathy Johnson** 36, 38, 40, 42, 44, 59, 68, 69, 104, 110–115, 116c et bg, 117–124, 125cd, 126–129, 134–136, 137c, 138–141, 142bd, 143– 153, 155cd et bg 157, 162–164, 165cd, 166–169, 171–173, 174bg, 175, 177– 181, 186–190, 191cd, 192–195, 197–199, 204–209, 211–215, 217, 218, 219bg, 220, 221, 226–230, 231d, 232–238, 239cd, 240–245, 250–253, 255– 263, 265–269, 271; **Janet Jones** 79; **David Kirshner** 92a–p, 93-p; **Frank Knight** 95; **Angela Lober** 32, 33; **Ngaire Sales** 29, 81, 91; **Genevieve Wallace** 116bd, 125b, 137b, 142bg, 155bc, 165bg, 174d, 191b, 196, 210, 216, 219b, 231g, 239b, Répertoire des ressources; **David Wood** 19.

Cartes par **Mark Watson, Pictogram** 109, 133, 161, 185, 203, 225, 249; **Stan Lamond** 105